Maja Storch/Astrid Riedener
Ich pack's! – Selbstmanagement für Jugendliche

Aus dem Programm Verlag Hans Huber
Klinische Praxis

HUBER

Zur Arbeit mit dem Zürcher Ressourcen Modell (ZRM) ist bei Hans Huber erschienen:

Maja Storch/Frank Krause
Selbstmanagement – ressourcenorientiert
Grundlagen und Trainingsmanual für die Arbeit
mit dem Zürcher Ressourcen Modell (ZRM)
256 Seiten, ISBN 3-456-84004-7

Außerdem ist im Verlag Hans Huber erschienen:

Maja Storch/Benita Cantieni/Gerald Hüther/Wolfgang Tschacher
Embodiment
Die Wechselwirkung von Körper und Psyche verstehen und nutzen
168 Seiten, ISBN 3-456-84323-2

Maja Storch und Astrid Riedener

Ich pack's! Selbstmanagement für Jugendliche

Ein Trainingsmanual für die Arbeit mit dem Zürcher Ressourcen Modell

2., überarbeitete Auflage

Verlag Hans Huber

Adresse der Erstautorin:
Frau Dr. Maja Storch
Universität Zürich
Pädagogisches Institut
Scheuchzerstrasse 21
CH-8006 Zürich

Lektorat: Monika Eginger
Herstellung: Daniel Berger
Abbildungen: o.r.c.
Satz: sos-buch, Mainz
Umschlag: Atelier Mühlberg, Basel
Druck und buchbinderische Verarbeitung: Hubert & Co., Göttingen
Printed in Germany

Bibliografische Information der Deutschen Bibliothek
Die Deutsche Bibliothek verzeichnet diese Publikation in der Deutschen Nationalbibliografie; detaillierte bibliografische Daten sind im Internet über http://dnb.ddb.de abrufbar.

Anregungen und Zuschriften an:
Verlag Hans Huber
Hogrefe AG
Länggass-Strasse 76
CH-3000 Bern 9
Tel: 0041 (0)31 300 4500
Fax: 0041 (0)31 300 4593

2., überarbeitete Auflage 2006

ISBN-10: 3-456-84383-6
ISBN-13: 978-3-456-84383-4

Inhaltsverzeichnis

Teil 2: Trainingsmanual

Anhang

Was du heute auch tust, es wird positiv oder negativ sein.
Jeden Tag versucht man sein Glück, und man gewinnt nicht immer.
Manchmal gerät man in einen unglaublichen Kampf.
Den ganzen Tag muss man aufpassen, das richtige Spiel zu spielen.
Diese Plus- und Minus-Punkte sind Teil eines Ausbalancierens,
das ich ununterbrochen erlebe. Werde ich diesem Menschen missfallen?
Werde ich scheitern? Tue ich das Richtige?
Hinten in der Ferne steht jemand, und so stellt sich die Frage:
Werde ich diesen Typen kennenlernen? Vielleicht ja. Vielleicht nein.

Louise Bourgeois

Wenn DU dich verwandelst, verwandelt sich die Welt.

Ludwig Hohl

Einleitung

Beide Autorinnen dieses Buches stehen in enger Verbindung mit dem Lehrstuhl für Pädagogische Psychologie I am Pädagogischen Institut der Universität Zürich. Astrid Riedener hat dort studiert und ihre Lizentiatsarbeit geschrieben, Maja Storch arbeitet dort seit vielen Jahren als wissenschaftliche Mitarbeiterin und Projektleiterin. Der Lehrstuhlinhaber, Helmut Fend, forscht über einen der größten Datensätze im deutschsprachigen Raum zur Entwicklung im Jugendalter (Fend, 1990, 1991, 1994, 1997, 1998, 2000). Das Thema «Jugend» ist darum an diesem Lehrstuhl stets präsent und natürlich auch im Fokus der Aufmerksamkeit der Studierenden. Es ist darum nicht verwunderlich, dass ziemlich bald, nachdem das Zürcher Ressourcen Modell für Erwachsene (Storch & Krause, 2002) begann, Form anzunehmen, interessierte Studierende mit der Frage auftauchten, ob dieses Selbstmanagement-Training nicht auch für Jugendliche adaptiert werden könne. Hintergrund war die Tatsache, dass viele in der Praxis tätige Personen eine zunehmende Orientierungslosigkeit bei Jugendlichen feststellten. Hier ist nicht der Ort, um eine Liste mit Klagen über die heutige Jugend zu führen, denn die Medien sind voll davon. Der Wunsch aus der Praxis, der die Idee von einem Selbstmanagement-Training für Jugendliche beflügelte, war, über ein Instrument zur Ressourcenaktivierung zu verfügen, das die Jugendlichen in die Lage versetzte, an sich zu glauben, ihren Idealen treu zu bleiben und ihr Leben selbst in die Hand zu nehmen.

Dieser Wunsch war in der Psychotherapie genauso vorzufinden wie in der Schulpsychologie, bei Lehrkräften genauso wie bei Heimmitarbeitenden aus der Sozialpädagogik. Professionell Tätige jeglicher Herkunft, die sich mit Jugendlichen befassen, haben es mit zwei Grundproblemen zu tun. Das eine Problem besteht darin, dass im Moment Unsicherheit darüber besteht, auf welche Werte hin Jugendliche erzogen werden sollen. Ist es das lebenslange Lernen, die Flexibilität, das Job-Portfolio, die Patchwork-Familie? Oder eher das «back-to-the-roots», die Wiederkehr der Moral, die Neuentdeckung der traditionellen Familienwerte, der Rückzug aus der Globalisierung? Diese Frage ist unter anderem deswegen so schwierig zu beantworten, weil kein Mensch vorhersehen kann, wie die Welt sich entwickeln wird. Solch ein hellsichtiges Auge in die Zukunft bräuchte man aber, wenn man Jugendlichen etwas beibringen möchte, das ihnen auch im Erwachsenenalter oder als Greisinnen und Greise ein zufriedenes Leben ermöglicht. Die Aufgabe, der sich die professionell Tätigen in diesem Bereich gegenübersehen, gleicht der, zum jetzigen Zeitpunkt ein Auto konstruieren zu müssen, das alle Bedürfnisse von Autofahrenden im Jahr 2050 abdeckt. Einiges davon lässt sich erahnen, vieles aber auch nicht.

Das zweite Problem für professionell Tätige besteht darin, dass Jugendliche in einer seltsamen Lebensphase sind, was äußere Einflüsse angeht. Sie sind teilweise noch im Einflussbereich ihrer Eltern, teilweise aber auch schon im – immer mächtiger werdenden – Einflussbereich der Gleichaltrigen. Die Medien und die Werbung tun ein Übriges, um von den Seelen, Persönlichkeiten und Gehirnen der jungen Menschen Besitz zu ergreifen. Viele Einflussquellen, und dagegen steht dann ein einzelkämpfender Lehrer, eine idealistische Psychotherapeutin, eine unterbezahlte Sozialpädagogin in der Einrichtung für Drogenabhängige oder ein burnoutgefährdeter, weil überdurchschnittlich einsatzbereiter Jugendpsychiater in der Klinik, der mindestens drei Reinkarnationen benötigt, um die Überstunden abzubauen, die er in diesem Leben schon angesammelt hat. Und zwischendrin befindet sich ein junger Mensch, der nicht weiß, auf wen er hören soll. Die Verhältnisse sind extrem ungleichgewichtig und unüberschaubar. Wie kann es gelingen, inmitten dieser chaotischen Informationsmenge eine kleine Insel der Ruhe und Besinnung zu schaffen? Und was soll die Botschaft sein, die auf dieser Insel vermittelt wird?

Für beide Fragen, so meinen wir, bietet das Zürcher Ressourcen Modell eine brauchbare Lösung an. Die Botschaft, die mit diesem Modell vermittelt werden kann, lautet: «Nur du kannst letztendlich entscheiden, wie du dein Leben gestalten willst. Nur der Mensch ist in der Lage, gut mit anderen auszukommen, der gut mit sich selbst auskommt. Nur der Mensch erwirbt sich Lebenszufriedenheit, der seine eigenen Träume ernst nimmt, und sich ausdauernd und hartnäckig dafür einsetzt, dass sie einen Platz in seinem Leben bekommen.» Das Zürcher Ressourcen Modell stellt ein allgemeinpsychologisches und störungsunspezifisches theoretisches System zu Verfügung, das darauf abzielt, Menschen selbstbestimmt und handlungsfähig zu machen. Im ZRM-Training, dass auf den theoretischen Überlegungen des Zürcher Ressourcen Modells aufbaut, werden diese Kompetenzen anhand eines methodenintegrativen Manuals schrittweise und systematisch entwickelt.

Weil zum Selbstmanagement mit dem Zürcher Ressourcen Modell schon ein Grundlagenbuch existiert (Storch & Krause, 2002), haben wir in diesem Band einige Themen zusammengefasst dargestellt. Wir haben aber gut darauf geachtet, dass jedes Kapitel genug Informationen enthält, um auch für «ErstleserInnen» aus sich heraus völlig verständlich zu sein. Wer mag, kann sich über das Internet weiter in die Materie einarbeiten. Auf der Homepage «www.zrm.ch» stehen zahlreiche Artikel als PDF-Dateien zum Herunterladen zur freien Verfügung. In diesem Buch haben wir den theoretischen Schwerpunkt auf das Thema «Identität» gelegt, weil die Selbstbestimmung, die wir als Kernkompetenz bei den Jugendlichen schulen wollen, mit den Theorien zur Identitätsentwicklung im Jugendalter für uns am besten zu fassen ist. Die einzelnen Phasen des ZRM-Trainings enthalten bekanntes ZRM-Grundlagenwissen, vertiefende Fallbeispiele sowie aktuelle und neue wissenschaftliche Perspektiven, die sich mittlerweile ergeben haben oder die im Grundlagenbuch noch nicht behandelt wurden. Zahlreiche Querverweise zwischen Theorieteil und Manualteil ermöglichen es, dort einzusteigen, wo man Lust hat.

Wir haben uns nach langen Debatten dafür entschieden, die Flipcharts und die Handouts für das Training nicht in Jugendsprache zu formulieren, sondern eher zeitlose Varianten zu wählen. Diesem Vorgehen liegt die Überlegung zugrunde, dass Jugendsprache eine extrem volatile Angelegenheit ist, die nach Region, Subgruppe und Zeit massiv variiert. Erwachsene, die versuchen, sich dieser Sprache anzupassen, können nur verlieren, sie sind immer hintendran. Wir empfehlen darum, die Sprache, in der ein ZRM-Training durchgeführt wird, mit Hilfe einer Steuergruppe aus dem Teilnehmendenkreis aktuell anzupassen. Sowohl der Theorieteil als auch der Manualteil sind nicht geschlechtsspezifisch aufgebaut. Mädchen und Jungen gehen denselben Weg zur Selbstbestimmung, diesbezüglich gibt es keine Geschlechtsunterschiede, seien sie auch in anderen Themenbereichen des Jugendalters noch so virulent.

Einsatzgebiete für das Jugend-ZRM sehen wir immer dort, wo Jugendliche lernen sollen, wie sie sich selbst managen können. Wer mit Jugendlichen arbeitet, denen es gut tut, ihre Stärken und Ressourcen zu entdecken und ihren Selbstwert zu steigern, liegt mit diesem Training richtig. Da in diesem Training ein starker Akzent auf psychodramatischem Rollenspiel liegt, eignet es sich auch als

Verhaltens- und Stresstraining, um schwierige Situationen zu meistern. Einen ganz wesentlichen Nutzen sehen wir außerdem darin, dass dieses Training aufgrund der ressourcenorientierten Kommunikationsformen, welche die Jugendlichen dabei en passant erwerben, sich hervorragend eignet, um das Gruppenklima zu fördern. Das ZRM-Training ist zwar *nicht* geeignet für Gruppen, in denen starke Konflikte bestehen, es ist jedoch immer dann angebracht, wenn eine Gruppe Kohäsion, Zusammenhalt und unterstützenden Halt füreinander entwickeln soll. Durch die Transferhilfen, die im Training für Jugendliche nicht nur auf der Ebene des Individuums sondern auch auf der Ebene der ganzen Gruppe geplant werden können, wird ein nachhaltiger Prozess der Ressourcenaktivierung und der Ressourcensicherung auf den Weg gebracht und gefördert.

Die Probeleserinnen und Probeleser, die unser Manuskript vorab gelesen haben, haben uns erzählt, dass sie durch die Lektüre große Lust bekommen haben, solch ein Training jetzt selbst durchzuführen. Wir hoffen, es geht Ihnen genauso!

Astrid Riedener Maja Storch

Teil 1: Theorie

1.1 Identität im Zürcher Ressourcen Modell

Die Vorgänge in der menschlichen Psyche werden sehr unterschiedlich in Worte gefasst. Der Begriff «Identität» wird in zahlreichen verschiedenen Zusammenhängen verwendet, genauso wie auch der Begriff «Selbst». Der gesamte Themenbereich ist eher unübersichtlich, und da keine höchste Instanz existiert, die hier den Gebrauch der Begrifflichkeiten regelt, bleibt nur, dem dringenden Aufruf von Leary (2004) zu folgen, jeweils präzise zu definieren, in welcher Art und Weise man die Begriffe, mit denen man arbeitet, verstanden haben will. Denn teilweise, so konstatiert zum Beispiel Keupp (1997), reden manche AutorInnen von derselben Sache, verwenden aber unterschiedliche Begriffe dafür. Andererseits kann es vorkommen, dass zwei Autoren zwar denselben Begriff benutzen, damit jedoch völlig unterschiedliche Elemente der menschlichen Psyche ansprechen. Aus diesem Grund haben wir vor langer Zeit schon damit begonnen, für die Lehrveranstaltungen an der Universität und für die Seminare in der Erwachsenenbildung mit Visualisierungen zu arbeiten, um die verschiedenen innerpsychischen Instanzen und ihre Funktionsweisen sauber auseinander zu halten. Diese Illustrationen haben schon vielen Studierenden und Kursteilnehmenden dabei geholfen, die äußerst spannende aber auch ziemlich komplizierte Thematik besser zu verstehen. Darum benutzen wir sie auch in diesem Buch als didaktische Hilfsmittel, um die Vorstellung von Identität, mit der im Zürcher Ressourcen Modell gearbeitet wird, gut nachvollziehbar zu gestalten. Wesentlich für den Anfang ist eine Unterscheidung: Wir unterteilen die Thematik der Identität in einen *strukturellen* Aspekt und in einen *prozessualen* Aspekt. Strukturelle Aspekte betreffen die Inhalte, die Bausteine von Identität, prozessuale Aspekte betreffen die Vorgänge, aus denen heraus Identität entsteht. Die prozessualen Aspekte verhalten sich zu den strukturellen Aspekten wie der Vorgang des Mauerns zu den Bausteinen. Wenn Bausteine aufeinander gemauert werden, dann entsteht ein

Haus. In dieser Metaphorik wäre dann die Identität das Haus, das aus der Kombination von strukturellen und prozessualen Aspekten entsteht.

Seit Erik Eriksons Buch «Jugend und Krise» ist in der Entwicklungspsychologie unwidersprochen, dass die Herstellung einer autonomen Identität als die wichtigste Aufgabe der Adoleszenz betrachtet werden kann (Fend, 1994, 2000). In diesem Sinn sind Eriksons Einsichten bis heute gültig. Kritik geäußert wird allerdings an seiner Vorstellung, dass die Identität etwas ist, das sich einmal im Leben – in der Phase des Jugendalters nämlich – festlegt und dann für immer unverändert stehen bleibt (Übersichtsartikel hierzu finden sich bei Krappmann, 1997 und Barkhaus, 1999). Inzwischen besteht weitgehend Einigkeit darüber, dass Identität keine psychische Eigenschaft ist, die einmal erworben wird und dann für immer gleich bleibt. Man geht heute vielmehr davon aus, dass es einer aktiven Konstruktionsleistung des Individuums bedarf, Identität fortlaufend neu zu erzeugen und über wechselnde Kontexte hinweg stabil zu balancieren.

Während zu den Zeiten, in denen Erikson seine Bücher schrieb, die Menschen noch in relativ geruhsamen Verhältnissen lebten, in denen sie langfristige Lebensperspektiven aufbauen konnten und in denen es möglich war, auf ein allgemein anerkanntes System von Werten und Normen zurückzugreifen, sind diese stabilisierenden Faktoren heute und in Zukunft immer weniger vorhanden. Das soziale Koordinatensystem eines Menschen wird zunehmend komplexer (Beck, 1994). «Die technologischen Errungenschaften des vergangenen Jahrhunderts haben eine radikale Verschiebung darin bewirkt, wieweit wir einander preisgegeben sind. Als Ergebnis des Fortschritts von Rundfunk, Telefon, Verkehr, Fernsehen, Satellitenübertragung, Computer und dergleichen mehr sind wir einer enormen Menge gesellschaftlicher Reize ausgesetzt. Kleine und bleibende Gemeinschaften, mit einer begrenzten Gruppe wichtiger Personen, werden durch ein gewaltiges und sich stets vergrößerndes Ausmaß von Beziehungen ersetzt.» (Gergen, 1996, S.16). Die Kontexte, über die hinweg die Identität eines Menschen wenigstens einigermaßen balanciert werden muss, damit dieser Mensch psychisch gesund bleibt, wechseln in der heutigen Zeit so rasant, dass die alten Formen der Identitätskonstruktion versagen. Die Möglichkeiten, die das Internet bietet, potenzieren außerdem die Möglichkeiten der Kommunikation in virtuellen Erfahrungsräumen (Döring, 2003; Turkle, 1998). Bücher wie die von Sennett (1998) beschäftigen sich kritisch mit dieser Zeiterscheinung und stellen die Frage, wie lange die Menschen in einem System, das ökonomisch wie politisch immer mehr Flexibilität vom Einzelnen verlangt, eigentlich noch funktionieren können. Keupp (1997) spricht von *Patchwork-Identitäten* als Charakteristikum der heutigen Zeit. Kraus & Mitzscherlich (1997) sehen *Identitätsdiffusion* nicht als Nachteil, sondern diskutieren diesen flexiblen innerpsychischen Zustand im Hinblick auf seine Tauglichkeit als Überlebensstrategie.

Es sind sogar Stimmen aufgetaucht, die im Zuge der Debatte der Postmoderne den Vorschlag machen, den Begriff der Identität in der wissenschaftlichen Tradition der Psychologie und der Philosophie völlig aufzugeben. Einer der bekanntesten Vertreter dieser Position ist Gergen (1996), der von der *multiphrenen Persönlichkeit* spricht und davon ausgeht, dass die Zwangsvorstellung, die Vielfalt modernen Lebens zu einer Einheit ordnen zu müssen, die Menschen in der Entfaltung ihrer persönlichen Freiheitsspielräume eher behindere als unterstütze. Diese Diskussion wurde von mir an anderer Stelle (Storch, 1999) ausführlich dargestellt. Andere Stimmen sprechen dagegen von *Identitäts-Kompetenz* als der Fähigkeit, auf die ständig zunehmenden unterschiedlichen Aspekte der Lebenswelt adäquat zu reagieren und die entsprechenden Aspekte der eigenen Identität laufend umzugestalten (Döring, 2003).

Professionell tätige Personen, die sich in erzieherischer, beratender oder therapeutischer Absicht mit jugendlichen Menschen befassen, müssen ihre Konzepte auf Zukunftstauglichkeit hin überprüfen, denn ihre Aufgabe ist es ja, ihre Schützlinge mit Wissen zu versehen, das über das aktuelle Tagesdatum hinaus eine geglückte Lebensführung ermöglicht. Da aus der Sicht der Entwicklungspsychologie die wichtigste Entwicklungsaufgabe des Jugendalters die Herstellung einer eigenständigen Identität ist (Havighurst, 1948; Fend, 1994; Fend, 2000; Flammer & Alsaker, 2002), wird die präzise Definition von Identität von zentralem Interesse. Denn nur auf der Basis einer sinnvollen Definition können nachhaltige Interventionen geplant und evaluiert werden.

Die Theorien zur Identitätsfrage oszillieren zwischen zwei Polen. Der eine Pol betont das Gefühl der Einzigartigkeit, das jeder psychisch gesunde Mensch besitzt. Die Rede ist von einer Art personalem Kern, der einen Menschen begleitet von der Geburt bis zum Tod. Menschen, die dieses Gefühl des personalen Kerns verloren haben, leiden meistens darunter und werden in unserer Gesellschaft als psychisch krank definiert. Die Position des personalen Kerns ist die klassische Position in den Versuchen, Identität zu definieren, die von Erikson vertreten wird. Diese Position unterstreicht das dauerhafte Gefühl von Einmaligkeit, das Menschen haben können und haben sollten, um ein zufriedenes Leben führen zu können.

Es gibt aber auch die andere Position, die postmoderne, wie zum Beispiel Gergen sie vertritt, welche die Vielfalt der möglichen Erlebensweisen eines Menschen betont. Auch diese Position hat einiges für sich. Jeder Mensch kennt Situationen, in denen er etwas getan oder gesagt hat, von dem er später dachte: «Das war doch nicht ich!» Wo war in diesem Moment der personale Kern und das Gefühl für Identität? Wie ist es theoretisch zu verstehen, dass eine verheiratete Mutter von vier Kindern mit 45 Jahren davon spricht, sich «endlich selbst zu verwirklichen»? War das Leben, das sie bis anhin geführt hat, etwa nicht wirklich? Was ist mit dem Mann, der das ganze Jahr im Landratsamt brav seine Akten bearbeitet und sich dann in 14 Tagen Urlaub in Thailand junge Frauen für exquisite Liebeserlebnisse kauft? Wer ist dieser Mann wirklich? Der brave Beamte oder der zügellose Lüstling? Dr. Jekyll oder Mr. Hyde? Wo ist der personale Kern? Was ist seine wahre Identität? Weniger drastische Beispiele kennt jeder aus dem eigenen Leben. In verschiedenen Kontexten verhalten wir uns verschieden, und offenbar wohnen verschiedene Seelen in ein und derselben Brust.

Viele Romane und Filme beziehen ihre innere Dynamik aus dieser Spannung, die der Mensch erlebt, wenn er verschiedene Aspekte seiner selbst koordinieren muss. Menschen, denen das nicht gelingt, werden psychisch krank. Da unsere Welt immer vielfältiger wird, haben Menschen immer mehr Möglichkeiten, sich selbst in unterschiedlichen Kontexten zu erleben, und die Aufgabe, diese vielen Erlebensweisen zu koordinieren, wird immer anspruchsvoller. Die Wahrscheinlichkeit, dass es glückt, eine gelungene Koordination zu erreichen, wird mit zunehmender Vielfalt der Außenwelt ständig geringer, denn die Elemente, die koordiniert werden müssen, werden zahlreicher. Dies ist auch der Grund, warum Gergen dafür plädiert, die traditionelle Vorstellung, der Mensch müsse sich als Einheit erleben, angesichts der zu erwartenden Zunahme an Vielfalt ein für allemal aufzugeben.

Je nachdem, welche theoretische Position – von denen jede berechtigte Argumente aufzuweisen hat – man einnimmt, resultieren völlig unterschiedliche pädagogische und therapeutische Strategien. Im einen Fall, der Position des personalen Kerns, versucht man, Jugendlichen dazu zu verhelfen, eine dauerhafte und stabile Definition dessen zu erstellen, wer sie sind und was sie im Leben erreichen wollen. Im anderen Fall, der Position der gelebten Vielfalt, bringt man den Jugendlichen genau das Gegenteil bei. Sie sollen gerade nicht an einer stabilen Definition ihrer selbst festhalten, denn das könnte sie angesichts des rasenden Wandels unserer Welt zu mangelnder Flexibilität und als Folge vielleicht sogar in die psychische Krankheit führen. Im Gegenteil: Jugendliche sollten – folgt man der Position der Vielfalt – lernen, dass der Wandel ein Kennzeichen des Lebens ist und sie sollten die Kompetenz entwickeln, sich flexibel auf neue Kontexte einzustellen. Beide Positionen hören sich plausibel an und doch scheinen sie sich zu widersprechen.

Für das Zürcher Ressourcen Modell haben wir eine Definition von Identität entwickelt, die in der Lage ist, den scheinbaren Widerspruch dieser beiden Positionen aufzuheben. Um solch ein Modell von Identität zu entwerfen, müssen wir zunächst einige Unterscheidungen einführen, die es uns ermöglichen, das komplizierte Zusammenspiel der einzelnen Elemente der menschlichen Psyche besser zu verstehen. Unser Modell basiert einerseits auf psychologischen Theorien zu dieser Thematik, bezieht aber auch die Theorie der somatischen Marker des Neurowissenschaftlers Damasio (1994) in die Überlegungen mit ein. Diese Integration des neurowissenschaftlichen Aspektes erlaubt es, dem Körper und der Wahrnehmung von Körperempfindungen einen zentralen Stellenwert bei der Entstehung von Identität zu geben. Und der zentrale Stellenwert des Körpers in unserer Vorstellung von Identität erlaubt es, die beiden scheinbar widersprüchlichen Positionen miteinander zu verbinden.

1.1.1 Das Körper-Selbst

Beginnen wir mit der Grundausstattung; mit dem, was jeder Mensch bei der Geburt mit auf diese Welt bringt: dem Körper. Wenn ein Baby geboren wird, hat es zunächst noch keine Fähigkeit zur Selbstreflexion und bleibt auch vorerst vor den Seelenqualen verschont, die die Identitätsfrage mit sich bringen kann. Es hat einen Körper, bestehend aus einer materiellen Grundlage von Zellen, Fleisch, Knochen, Hormonen und vielem mehr. Es kann auch schon rudimentär verschiedene Zustände dieses Körpers wahrnehmen, wie zum Beispiel Hunger, Kälte, Nässe, Sattheit oder Wärme. Allerdings ist die kognitive Entwicklung unseres Babys noch nicht so weit fortgeschritten, dass es sich klar darüber wäre, dass es selbst es ist, das diese Empfindungen hat, es hat sie einfach. Person und Erleben sind eine Einheit. Diesen Sachverhalt kann man am besten unmittelbar verstehen, wenn man zum Beispiel neugeborene Kätzchen mit ihren zugewachsenen Augen beobachtet. Sie existieren und reagieren auch auf Umweltreize, aber sie existieren als reine Kreatur. Es scheint, als schlummere die Psyche noch im Körper. Dies tut zunächst auch die Psyche unseres Babys, dessen weitere Entwicklung wir nun verfolgen wollen. In Anlehnung an Petzold & Mathias (1982, S. 157) nennen wir diese körperliche Grundausstattung das Körper-Selbst **(1)**.

Damasio (1999) hat beschrieben, wie das Körper-Selbst aus der Sicht der Hirnforschung entsteht. Hierzu unterteilt er das Körper-Selbst in zwei Konstituenten: das Protoselbst und das gefühlte Kernselbst. Im Hirnstamm und im Hypothalamus des Gehirns sind Systeme lokalisiert, welche die Sollwerte vom inneren Milieu des Körpers, zu dem sie gehören, laufend überprüfen. Hierzu zählt beispielsweise die Fähigkeit, einen abgesunkenen Blutdruck oder Blutzuckerspiegel zu registrieren. Diese Online-Beobachtung ist notwendig, um das chemische Gleichgewicht, das der Organismus zum Überleben benötigt, zu sichern. Auch über die Signale der vis-

Abbildung 1: Das Körper – Selbst

zeralen Nerven aus den Eingeweiden, in Brustkorb und Bauchraum, über den Bewegungsapparat und die Signale des Feintastsinns ist das Gehirn unablässig auf dem Laufenden. Darum hat das Gehirn einen nie versiegenden Informationsfluss darüber, was im Körper vor sich geht. Damasio nennt das Ergebnis aus diesem Informationsfluss das Protoselbst. «Das Protoselbst besteht aus einer zusammenhängenden Sammlung von neuronalen Mustern, die den physischen Zustand des Organismus in seinen vielen Dimensionen fortlaufend abbilden» (Damasio, 1999, S.187). Das Protoselbst ist nicht bewusstseinsfähig, es ist auch nicht an Sprache gekoppelt. Auf der Basis seiner Informationen kann sich jedoch etwas Bewusstseinsfähiges entwickeln, das Damasio das gefühlte Kernselbst nennt.

Das gefühlte Kernselbst entsteht, wenn das Gehirn «einen vorgestellten, nicht sprachlichen Bericht erzeugt, in dem niedergelegt ist, wie der eigene Zustand des Organismus davon beeinflusst wird, dass er ein Objekt verarbeitet» (ebd., S. 205). Unter Objekt versteht Damasio jede Art von Sinnesreiz, Situation, Gegenstand oder Lebewesen, mit dem sich das Gehirn gerade beschäftigt. Hervorzuheben ist, dass es für das gefühlte Kernselbst keine Rolle spielt, ob das Objekt gerade real mit dem Organismus interagiert oder ob es aus dem Gedächtnis abgerufen wird. Der Gedanke an den geliebten Menschen genügt, um das innere Milieu deutlich zu verändern und zum Beispiel den Herzschlag zu beschleunigen. In diesem Moment kann eine Veränderung des Protoselbst registriert werden, und diese Wahrnehmung ergibt das gefühlte Kernselbst. Das gefühlte Kernselbst ist ebenfalls noch nicht an Sprache gekoppelt, es wird, wie der Name schon sagt, gefühlt. Der Begriff «Fühlen» bezieht sich hierbei auf zweierlei Arten der Wahrnehmung. Die Wahrnehmung des Kernselbst kann über eine Körperempfindung (Wärmegefühl im Bauch) oder über eine Emotion (Freude im Herzen) erfolgen **(2)**. Möglich ist auch, so zeigen unsere eigenen Erfahrungen im ZRM-Training, die Wahrnehmung einer Mischung aus Körperempfindung und Emotion. Damasio nennt das gefühlte Kernselbst an anderer Stelle auch illustrativ eine «wortlose Erzählung» (ebd., S. 207). Im Unterschied zum Protoselbst ist das Kernselbst jedoch bewusstseinsfähig.

Für unsere Zwecke – dies sind psychotherapeutische und/oder pädagogische – genügt es, das Protoselbst und das gefühlte Kernselbst unter dem Begriff Körper-Selbst zusammenzufassen. Der Exkurs in die Hirnforschung diente lediglich dazu, die biologischen Grundlagen des Körper-Selbst zu verdeutlichen. Das Körper-Selbst spielt für die Thematik der Identität in vieler Hinsicht eine zentrale Rolle. Zum einen dient das Körper-Selbst als Erfahrungsspeicher. Die Neurowissenschaften gehen davon aus, dass es Teilsysteme im Gehirn gibt, die schon vor der Geburt damit beginnen, bedeutsame Erfahrungen auf Körperebene zu speichern (Roth, 2001, 2003). Zum anderen werden über das Körperselbst auch grundlegende Bewertungen von Erfahrungen vermittelt. Damasio (1994) nennt diese Bewertungen die somatischen Marker. Über die somatischen Marker werden Annäherungs- und Vermeidungsverhalten gesteuert. Sie signalisieren, ob angesichts einer bestimmten Situation oder eines Objektes, egal ob vorgestellt oder real, Belohnung oder Unangenehmes zu erwarten ist. Weil das Körper-Selbst ein ganzes Leben lang erfahrbar ist, stellt es die Basis dafür dar, dass der Mensch ein Gefühl von Kontinuität in der Zeit entwickeln kann.

Die Dimension des Körpers hat bisher «in vielen Identitätstheorien nur marginale Berücksichtigung gefunden» (Höfer, 2000, S. 184). In letzter Zeit mehren sich aber die theoretischen Überlegungen zur Identitätsthematik, die explizit körperliche Phänomene in die Definition von Identität mit einbeziehen (Barkhaus et al., 1999; Höfer, 2000; Barkhaus & Fleig, 2002; Gugutzer, 2002). Aus psychoanalytischer Sicht vertritt Bohleber (1997) eine Position, die ebenfalls dafür plädiert, körperliche Phänomene identitätstheoretisch zu berücksichtigen. Als Argumentarium für den Einbezug des Körpers dient hierbei die moderne Säuglingsforschung (Stern, 1985; Dornes, 1993). Nach Bohleber (1997) bildet das vorsprachliche «Kern-Selbstgefühl die Basis und die Verankerung unseres Identitätsgefühls und trägt dazu bei, dass wir uns in aller Veränderung stets als die gleichen fühlen» (S. 104). Dieses Kern-Selbst entsteht zwischen dem zweiten und dem sechsten Monat. Es ist «kein kognitives Konstrukt, sondern ein Gefühl, das durch die Erfahrung der Interaktionsprozesse entsteht. Später ist dieses Kern-Selbstgefühl so unser eigenes geworden, dass wir annehmen, wir hätten es immer gehabt. Damit entgeht uns, dass auch dieses Kern-Selbstgefühl eine Geschichte hat. In ihm steckt die regulierende Aktivität der Mutter» (ebd.). Das Stichwort von der Geschichte des Körper-Selbst bringt uns zu einem weiteren Thema: der Art und Weise, wie das Gehirn des Neugeborenen die Informationen aus der Umwelt und aus dem Körperinneren verarbeitet. Wir verlassen damit die materielle Ausgangsbasis von Identität und wenden uns dem Thema der Informationsverarbeitung zu, einem Prozessaspekt des psychischen Systems.

1.1.2 Das adaptive Unbewusste

Außer dem Körper-Selbst bringt das Neugeborene bereits eines der zwei Basis-Elemente mit, die für den Prozess-Aspekt des psychischen Systems zuständig sind: das Unbewusste. Die Thematik des Unbewussten ist aus der Tradition der Psychoanalyse bekannt. Während jedoch Freud und seine NachfolgerInnen noch weit gehend auf Spekulationen angewiesen waren, um die Funktionsweise des Unbewussten zu beschreiben, verzeichnen wir heute in der akademischen Psychologie einen gut abgesicherten Wissensbestand, der es ermöglicht, die frühen psychoanalytischen Theorien daraufhin zu sichten, welche ihrer Annahmen beibehalten werden können und welche Hypothesen revidiert werden müssen. Ein ausgezeichneter Überblick hierzu findet sich bei Kuhl (2001) sowie bei Wilson (2002). Einer der Hauptunterschiede des Freudschen Unbewussten zu aktuellen Vorstellungen davon besteht darin, dass man das Unbewusste heutzutage nicht mehr als einen monolithischen Block betrachtet, der «wie der Zauberer von Oz hinter den Vorhängen des Bewusstseins seine Fäden zieht» (Wilson, 2002, S. 7; Übersetzung von der Autorin). Vielmehr betrachtet man das Unbewusste heutzutage als ein modular aufgebautes Prozess-System, das sich in ständiger lernender Auseinandersetzung mit der Umwelt laufend entwickelt. In dieser Hinsicht hat C. G. Jung in seiner Vorstellung des psychischen Systems den aktuellen Stand der Wissenschaft deutlich besser vorweggenommen als Freud. Einen anderen Unterschied zwischen der modernen Konzeption des Unbewussten und der Freudschen Position sieht Wilson (ebd. S. 8) darin, dass viele Vorgänge nicht aufgrund von Verdrängungsprozessen, sondern schlicht aus Effizienzgründen unbewusst stattfinden, eine Ansicht, die auch aus der Sicht der Gehirnforschung von Roth (2003) geteilt wird.

Das adaptive Unbewusste beinhaltet zum Teil angeborene Elemente, zum Teil Elemente, die im Laufe des Lebens erworben werden. Es ist zu keinem Zeitpunkt des menschlichen Lebens ein fixer Tatbestand, sondern befindet sich in dauernder Veränderung. Deshalb schlägt Wilson vor, diese Konzeption *adaptives Unbewusstes* zu nennen. Hassin (2004) verwendet hierfür die Bezeichnung das *neue Unbewusste*. Die Zeit wird erweisen, welcher Begriff sich durchsetzen wird. Als gemeinsamen Ausgangspunkt kann man jedoch voraussetzen, dass innerhalb des psychischen Systems zwischen unbewusst verlaufenden und an Bewusstsein gekoppelten Prozessen unterschieden werden muss, die auf verschiedenen Hirnstrukturen basieren (Le Doux, 2003) und auch nach unterschiedlichen Gesetzmäßigkeiten arbeiten (Mischel, 2003).

Tabelle 1 zeigt die wichtigsten Unterschiede zwischen dem unbewussten und dem bewussten Funktionssystem der Psyche.

Bei Roth (2003) heißt der Wissensspeicher, mit dem das adaptive Unbewusste arbeitet, das *emotionale Erfahrungsgedächtnis*. Wir haben an anderer Stelle (Storch & Krause, 2002; Storch 2002; Storch 2004a) die neurobiologischen Grundlagen dieses Konzepts ausführlich dargestellt. Kuhl (2001) nennt aus einer funktionsanalytischen und psychologischen Sicht diesen Teil des psychischen Systems das *Extensionsgedächtnis*. Den Begriff Extension hat Kuhl gewählt, um die ungeheuer große Ausdehnung dieser Funktionseinheit zu unterstreichen. Denn hier ist nichts weniger gespeichert als die gesamte Lebenserfahrung, die ein Organismus im Laufe des Aufwachsens

Das adaptive Unbewusste und das Bewusstsein im Vergleich

Adaptives Unbewusstes	**Bewusstsein**
Multiple Systeme	Ein System
On-line Mustererkennung	Check und Ausgleichsmassnahmen im Nachhinein
Befasst mit dem Hier und Jetzt	Arbeitet auf lange Sicht
Automatisch (schnell, nicht intentional unkontrollierbar, mühelos)	Kontrolliert (langsam, intentional, kontrollierbar, mit Anstrengung verbunden)
Rigide	Flexibel
Frühzeitig einsatzbereit	Entwickelt sich langsamer
Sensitiv für negative Information	Sensitiv für positive Information

Tabelle 1: Das adaptive Unbewusste und das Bewusstsein im Vergleich. (Nach Wilson, 2002; Übers. v. Aut.)

Abbildung 2: Das adaptive Unbewusste

gesammelt hat. Zusätzlich zur Speicherung verfügt das adaptive Unbewusste auch über ein Bewertungssystem, das es für die Auswahl geeigneter Handlungen verwenden kann. Diesbezüglich ist das adaptive Unbewusste in seiner Arbeits- und Ausdrucksweise eng an das Körper-Selbst gekoppelt (Kuhl, 2001). Es steht in enger Verbindung mit somatischen Markern (Damasio, 1994; Storch, 2003b; siehe auch Kapitel 1.2.1 in diesem Buch) und affektiven Bewertungsprozessen (Duckworth et al., 2002). Als Illustration für die enge Koppelung des adaptiven Unbewussten an körperliche Vorgänge – Körperempfindungen genauso wie Emotionen – schattieren wir die folgende Grafik mit einem leichten Grauton.

An dieser Stelle möchte ich auf die Beschreibung des Körper-Selbst zurückkommen, die Bohleber (1997, siehe auch Kapitel 1.1.1 in diesem Buch) so anschaulich geliefert hat. Er hat davon gesprochen, dass im Körper-Selbst die Geschichte der Interaktionen zwischen Mutter und Kind gespeichert ist. Von Stern (1985, 1992) wissen wir auch, in welchen Etappen sich dieser Wissenserwerb vollzieht. Den Anfang machen sogenannte *episodic memories*, kleine Interaktionseinheiten, die auf mehreren Ebenen im Gedächtnis codiert werden. Bestandteile einer episodic memory sind jeweils die Art der Interaktion und der Situation sowie das entsprechende Körpergefühl und die beteiligten Affekte. Diese kleineren Episoden können im Gedächtnis – aus neurobiologischer Sicht ist hierfür das emotionale Erfahrungsgedächtnis zuständig – zu größeren Gedächtniseinheiten zusammengefasst werden, den so genannten *representations of interactions generalized*, abgekürzt RIG. Die RIGs sind unbewusst entstanden und vorsprachlich, das heißt auf Körperebene oder als Emotion gespeichert. Weil das emotionale Erfahrungsgedächtnis die wichtigen Erinnerungen mit einer Bewertung – einem somatischen Marker – versieht, haben die RIGs später großen Einfluss auf unsere Motivlagen, Beziehungen, Entscheidungen und Handlungsweisen. Sie sind die ersten Inhalte des psychischen Systems, die ein Mensch erwirbt. Teilweise können sie bewusst gemacht und in Sprache gefasst werden – etwa im Laufe einer Psychotherapie – teilweise können sie nur als Körpereindrücke erfahren werden. Auf diese Weise können primäre Grunderfahrun-

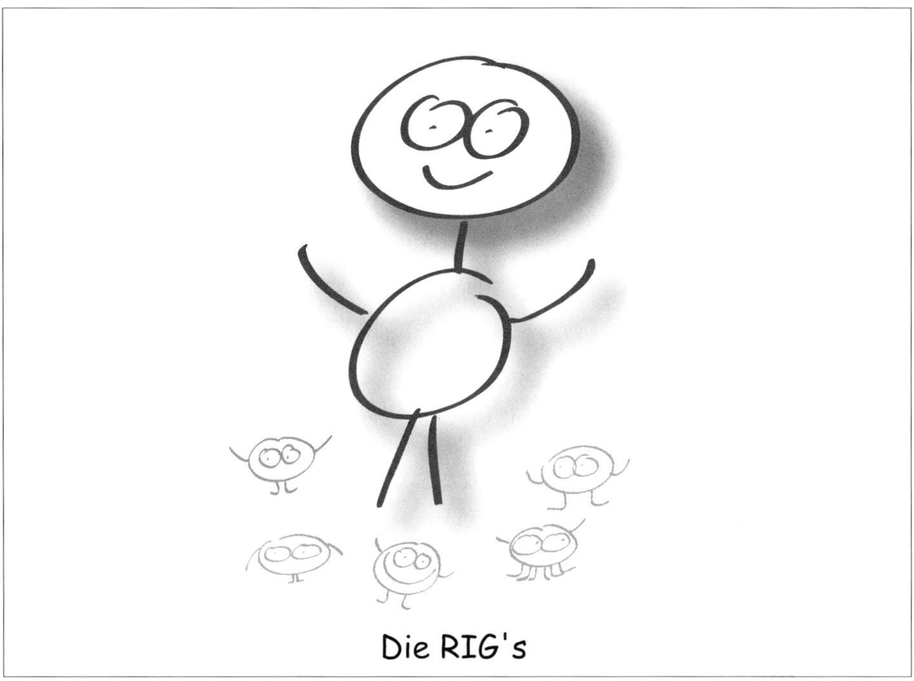

Abbildung 3: Die RIG's

gen mit Bezugspersonen in den ersten Lebensmonaten zu bewussten oder unbewussten Inhalten des psychischen Systems eines Menschen werden und damit Einfluss auf dessen gesamte Lebensgestaltung nehmen. In die Grafik kommen jetzt als erste Inhalte des psychischen Systems ein paar unbewusste und vorsprachlich gespeicherte RIGs. Sie sind grau gemalt, entsprechend der Farbe des Funktionssystems, das sie hervorgebracht hat.

Erst später verfügt das Neugeborene dann über das zweite Basis-Element, mit dem Informationen verarbeitet werden können: das Bewusstsein. Als Produkt dieser zweiten Form der Informationsverarbeitung entsteht eine zusätzliche psychische Funktion, die wir in unserer Systematik das *Ich* nennen.

1.1.3 Das Ich

Wenn das Neugeborene älter wird, wächst sein Körper. Mit dem Körper wächst auch das Gehirn. Abbildung 4 zeigt, wie rasant diese Entwicklung vonstatten geht.

Die *Anzahl* der Nervenzellen verändert sich nach der Geburt eines Kindes zwar nicht mehr bedeutsam. Einen großen Wachstumsschub erlebt das Gehirn jedoch bezüglich der Verzweigung und Verdickung der Dendriten, also der *Verbindungen* zwischen den Nervenzellen. Mit der Entwicklung des Gehirns entwickeln sich natürlich auch die Kompetenzen, zu denen das Gehirn unseres Babys in der Lage ist. Die Fähigkeit zu lernen verbessert sich, sprachliche Fähigkeiten entstehen, und die zunehmende Beherrschung der Motorik zeigt sich immer deutlicher und schneller. Für unsere Frage der Identität interessiert vor allem die kognitive Entwicklung, wie Piaget (1973) sie sorgfältig beobachtet und untersucht hat. Epstein (2001) hat die Phasen der kognitiven Entwicklung, so wie Piaget sie beschrieben hat, zur Entwicklung des Gehirns in Beziehung gesetzt und kommt zu dem Schluss, dass für jede der Piagetschen Phasen eine biologische Basis im Gehirn beobachtet werden kann.

In den Phasen des schnellen Gehirnwachstums legt das Gehirn fünf bis zehn Prozent an Gewicht zu, in Phasen des langsamen Wachstums nur um ein Prozent. Die Gewichtszunahme beinhaltet immer eine Zunahme der Verzweigungen zwischen den Nervenzellen. Hieraus resultieren zusätzliche beziehungsweise komplexere neuronale Netze, die dem Gehirn ermöglichen, neue Aufgaben zu bewältigen. Der erste große Wachstumsschub erfolgt zwischen drei

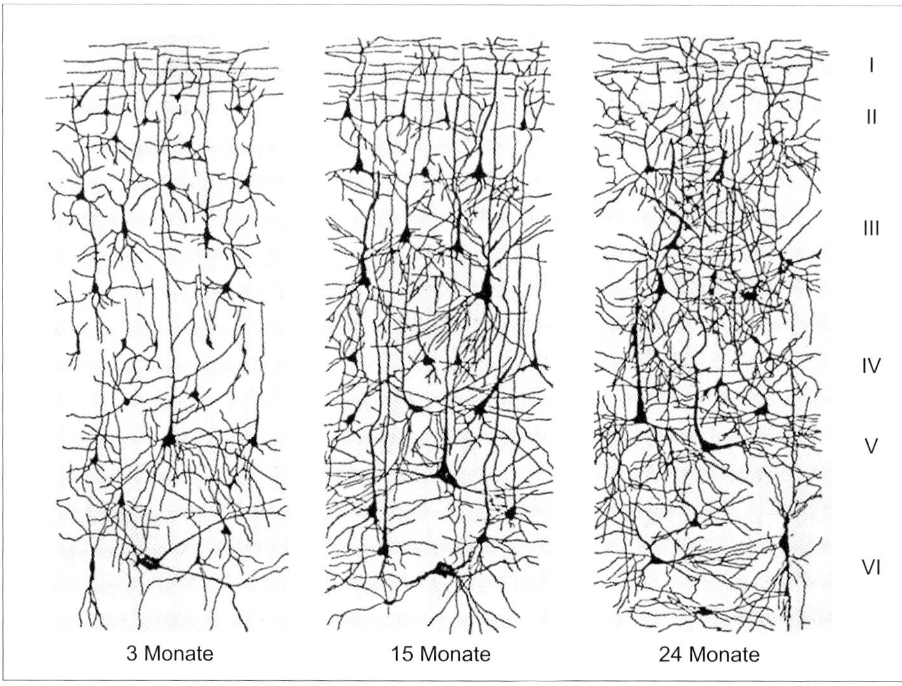

Abbildung 4: Die Entwicklung kindlicher Kortexstrukturen nach der Geburt
Nach Conel (1939, 1942, 1959)

und zehn Monaten, dies hauptsächlich im Cerebellum, das für motorische Fähigkeiten verantwortlich ist. Hieraus resultieren die Entwicklungen der sensomotorischen Periode nach Piaget. Der zweite Wachstumsschub erfolgt zwischen dem 2. und dem 4. Lebensjahr, er beruht hauptsächlich auf der Reifung der Sinne – Hören, Sehen, Tasten, Riechen, Schmecken – und bereitet die Phase der präoperationalen Repräsentationen vor. Nach Piaget entsteht in dieser Phase im Kind eine innere Welt als Voraussetzung für den Erwerb von Sprache. Zwischen dem 6. und dem 8. Lebensjahr vermehrt das Gehirn erneut seine Verzweigungen, Piagets Stufe der konkreten Operationen wird dadurch möglich. Die Zunahme der Verzweigungen findet in Netzwerken statt, die sensomotorische Fähigkeiten hervorbringen. Kinder können jetzt Erfahrungen, die sie konkret machen, logisch verarbeiten. Der nächste Wachstumsschub zwischen zehn und zwölf Jahren steht in Verbindung mit der Phase der formalen Operationen, die in das Jugendalter fällt, und die auch die

Voraussetzung dafür darstellt, das Identität überhaupt ein Thema werden kann. In der Phase der formalen Operationen können die Jugendlichen auch abstrakt denken. Sie beginnen, über sich und die Welt nachzudenken. Sie sind in der Lage, Regeln hinter Abläufen zu erkennen und gedanklich mit virtuellen Möglichkeitsräumen zu jonglieren. Der Wachstumsschub zwischen zehn und zwölf Jahren zeigt, im Gegensatz zu den anderen Entwicklungsetappen, aus neurobiologischer Sicht einen deutlichen Geschlechterunterschied. Das Gehirn der Mädchen wächst in diesem Alter doppelt soviel wie das Gehirn der Jungen. Beim nächsten großen Wachstumsschub zwischen 14 und 16 Jahren holen die Jungen dann aber auf. Hier ist es das männliche Gehirn, das doppelt soviel an Gewicht zulegt wie das weibliche.

Im Zuge der kognitiven Entwicklung, die mit dem Wachstum des Gehirns zu tun hat, entsteht nach und nach eine Fähigkeit, der wir im Rahmen unseres Modells von Identität den Begriff *Ich* zuordnen. Mit dem Begriff *Ich* ist jedoch keineswegs eine Entität gemeint, wie es etwa die Leber oder die Milz darstellen, obwohl der Begriff *Ich* im Alltag oft so benutzt wird. Die bewusste Wahrnehmung eines Menschen, so etwas wie ein *Ich* zu besitzen, muss als Produkt seiner Gehirntätigkeit betrachtet werden. Insofern ist das Ich, genauso wie das adaptive Unbewusste, ein Prozess und kein Gegenstand. McAdams (1997) ist der Ansicht, dass in diesem Zusammenhang ein Verb angemessener wäre als ein Hauptwort. Er plädiert darum dafür, das Hauptwort *Ich* durch das Verb *selfing* zu ersetzen (a.a.O, S.56). Wir wollen diesem Vorschlag jedoch nicht folgen, weil man den Begriff des *Ich* durchaus benutzen kann, wenn man dabei die besprochenen Vorsichtsmaßnahmen beachtet.

Im Zusammenhang mit unserem Versuch, Identität begrifflich sauber zu fassen, erleichtert es der Begriff des Ichs, auf eine klassische Unterscheidung von James (1890, 1892) zurückzugreifen, auf die sich ein Großteil der Literatur zum Thema Identität bezieht. James unterteilte das Selbst, bei ihm verstanden als die Gesamtpsyche, in einen beobachtenden Teil und in einen Teil, der beobachtet wird. «Woran ich auch denken mag, stets bin ich gleichzeitig mehr oder weniger meiner selbst, in meiner persönlichen Existenz bewusst. Dabei bin ebenfalls in demselben Moment ich es, der das Bewusstsein hat. Mein ganzes Selbst ist also gleichsam verdoppelt. Einerseits zum Bewusstsein Kommendes, andererseits Bewusstsein Habendes, einerseits Objekt, andererseits Subjekt, muss es zwei unterschiedliche Aspekte in sich vereinigen, von denen wir der Kürze

Abbildung 5: Das Ich

halber den einen als Mich (engl. me), den anderen als Ich (engl. I) bezeichnen wollen.» (zit. n. Körner, 1992, S. 25). Wir werden im nächsten Abschnitt auf die Unterscheidung zwischen *I* und *me* noch weiter eingehen.

Zunächst konstatieren wir: In die Systematik zum Thema Identität gehört ein drittes Element. Zum *Körper-Selbst* und zum *adaptiven Unbewussten* gesellt sich das *Ich*. In unserer Grafik siedeln wir das *Ich* als kleinen Punkt im Kopf an, weil dies der alltagssprachlichen Unterscheidung von Kopf und Bauch nahe kommt. Das Ich-Erleben ist an Bewusstsein gekoppelt. Ohne Bewusstsein – etwa im Tiefschlaf oder in Narkose – existiert kein Ich. Das Ich-Erleben ist außerdem auch mit Aufmerksamkeit verbunden. Wenn man versunken in eine Tätigkeit ist, kann es vorkommen, dass man sich «selbst vergisst». Guter Sex hängt auch mit der Fähigkeit zusammen, den Vorgang der Ich-Erzeugung vorübergehend abzuschalten und «im Gegenüber aufzugehen».

Auf unserem Weg, ein übersichtliches Modell von Identität zu entwickeln, sind wir jetzt an einer wichtigen Schwelle angelangt. Jeder Anatom kann sagen, wo er die Milz findet. Niemand kann sagen, wo sich das Ich befindet. Und trotzdem sind sich die meisten Menschen sicher, ein solches Ich zu besitzen. Sie haben auch tatsächlich ein Ich, aber auf andere Weise als sie eine Milz haben. Ihr Ich ist ein Produkt der Tätigkeit ihres Gehirns. Es ist, in der Computersprache ausgedrückt, eine virtuelle Angelegenheit. Der Cyberspace ist auch nicht in derselben Art vorhanden, wie es eine Wohnung oder ein Arbeitsplatz ist. Trotzdem ist er ein Raum, in dem man sich aufhalten kann, und alle Internet-Fans wissen, *wie lange* man sich in virtuellen Räumen aufhalten kann. Genauso ist es mit dem Ich. Es ist vorhanden, aber nicht materiell, wie das Körper-Selbst, sondern virtuell, wie der Cyberspace. Genau genommen haben die Menschen mit dem Ich so etwas wie ein Phantom im Kopf. Eine Fähigkeit, die mehr oder weniger sinnvolle Spukgeschichten – wissenschaftlich *Konfabulationen* genannt – entstehen lässt, welche übrigens keineswegs immer mit der Realität übereinstimmen müssen (Roth, 2001; Bargh, 2002).

Im Zuge des Wachstums des Gehirns und mit zunehmenden kognitiven Kompetenzen beginnt das Ich mit einer interessanten Tätigkeit. Es sucht eine Antwort auf die Frage: «Wer bin ich?». Dies tut es, weil es irgendwann bemerkt, dass es ein Körper-Selbst hat, dass dieses Körper-Selbst ein anderes ist als das anderer Menschen und weil es gerne die Frage klären möchte, was das spezifisch Eigene am Körper-Selbst ist. Mit anderen Worten: Das Ich denkt über das Körper-Selbst nach. Diese Tätigkeit beginnt das Ich zunächst, ohne sich darüber bewusst zu sein, was es da tut. Die moderne Säuglingsforschung geht zwar davon aus, dass schon Neugeborene zu rudimentären Unterscheidungen zwischen sich und der Außenwelt, sowie zwischen sich selbst und anderen Individuen in der Lage sind (Butterworth, 1992). Diese Art von Unterscheidung wird jedoch *gefühlt*, nicht intellektuell erfasst. Die Entwicklungsstufen der Fähigkeit, sich selbst auch bewusst als etwas Eigenständiges zu *denken*, sind wissenschaftlich erforscht. Sie beginnen gegen Ende des zweiten Lebensjahres und differenzieren sich dann laufend aus. Bei Fuhrer et al. (2000) findet sich diesbezüglich eine gute Übersicht.

Das Befassen mit der Frage «Wer bin ich?» erreicht seinen Höhepunkt im Jugendalter. Dann nämlich sind aus der Sicht der Hirnforschung diejenigen Gehirnareale miteinander gut verkoppelt, die es ermöglichen, über sich selbst nachzudenken (Giedd et al., 1999;

Abbildung 6: Wer bin ich?

Strauch, 2003). Aus der Sicht der Jugendforschung baut sich zwischen dem 10. und dem 14. Lebensjahr ein neues Selbstbild auf (Fend, 1994; 2000).

1.1.4 Die Außenwelt und die Innenwelt – zwei Wege zur Antwort

Nun können wir einen Schritt weitergehen in unserem Modell von Identität. Das Ich nimmt also am Ende des zweiten Lebensjahres seine Tätigkeit auf, und das Kind wird dadurch in die Lage versetzt, über sich selbst nachzudenken. Die Art und Weise, wie das Ich seine Tätigkeit ausführt, hat wichtige Konsequenzen für die Entstehung von Identität. Das Nachdenken des Ichs geschieht auf zwei Arten. Erstens nimmt es dazu Informationen aus der Außenwelt auf und zweitens hat es die Möglichkeit, diese Informationen in seiner eigenen virtuellen Innenwelt zu bearbeiten.

Abbildung 7 soll diesen Vorgang verdeutlichen. Es stellt einen pädagogisch tätigen Menschen dar, der in erzieherischer Absicht auf einen Heranwachsenden einwirkt. Der Pädagoge vermittelt dem Heranwachsenden beispielsweise eine Botschaft darüber, was er tun soll und was nicht. Gemessen an den jeweils geltenden gesellschaftlichen Normen bekommt das Kind dann für seine Handlungen positive Rückmeldungen oder negatives Echo. Das Kind hört aufmerksam zu, nimmt die Information aus der Außenwelt auf, nimmt sich aber auch die Freiheit, sich seine eigenen Gedanken über den Sachverhalt zu machen. Diese Freiheit, sich eigene Gedanken über all das zu machen, was von pädagogisch tätigen Personen an Interventionen auf Heranwachsende einströmt, hat schon manchen pädagogischen Plan kläglich scheitern lassen. In der Wissenschaft behandelt man dieses Phänomen in Anlehnung an die Theorie der Autopoiese von Maturana & Varela (1984) unter dem Stichwort *Perturbationen von autopoietischen Systemen.*

Abbildung 7: 2 Wege zur Antwort

Wie wichtig die Außenwelt bei der Entwicklung einer Konzeption von sich selbst ist, wurde in der Tradition der Psychoanalyse im Rahmen der Objektbeziehungstheorie bearbeitet (Fairbairn, 1952). Auch Sullivan (1953) und Kohut (1977) haben das interpersonale Geschehen deutlich ins Zentrum ihrer Theoriebildung gerückt. In einer Verbindung von Piaget und psychoanalytischem Gedankengut hat Kegan (1986) sehr einleuchtend und einfühlsam die «Entwicklungsstufen des Selbst» bearbeitet. Feministische Positionen haben immer wieder darauf hingewiesen, dass Identität im Jugendalter nicht nur in der Terminologie von Autonomie und Ablösung von anderen, sondern auch in Begriffen von Bezogenheit und Gemeinsamkeit gefasst werden muss (Gilligan, 1984; Josselson, 1987; Josselson, 1988). Bei Storch (1994) findet sich ein Überblick über diese Debatte.

Der Theoriestrang des symbolischen Interaktionismus (Mead, 1934) hat ebenfalls die Wichtigkeit der Außenwelt für die Entstehung von Identität betont. «Meads Vorstellung von Identität geht davon aus, dass jeder sich nur mit den Augen des anderen sehen kann.» (Krappmann, 1997, S. 79). Aktuelle VertreterInnen dieser Tradition sind zum Beispiel Thoits (1994), welche die Verbindung von sozialem Input und der Entstehung von Stress untersucht, oder Burke & Stets (1999), der den Balanceprozess zwischen sozialem Input und Identitätsregulation mit einem kybernetischen Modell beschreibt. Den aktuellen Stand der Überlegungen zum Verhältnis von Außenwelt und Innenwelt aus identitätstheoretischer Sicht beschreibt Höfer (2000) folgendermaßen: «Identität beinhaltet eine personale Seite, die sich auf die Einzigartigkeit und die biografische Einmaligkeit bezieht, und sie hat eine soziale Seite, die sich auf die Verortung in sozialen Kontexten bezieht» (S. 183).

Das Vorgehen des Ichs bei dem Versuch, die Frage zu klären, wer es denn eigentlich sei, ist im Grunde sehr praktisch: Man gehe hin, beobachte die Reaktionen anderer Menschen auf das eigene Handeln, ziehe diese Informationen in Betracht und denke darüber nach. So einfach dieses Vorgehen auch scheinen mag, so schnell kann es zu Schwierigkeiten führen. Denn Heranwachsende sammeln in der Regel in der Interaktion mit mehreren Menschen Informationen über sich selbst. Fast jeder hat zum Beispiel in der Kindheit die Erfahrung mit der lieben Oma oder dem lieben Onkel gemacht. Eine Oma, für die man einfach das Engelchen war, egal, was man anstellte. Und ziemlich früh schon machte man die Erfahrung, dass man für ein und dieselbe Handlung bei der Oma als

«Engelchen» angesehen werden konnte und bei den Eltern als «Teufelchen». Die Informationen aus der Außenwelt sind normalerweise nicht eindeutig, sondern vielfältig. Das Resultat ist eine Vielfalt von Mini-Theorien, die das Ich entwickelt. In Anlehnung an James (1890, 1892), dessen Überlegungen wir weiter oben schon dargestellt haben, nennen wir diese Mini-Theorien in unserer Systematik die *me's*.

1.1.5 Die me's

James (ebd.) hat die Begrifflichkeit von *I* und *me* gewählt, um auf Englisch den Unterschied zwischen dem Ich als erkennendem Subjekt und dem Ich als erkanntem Objekt zu verdeutlichen. «*I* think about *me*.» Das *me* ist das Ergebnis des Nachdenkens des *Ichs*. Die Ebenen, auf denen sich das Kind dank seiner kognitiven Entwicklung bewegen kann, werden jetzt immer virtueller. Das Ich für sich alleine genommen ist schon eine virtuelle Angelegenheit. Jetzt denkt dieses virtuelle «Phantom im Kopf» nach und erzeugt immer mehr kleine Mini-Gespenster! Wer sich in diese Schwindel erregende Atmosphäre gerne noch weiter hineinbegeben möchte, dem seien einige Texte zu Hirn- und Bewusstseinsforschung empfohlen, wie sie zum Beispiel von Varela (1988), Roth (1996), Meier & Ploog (1997) oder Schnabel & Sentker (1998) vorliegen. Wir können uns diese komplizierte Verschachtelung von Dimensionen mit Hilfe einer Abbildung jedoch verstehbar und damit für die Praxis handhabbar machen.

Wie man sieht, hat unser heranwachsender Mensch es inzwischen schon mit fünf Elementen seiner Psyche zu tun. Mit seinem Körper-Selbst, dem adaptiven Unbewussten, das die unbewussten RIGs erzeugt hat und dem Ich, das die bewussten me's erzeugt, indem es Informationen aus der Außenwelt aufnimmt und reflexiv verarbeitet. Wie am Beispiel vom Engelchen-me und vom Teufelchen-me schon gezeigt wurde, müssen diese me's nicht unbedingt miteinander harmonieren, sie können sich auch gegenseitig widersprechen. Im Zuge der kognitiven Entwicklung und der damit einhergehenden zunehmenden Fähigkeiten des Ichs differenzieren sich die me's laufend aus. Sie werden zahlreicher, sie werden im Gedächtnis miteinander verknüpft und sie werden abstrakter (Harter, 2003). Nach Harter lassen sich für die frühe, die mittlere und die späte Adoleszenz drei unterschiedliche Phasen in der Erzeugung der me's fest-

Abbildung 8: Die me's

stellen. In der frühen Adoleszenz (12 bis 14 Jahre), nach Piaget das Stadium der formalen Operationen, werden Persönlichkeitseigenschaften in Abstraktionen verwandelt. Die Eigenschaften «klug» und «kreativ» werden zum Beispiel unter die abstraktere Beschreibung «intelligent» zusammengefasst. Allerdings sind die Abstraktionen auf dieser Stufe der Entwicklung noch «schubladisiert». Harter nennt sie *single abstractions*, weil sie streng voneinander getrennt sind. Gegensätzliche Erfahrungen können noch nicht als beide zu ein- und derselben Person gehörend integriert werden.

Das ändert sich in der mittleren Adoleszenz (15 bis 16 Jahre). Hier werden die bisher kognitiv säuberlich voneinander getrennten Abstraktionen miteinander verbunden. Nach Harter (2003) beginnt jetzt die Phase des *abstraction mapping*. Allerdings vermehren sich die Verbindungen zwischen den einzelnen me's in dieser Altersphase so explosionsartig, dass Harter von der «überfüllten Selbst-Landkarte» der mittleren Adoleszenz spricht (ebd., S. 623). Die jetzt täglich zunehmende Wahrnehmung der eigenen intrapsychischen Gegensätze macht Jugendliche in dieser Altersphase besonders verletzlich. Innere Konflikte und Verwirrungen sind die Regel, nicht die Ausnahme. Dies liegt daran, dass gegensätzliche me's jetzt zwar schmerzhaft und deutlichst wahrgenommen werden, dass die eigene Gegensätzlichkeit jedoch noch nicht zu einer Einheit verbunden werden kann; diese Fähigkeit entsteht erst in der späten Adoleszenz. In der mittleren Adoleszenz kann man sich in der einen Sekunde als hochbrillant erleben und im nächsten Moment als absoluter Vollversager. Aus der mangelnden Fähigkeit, diese verschiedenen me's zu einer Einheit zu integrieren, rühren dann auch die frappanten Stimmungswechsel von Jugendlichen dieser Altersstufe, die Erziehende oftmals in tiefe Ratlosigkeit stürzen. Francine Oomen (2004) hat ihrem überaus empfehlenswerten Selbsthilfe-Roman für Jugendliche in der mittleren Adoleszenz den treffenden Titel gegeben: «Wie überlebe ich mich selbst?»

In der späten Adoleszenz (17 bis 25 Jahre) kehrt dann allmählich Frieden ein. Nach Harter (2003) entsteht jetzt das *abstract system*, die verschiedenen me's werden auf höheren Abstraktionsstufen zusammengefasst. Die Beobachtung, dass man bei der besten Freundin fröhlich und ausgelassen ist und im Kirchenchor eher ernst, wird zusammengefasst in der Selbstbeschreibung: «Ich habe eine große Gefühlspalette». Die Beobachtung, dass man in Mathe prima Noten schreibt und im Turnunterricht immer als letzter über die Ziellinie läuft, ergibt das me «mehr an Denktätigkeit interessiert». Jugendliche entwickeln in dieser Zeit eigene Standards, die über verschiedene situative Kontexte hinweg stabil sind. Sie sind nicht mehr hin- und hergerissen zwischen den konkurrierenden Standards von zum Beispiel Eltern und Gleichaltrigen. Damon & Hart (1988) beschreiben das gesunde Selbst in dieser Phase der Adoleszenz als ein gut organisiertes System von Glaubenssätzen, selbstgewählten moralischen Standards und persönlichen Werten.

In Harters Systematik sind nur die bewusst verlaufenden Prozesse aufgenommen. Das adaptive Unbewusste ist jedoch in dieser Zeit keineswegs untätig. Natürlich kann es sein, dass sich neu hinzugekommene, bewusst erworbene me's an bereits vorhandene, unbewusste RIGs ankoppeln. Bewusst vorhandene me's können auch ins Unbewusste verdrängt werden, so dass das psychische System zunehmend komplexer wird. C. G. Jung hat in seiner analytischen Psychologie die Psyche modular als aus Komplexen bestehend konzipiert (Jung, 1921; Jacobi, 1992; Roth, 2003). Er hat damals den Begriff «Komplex» gewählt in Analogie zu einem Gebäudekomplex, der zwar aus einem Basis-Bau besteht, der aber generell ad infinitum erweiterbar und umbaubar bleibt, der mit anderen Gebäudekomplexen zusammenwachsen kann, genauso wie Verbindungen abgerissen oder zugeschüttet werden können. Die Komplexe als Basisbausteine des psychischen Systems bei C.G. Jung bestehen aus unbewussten, vorbewussten und bewussten Anteilen. Jung sieht die Pole «unbewusst» und «bewusst» nicht als binäre Kategorien, sondern als zwei Endpunkte eines Kontinuums, auf dem sich auch die einzelnen Elemente von Komplexen ständig unterschiedlich ansiedeln können. Aufgrund seiner modularen Konzeption lässt sich Jungs Ansatz gut mit den aktuellen Theorien über den Aufbau des psychischen Systems vereinen und es macht Sinn, auf seine Theorie zuzugreifen, wenn es darum geht, Hypothesen zu entwickeln, welche Rolle unbewusste Vorgänge in der Adoleszenz spielen.

Jung unterteilt das psychische System in die *persona* und den *Schatten*. Zur persona gehören – in unserer Terminologie – die me's, die absichtsvoll der Öffentlichkeit präsentiert werden. Die persona wird in Auseinandersetzung mit der Umwelt geformt und hat zum Ziel, den Anforderungen des Kontextes, in dem man lebt, zu entsprechen. «Man muss zum Beispiel nur jemanden unter verschiedenen Umständen genau beobachten, dann wird man entdecken, wie auffallend seine Persönlichkeit beim Übergang von einem Milieu ins andere sich verändert [...] Der sprichwörtliche Ausdruck ‹Gassenengel-Hausteufel› ist eine der alltäglichen Erfahrung entsprungene Formulierung.» (Jung, zit. n. Stein, 2000, S.136). Jungs persona-Begriff weist in dieser Hinsicht deutlich Parallelen zu dem des *face* von Goffman auf. Außerdem bestehen Bezüge zu aktuellen Theorien der Selbst-Präsentation (Überblick bei Schlenker, 2003). Für unser Thema ist dieser Aspekt der Jungschen Psychologie deswegen wichtig, weil Jung den Beginn des Aufbaus der persona in der Adoleszenz ansiedelt. Wenn Erikson als Entwicklungsaufgabe der Adoleszenz den Aufbau einer Identität nennt, so entspricht dieser Idee die Vorstellung Jungs vom Aufbau einer persona. Parallel zum Aufbau einer persona entsteht dann der Schatten, dies sind ungeliebte, nicht akzeptierte Persönlichkeitsanteile, die verdrängt werden, ins Unbewusste abwandern und dort verwildern. Die Aufgabe der Lebensmitte besteht dann darin, den Schatten, der zunächst entwicklungsphasengerecht in der Adoleszenz gebildet wurde, in die Gesamtpersönlichkeit zu reintegrieren. Für unser Konzept von Identität ist davon auszugehen, dass eine psychische Instanz wie der Schatten, an dem auch in einem Training zur Identität gearbeitet werden müsste, zu Beginn der Adoleszenz noch nicht besteht. Erst in der späten Adoleszenz zum Beispiel in der Arbeit mit unseren Studierenden in Zürich, tauchen in der Selbsterfahrungsarbeit verdrängte Schattenanteile auf. Die frühe und mittlere Adoleszenz hat ihre Entwicklungsaufgabe in der Koordination mit der Außenwelt. Hierbei ist zu beachten, dass Jung (1921, 1950) zwischen einer kranken und einer gesunden persona unterscheidet. Eine kranke persona wäre eine, die auf bloßer Anpassung beruht und nichts mit dem zentralen Persönlichkeitskern eines Menschen zu tun hat. Eine gesunde persona ist immer authentisch, allerdings selektiv authentisch. Im Idealfall lernen Jugendliche, welche ihrer me's sie wann präsentieren können. Sie spielen nichts vor, sie wählen lediglich aus. Dieser Beobachtung Jungs entspricht das starke Interesse von Jugendlichen an den Themen «Authentizität» und «Echtheit», das auch zeitgenössische Forschung verzeichnet (Blasi, 1991; Harter, 2002).

Wie kann man sich die Entstehung eines me's vorstellen? Höfer (2000) geht davon aus, dass in jeder Situation anhand von fünf verschiedenen Erfahrungsmodi Information verarbeitet wird. Es handelt sich hierbei um die körperliche Ebene, die kognitive Ebene, die emotionale Ebene, die soziale Ebene und die produktorientierte Ebene. Aufgrund dieser Informationen entstehen kleine, situativ angelegte Gedächtniseinheiten, die in der Tradition der kognitiven Psychologie *Selbstrepräsentationen* genannt werden. Mit den im Kapitel vom adaptiven Unbewussten erwähnten *episodic memories* von Stern (1992) haben die Selbstrepräsentationen gemeinsam, dass sie jeweils die kleinste Gedächtniseinheit darstellen, in der eine Situation gespeichert wird. Selbstrepräsentationen können dann auf einer höheren Ebene zu *Subschemata*, dann zu *Schemata* und schließlich zum *Selbstkonzept* zusammengefasst werden. In der identitätstheoretischen Terminologie von Höfer (2000) ist davon die Rede, dass diese kleinsten Einheiten zu Teilidentitäten gebündelt werden können, diese können wiederum zu Identitätskernen verschmelzen, um schließlich in die gesamte Identität zu münden. Der Unterschied von episodic memories zu Selbstrepräsentationen besteht darin, dass der Erwerb der episodic memories unbewusst verläuft, während die Entstehung von Selbstrepräsentationen dem Individuum zu Bewusstsein gelangt. Eine ausführliche Diskussion der

Abbildung 9: Die Vielfalt der me's

diesbezüglich verschiedenen Begrifflichkeiten in kognitiver Psychologie und psychotherapeutischen Ansätzen findet sich bei Grawe (1998).

1.1.6 Die Inhalte der me's

Aus wissenschaftlicher Sicht gibt es zahlreiche verschiedene Versuche, die me's nach Inhalten zu kategorisieren. Bevor wir damit beginnen, die entsprechenden Möglichkeiten darzustellen, ist eine terminologische Vorbemerkung unerlässlich. Ein wichtiger Forschungsstrang zu dieser Thematik ist die kognitive Psychologie. Hier spielen Gedächtnisprozesse eine zentrale Rolle, darum wurden gedächtnistheoretische Überlegungen auch auf solche persönlichkeitspsychologische Themen angewandt. Aus dieser Quelle resultiert die vielfältige Forschung zum Thema *Selbstkonzept*. Das Selbstkonzept wird in dieser Tradition als eine im Bewusstsein verfügbare Gedächtnisrepräsentation aufgefasst. Man kann sich das Selbstkonzept als aus verschiedenen neuronalen Netzen bestehend vorstellen, die um verschiedene Situationen und Themen herum gruppiert sind **(3)**. Weil das Selbstkonzept in der kognitionspsychologischen Tradition an Bewusstsein gekoppelt ist, kann es durch Fragebogenverfahren oder Interviews erhoben werden. Die einzelnen Elemente des Selbstkonzeptes werden von einzelnen Forschungsgruppen unterschiedlich benannt. Die Rede ist von *Teilselbsten*, von *Selbstkonstrukten* oder auch einfach von unterschiedlichen *Selbsten*. Auch der schon erwähnte Schemabegriff findet sich. Gemeint ist damit in den meisten Fällen Ähnliches. Wenn es Unterschiede gibt, sind sie – zumindest bei den Konzepten, über die wir im folgenden sprechen – für die praktische Arbeit nicht relevant. Diese terminologischen Vorbemerkungen sind wichtig, damit man nicht bei jedem neuen Begriff denkt, es sei etwas grundlegend anderes damit bezeichnet. In all den Fällen, die jetzt dargestellt werden, wird von den Produkten gesprochen, die das bewusst arbeitende Ich hervorbringt – in unserer Terminologie von den me's.

Me's lassen sich zunächst ganz einfach nach Themen ordnen. Die Themengebiete, nach denen ein Mensch seine me's ordnet, sind «ein stark soziokulturell überformter Prozess, der auf gesellschaftshistorische, soziokulturelle, aber auch regionale Lebenssituationen der Subjekte verweist. Die Auswahl der Perspektiven hängt letztlich auch von den Ressourcen ab, in welchem Umfang Optionsräume zur Verfügung stehen und mit welchen Chancen und Risiken sie benutzt werden können» (Höfer, 2000, S. 186). Me's können zum Inhalt haben:

- Erfahrungsbereiche oder Tätigkeiten (Ich als Polizistin, Ich als Skifahrer, Ich als Hausmann)
- Gruppenzugehörigkeiten (Ich als Deutscher, Ich als Single, Ich als Eminem-Fan)
- Soziale Beziehungen (Ich als Tochter, Ich als Enkel, Ich als Geliebte)

- Persönliche Attribute (Ich die Romantische, Ich die Ehrgeizige, Ich der Übergewichtige)

Eine andere wichtige Achse, auf der me's geordnet werden können, ist die Zeitachse. Die Blickrichtung kann die Vergangenheit, die Gegenwart oder die Zukunft betreffen. Höfer (2000) bemängelt an vielen Identitätstheorien, dass sie zu sehr den retrospektiven Aspekt von Identitätskonstruktion im Blickfeld hätten und sich zu wenig um den prospektiven, zukunftsorientierten Aspekt von gestalteter Identität kümmerten. Im Rahmen des retrospektiven Aspekts geht es darum, dass ein Individuum die Erfahrungen, die es bisher gemacht hat, reflektiert, interpretiert und bewertet. Dieser Vorgang findet statt als bewusste Leistung des Ichs, wie es zum Beispiel im Rahmen einer klassischen Standortbestimmung bei einer Berufsberatung der Fall ist.

Allerdings verfügt das psychische System auch über einen zweiten Fundus, mit dem es Erfahrungen speichert und auswertet: das emotionale Erfahrungsgedächtnis, das im Unbewussten arbeitet und das seine Bewertungen über somatische Marker auf körperlicher und emotionaler Ebene mitteilt. Hierin besteht auch ein potentieller Konfliktherd. Die Sammlung und Bewertung von Erfahrungen kann auf bewusster und auf unbewusster Ebene erfolgen. Die Ergebnisse, zu denen man jeweils kommt, können übereinstimmen, müssen aber nicht. Es ist durchaus möglich, dass ein junger Mensch im Rahmen einer bewussten Bewertung seiner beruflichen Möglichkeiten zu der Einsicht kommt, dass es am besten sei, den väterlichen Betrieb zu übernehmen, weil die Arbeitsmarktlage im Moment hoffnungslos ist. Seine aufgrund vieler glücklicher Stunden vorhandenen Vorlieben für den Umgang mit Tieren ziehen ihn aber beruflich in eine andere Richtung – und schon gibt es Regelungs- und Koordinationsbedarf. Diese Thematik ist in der Motivationspsychologie von großer Bedeutung. Als Faustregel gilt, dass ein Mensch dann intrinsisch – aus sich heraus – für eine Aufgabe motiviert ist, wenn bewusste und unbewusste Motivlage übereinstimmen. (Kuhl, 2001; Kehr, 2001; Brunstein et al., 1998).

Für die Psychologie und die Pädagogik von hohem Interesse ist die Zukunftsachse. Denn hier liegt der aktive Eigenanteil der Lebensgestaltung eines Individuums in einem Möglichkeitsraum bereit. Higgins (1987) hat zur Kategorisierung von gegenwärtigen und zukünftigen me's eine Dreiteilung vorgeschlagen, die große Ähnlichkeit mit den psychoanalytischen Konzepten von Ich, Über-Ich und Ich-Ideal aufweist. In dieser Systematik gibt es das aktuelle Selbst (*actual self*), das gesollte Selbst (*ought self*) und das ideale Selbst (*ideal self*). Dadurch, dass man diese drei Sorten me's noch aus zwei Perspektiven sehen kann, nämlich aus der eigenen und aus der von anderen, werden aus den dreien schnell einmal sechs. Ein Jugendlicher kann also bezüglich des aktuellen Selbst reflektieren, wie er sich selbst sieht, und wie er glaubt, dass seine Peers ihn wahrnehmen. Dann kann er darüber nachdenken, wie er selbst glaubt, dass er sein sollte und was er zum Beispiel glaubt, was seine Eltern von ihm erwarten. Abschließend, kann er diese Erwartungen noch kontrastieren mit einem Idealbild von sich selbst, sowohl seinen eigenen Wünschen, Hoffnungen und Träumen, als auch zum Beispiel denen, die seines Erachtens nach die Freundin seine Person betreffend hat.

Was speziell die Systematik der Zukunftsdimension betrifft, haben die *possible selves* von Markus & Nurius (1986) in der Psychologie seinen hohen Bekanntheitsgrad erlangt. In zahlreichen Untersuchungen haben Markus & Nurius erforscht, wie «mögliche Selbste» das alltägliche Leben beeinflussen können. Interessant an ihren Untersuchungen ist, dass nicht nur positive, attraktive possible selves (Ich möchte eine Familie gründen und eine eigene Jazzband leiten) die Lebensgestaltung stark beeinflussen können, sondern auch gefürchtete possible selves (Mein Vater ist am Suff zugrunde gegangen, und ich muss alles tun, damit mir das nicht auch passiert). Unter Umständen kann ein einziges gefürchtetes possible self einem ganzen Menschenleben die Richtung weisen, wenn es in der persönlichen Hierarchie stark genug gewichtet wird.

Und wenn man sich jetzt vor Augen führt, dass man die sechs me-Typen, die sich aus der Systematik von Higgins (1987) ergeben, auch noch nach den Unterscheidungen «attraktiv» versus «befürchtet» von Markus & Nurius (1986) einteilen kann, dann ergibt das schon zwölf Möglichkeiten für den Zukunftsraum. Außerdem kommt hinzu, dass es zahlreiche Themengebiete gibt, auf die sich diese zwölf Zukunfts-me's jeweils beziehen können. Wenn Jugendliche sich nur bezüglich der Felder: Berufsleben, Geschlechtsidentität, religiöse Zugehörigkeit und politische Einstellung, die von Marcia (1966) untersucht wurden, durch die Tätigkeit ihres Ichs auf der bewussten Ebene über ihre Zukunft Gedanken machen, dann müssen sie bereits zwölf mal vier Zukunfts-me's verwalten. Wahrlich keine leichte Aufgabe! Wenn man dann noch in Betracht zieht, dass die Themengebiete sich außerdem, weil sie stark soziokulturell geprägt sind, je nach Zeitgeschmack oder Lebensphase unter Umständen ganz schnell ändern können, dann versteht man, warum Kuhl (2001) an der kognitionspsychologischen Selbstkonzeptforschung kritisiert, dass sie keine Grundlage dafür bietet, ein psychisches System zu konzipieren, das simultan «möglichst viele Bedürfnisse, Gefühle und zahlreiche weitere Randbedingungen» (S. 150f) berücksichtigen und organisieren kann. Er verweist in dieser Hinsicht darauf, dass nur ein parallel und ganzheitlich arbeitendes System wie das adaptive Unbewusste imstande ist, derartige Datenmengen innerhalb nützlicher Frist auszuwerten.

Aus identitätstheoretischer Sicht hat Höfer (2000) eine Phasenabfolge der Entstehung von auf die Zukunft ausgerichteten Teilidentitäten ausgearbeitet, die sich für die pädagogische Praxis gut eignet. Höfer unterscheidet zwischen Identitäts*entwurf*, Identitäts*projekt* und Identitäts*realisierung*. Der Unterschied zwischen Identitätsentwurf und Identitätsprojekt besteht darin, dass das Identitätsprojekt Beschlusscharakter hat. Diese Terminologie ist bestens kompatibel mit dem motivationspsychologischen Rubikon-Modell zielrealisierenden Handelns von Heckhausen (1989) und Gollwitzer (1991). Im Rahmen dieses Modells wird unterschieden zwischen einer abwägenden Phase vor der Entscheidung und einer Phase nach der Entscheidung, die mit dem Gefühl des Wollens einhergeht und eine höhere Wahrscheinlichkeit aufweist, dass das Gewollte auch in Handlung umgesetzt wird. Das Rubikon-Modell spielt in der Systematik des Zürcher Ressourcen Modells eine zentrale Rolle, es ist in Kapitel 1.2.2 dargestellt. An dieser Stelle bleibt festzuhalten, dass sich die Planung und Realisierung von me's auch aus identitätstheoretischer Sicht in den Phasen des Rubikon-Modells abbilden lässt und damit für die Planung von praktischen Interventionsabfolgen angewandt werden kann.

1.1.7 Die Identität

Nun erst ist die Vorarbeit geleistet, um klären zu können, wovon wir sprechen, wenn wir über Identität reden. Das Ich hat es irgendwann einmal mit einer ziemlichen Vielfalt von me's zu tun und möchte immer noch gerne die Frage klären: «Wer bin ich?». Es ist ein menschliches Grundbedürfnis, eine gute Antwort auf diese Frage zu finden, eine Antwort, die irgendeine Art von Einheit stiftet. Das Ich versucht darum, die Vielfalt der me's zu organisieren. Das adaptive Unbewusste arbeitet ebenfalls daran, die me's zu einer guten Gestalt zu verbinden, allerdings finden diese Prozesse unterhalb der Bewusstseinsschwelle statt. Dieser Vorgang, *die Organisation der me's durch das Ich und das adaptive Unbewusste*, ist der Prozess, der Identität entstehen lässt. Wenn man sich verdeutlicht, wie zahlreich die me's sind, die organisiert werden müssen und wie schnell durch Interaktionen sowohl auf der bewussten als auch auf der unbewussten Ebene in jedem Moment neue me's entstehen können (Fitzsimons & Bargh, 2003; Devos & Banaji, 2003), dann wird auch verständlich, warum zum Beispiel Keupp (1997) nicht mehr von einer einzigen Identität spricht, die man einmal im Jugendalter erzeugt und dann bis ans Ende des Lebens beibehält, sondern von der *alltäglichen Identitätsarbeit*. Mit dieser Begriffswahl unterstreicht er, dass in der heutigen Zeit die Erzeugung von Identität durchaus auch anstrengend sein kann, dass sie Einsatz und Energiereserven braucht, wie es eben bei Arbeitsprozessen so üblich ist, und dass sie außerdem jeden Tag stattfindet, als ganz normaler Bestandteil unseres Lebens, wie Schlafen oder Essen auch.

An dieser Stelle müssen wir noch einmal auf den Zauberer von Oz zurückkommen, den Wilson (2002) bemüht, um zu erklären, was das adaptive Unbewusste ist und was es nicht ist. Zur Erinnerung: Weder das Ich noch das adaptive Unbewusste sind gegenständliche Organe wie Magen oder Leber, die irgendwo im Körper lokalisiert werden können. Das adaptive Unbewusste und das Ich sind zwei Prozessaspekte der menschlichen Psyche, die aufgrund dessen, dass ihre Tätigkeit unter verschiedenen Voraussetzungen stattfindet, jeweils mit einem eigenen Begriff belegt wurden. Um diese etwas komplizierte Redeweise ein wenig plastischer zu machen, ist das Bild eines Strudels hilfreich. Wenn man den Stöpsel aus der Badewanne zieht, entsteht am Abflussloch ein kleines Strudelchen. Dieses Strudelchen entsteht aufgrund von Vorgängen, die in der Wissenschaft unter das Thema *Selbstorganisation* fallen. Unter Selbstorganisation versteht man die selbstständige Entstehung von Ordnung aus Unordnung. Der Strudel entsteht, ohne dass ein Zauberer von Oz mit mächtiger Stimme hinter den Kulissen befiehlt: «Und es werde Strudel!» Er entsteht aufgrund von Naturgesetzen unter bestimmten Bedingungen (dem Ziehen des Stöpsels, einer bestimmten Größe des Ausflusses, eines spezifischen Wasserdrucks) aus sich selbst heraus. Genauso hat man sich die Vorgänge im psychischen System vorzustellen. Sie sind *selbstorganisierende Prozesse*,

Abbildung 10: Die Identität

die ablaufen, ohne dass man sich einen Homunculus – ein steuerndes Männlein oder Weiblein im Gehirn – vorstellen muss, der Befehle erteilt (Carver, 2004; Carver & Scheier, 2002). Phänomene wie das Ich-Erleben, die me's und auch die Organisation von me's zu einer kohärenten Identität sind daher am besten beschreibbar als «ständig neu erzeugter neurobiologischer Zustand» (Damasio, 1994, S. 144) oder auch als *Prozessgestalten* (Tschacher, 1997).

Von diesen Prozessgestalten, die laufend neu erzeugt werden, gibt es dann im Laufe der Zeit einige, die öfter auftreten als andere. Dies hängt aus neurobiologischer Sicht mit *Lernen* zusammen (siehe

Kapitel 1.2.1; Stichwort Neuronale Plastizität). In der Sprache der Psychologie ist die Rede von *chronischem Priming* (Hannover, 1997). Bestimmte neuronale Verbindungen, die oft benutzt werden, aktivieren bestimmte Prozessgestalten schneller und leichter, als solche, die wenig benutzt werden. Die Selbstorganisationstheorie hat hierfür den Begriff *Attraktor* eingeführt. Ein Attraktor funktioniert im Meer der Wahrscheinlichkeit und der vielen Möglichkeiten wie ein Magnet, der bestimmte Möglichkeitsvarianten anzieht. Er ist aber nicht materiell vorhanden wie ein Magnet, sondern er spiegelt eine bestimmte Auftretenswahrscheinlichkeit wieder.

Man hat inzwischen einige Muster identifiziert, nach denen die Organisation der me's zu Prozessgestalten verlaufen kann. Diese Muster sind aus verschiedenen Arbeitsgebieten der Psychologie bekannt. Riemann (1979) hat aus psychoanalytischer und klinisch-psychologischer Sicht vier Grundformen der Angst beschrieben. Er unterscheidet hierzu vier existenzielle Themenbereiche, in deren Spannungsfeld ein Mensch sein psychisches System organisieren muss. Ursache aller Ängste ist nach Riemann die Tatsache, dass das menschliche Leben und dessen Gestaltung vier Grundforderungen unterliegen, die einander antinomisch als polare Gegensätze zugeordnet sind und sich gegenseitig ergänzen. Es sind dies das Spannungsfeld von Dauer und Wandel, sowie das Spannungsfeld von Nähe und Distanz.

Diese Systematik von Riemann lässt sich in vielen Ansätzen wieder finden. Thoman & Schulz von Thun (1998) verwenden sie zum Beispiel, um Teamkulturen oder gesellschaftliche Wertesysteme zu beschreiben. Aus identitätstheoretischer Sicht spricht Brewer (1991) davon, dass Identität aus der Spannung zwischen den beiden Bedürfnissen nach Ähnlichkeit (need for assimilation) und nach Einzigartigkeit (need for uniqueness) besteht. Ziel der Identitätsarbeit ist *optimal distinctiveness*, zu übersetzen etwa mit «optimale Eigenart», mit der sich ein Individuum zwischen diesen beiden Polen bewegt. Wird ein Bedürfnis nicht beachtet, ist das psychische Wohlbefinden bedroht. Höfer (2000) fokussiert die Pole Kohärenz/Kontinuität versus Flexibilität/Lebendigkeit und geht davon aus, dass Menschen sich danach unterscheiden, welcher dieser Pole bei der Organisation der me's die Hauptrolle spielt. Sie räumt in ihrem Modell der aktiven Steuerungsleistung des Individuums einen zentralen Stellenwert ein und geht davon aus, dass Individuen unterschiedliche *Identitätsstrategien* benutzen können. «Je nach Lebensphase und Zielsetzung können Subjekte ihre gegenwärtig erreichte

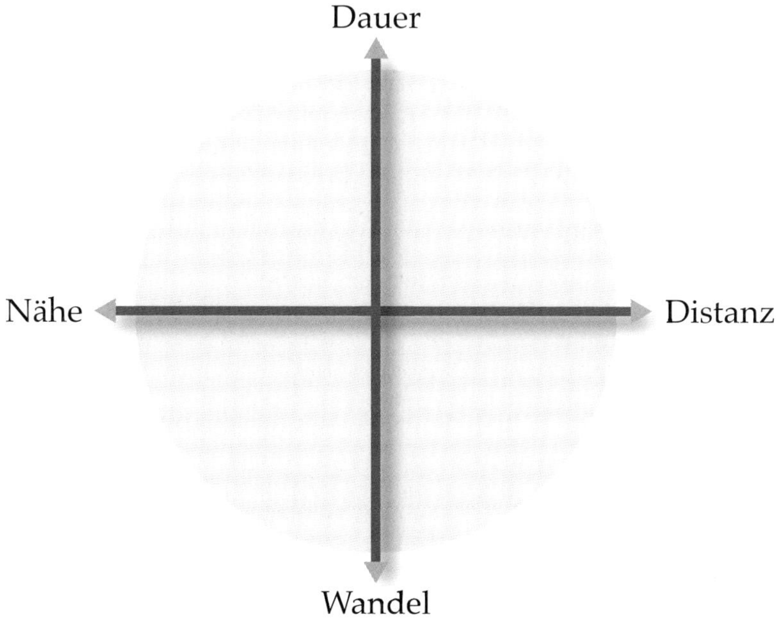

Abbildung 11: Die vier Grundbestrebungen nach Riemann (1979)

Identität kohärent und kontinuierlich bewahren oder im Sinne von Flexibilität und Lebendigkeit verändern wollen» (Straus & Höfer, 1997, S. 294.)

Aus gesundheitspsychologischer und salutogenetischer Sicht gibt es Ergebnisse, die Hinweise darauf geben, welcher Typus von Identitätsstrategie in bestimmten Zusammenhängen von Vorteil ist. Die Motivations- und Entwicklungspsychologin Carol Dweck (2000) führte an Fünft-, Sechst-, Siebt- und Achtklässlern ihre zahlreichen Forschungen durch. Sie untersuchte, welche *self-theory* die SchülerInnen über ihre Intelligenz hatten. In unserer Terminologie: Sie analysierte das bewusste, in Fragebogen erfassbare Intelligenz-me der SchülerInnen. Dweck fand zwei Typen von self-theories. Die eine Gruppe von Jugendlichen glaubte, Intelligenz sei eine fixe, einmal gegebene Größe, von der man einen bestimmten Betrag erhalten hat, der immer gleich bleibt. Sie siedelten ihr Intelligenz-me also eher am Dauer-Pol an. Ein entsprechendes Beispiels-Item aus dem Fragebogen lautet: «Deine Intelligenz ist etwas, an dem Du nicht viel ändern kannst.» Die andere Gruppe glaubte, Intelligenz sei etwas Formbares, Dynamisches, das vermehrt werden kann. Beispiel-Item: «Du kannst immer sehr viel dazu tun, wie intelligent Du bist.» Diese Gruppe siedelte sich bezüglich ihrer Intelligenz eher auf dem Wandel-Pol an. In einer Fülle von Untersuchungen hat Dweck zusammen mit ihren KollegInnen nachgewiesen, dass es, was den Schulerfolg betrifft, weitaus besser ist, das eigene Intelligenz-me am Wandel-Pol anzusiedeln und daran zu glauben, dass man selbst durch Anstrengung die eigene Intelligenz verbessern kann. Außerdem hat Dweck gezeigt, dass man SchülerInnen auch dazu bringen kann, ihre self-theory vom einen Pol zum anderen zu switchen. Ihre Untersuchungen sind darum für unser Vorhaben, Jugendliche an salutogenetisch günstige Identitätsstrategien heranzuführen, von großem Wert.

Ein weiterer Forschungsstrang, der sich auf die Pole des Riemann-Kreuzes beziehen lässt, stammt aus der Selbstkonzeptforschung und behandelt das Thema *Selbstwertgefühl* (*self-esteem*). Die diesbezüglich interessanten Untersuchungen betreffen die Frage, welche Strategien ein Individuum verwendet, um Informationen aus der Außenwelt einzuholen. (Zur Erinnerung: Me's entstehen auf zwei Wegen, Informationen aus der Außenwelt und Verarbeitung dieser Informationen in der Innenwelt.) Ein aktueller Überblick über diese Arbeiten findet sich bei Kernis & Goldman (2003). Für unsere Zwecke interessant sind die Ergebnisse von Greenier et al. (1999) über ein spezielles Bewertungs-Set (*evaluative set*) mit dem Menschen mit niedrigem Selbstwertgefühl ihre Erfahrungen mit der Außenwelt auswerten. Dieses Bewertungs-Set besteht aus drei Komponenten: einer erhöhten *Aufmerksamkeit* auf Begebenheiten, die im Zusammenhang mit dem eigenen Selbstwert stehen könnte (Mein Kollege hat heute morgen gar nicht freundlich ausgesehen, als er mich auf dem Gang sah.); einem *Bia*s in der Wahrnehmung, der auch Situationen, von denen unklar ist, ob sie zur Auswertung hinsichtlich Selbstwert überhaupt taugen, hinsichtlich Selbstwert auswertet (Natürlich, ich werde immer von den Kellnern übersehen, dies liegt nicht daran, dass so viele Menschen da sind, so was passiert nur mir, alle anderen werden beachtet.) und einer Tendenz zur *Generalisierung*, die von kleinen Details auf große Zusammenhänge schließt (Natürlich werde ich nicht zum Vorspiel im Schulorchester ausgesucht, ich bin eben ein Versager auf der ganzen Linie.). Insgesamt ist bei Menschen mit niedrigem Selbstwertgefühl eine Tendenz zu verzeichnen, ihre Handlungsweisen deutlich mehr an der Außenwelt zu orientieren, als dies bei Menschen mit hohem Selbstwertgefühl der Fall ist. Sie verfügen zum Beispiel über mehr fremdgesteuerte, extrinsische persönliche Ziele, während Menschen mit hohem Selbstwertgefühl über mehr selbstbestimmte, intrinsische Ziele verfügen (Kernis et al. 2000). Bezogen auf das Riemann-Kreuz beziehungsweise auf die Theorie der optimalen Eigenart von Brewer betonen diese Menschen überwertig den Nähe-Pol. Die Außenwelt hat zuviel Gewicht bei der Erstellung der me's.

Diese Ergebnisse passen zu denen von der Entwicklungspsychologin Susan Harter et al. (1996) zum Thema Selbstwert. Die Forschungsgruppe teilte ihre jugendlichen Versuchspersonen danach auf, welchem von zwei Aussagetypen sie zustimmten. Beispiel: «Wenn andere mich anerkennen, dann schätze ich mich selbst auch als wertvolle Person.» versus «Wenn ich mich selbst für wertvoll halte, dann werden andere mich auch anerkennen.» Die Gruppe, welche die erste Version bejahte, verzeichnete weniger Selbstwert als die zweite Gruppe. Harter kommt darum zu dem Schluss, dass es für die psychische Stabilität wichtig sei, in welcher Reihenfolge zum einen Informationen aus der Außenwelt eingeholt und zum anderen Verarbeitungen in der Innenwelt vorgenommen werden. Die Ergebnisse sind eindeutig. Um ein stabiles Gefühl von Selbstwert zu bekommen, muss das Nachdenken über die eigenen Maßstäbe – die Verarbeitung in der Innenwelt – der Evaluation in der Außenwelt *vorangehen*, nicht umgekehrt **(4)**. Auch diese Ergebnisse sind für unser Unterfangen von großem Wert. Der interessante Aspekt hierbei ist die Reihenfolge der Verarbeitungsschritte, die sehr gut in ein psychoedukatives Setting passt. Als erstes selbst einen Maßstab festlegen – auf dem Distanz-Pol – und sich dann in Richtung Nähe-Pol bewegen. Dort Informationen einholen, und die wieder auf dem Distanz-Pol bearbeiten. Auf diese Weise entwickeln sich junge Menschen, die ihre alltägliche Identitätsarbeit optimal gestalten. Was nun in der Systematik des Riemann-Kreuzes noch fehlt, ist der positive Wert des Dauer-Pols. Auch zu diesem Pol gibt es eine Reihe von Forschungsergebnissen, die praxisnahe Folgerungen zulassen.

Identitätsstrategien, Selbstwert-Techniken oder Selbst-Theorien sind Vorgänge, die sowohl auf der bewussten als auch auf der unbewussten Ebene verlaufen können. In vielen Fällen sind sie zunächst nicht bewusst, können dann aber durch eigenes Nachdenken oder durch Denkanstösse von der Außenwelt – wie zum Beispiel ein Team von WissenschaftlerInnen mit Fragebögen – ins Bewusstsein gelangen. Eine psychologische Tradition, die sich hauptsächlich mit den bewussten Aspekten von Identitätserzeugung befasst, fasst Identität als ein *Narrativ*, eine Geschichte auf, die das Ich über die me's erfindet. Die typische Schwierigkeit mit der Erzeugung einer befriedigenden Identität in der heutigen Zeit ist darin zu sehen, dass es einem Menschen gelingen muss, sich eine Antwort auf die Identitätsfrage auszudenken, die es erlaubt, die verschiedenen me's trotz ihrer vielen, vielleicht widersprüchlichen Facetten als einheitlich und kohärent zu erfassen. Außerdem muss es gelingen, in den Veränderungen der me's über die Zeit einen roten Faden zu finden. Die Vergangenheit muss folgerichtig in die Gegenwart führen, und aus der Gegenwart muss man sinnvolle Entwicklungen für die Zukunft planen können. Wie gelingt es dem Ich, diese Aufgabe zu leisten? Die VertreterInnen des narrativen Ansatzes (z. B. Howard, 1991; Bruner, 1997; Mc Adams, 1997) stimmen darin überein, dass das Ich den verschiedenen me's Einheit und Sinn gibt, indem es eine Geschichte dazu erfindet. «Identity is the story, that the modern I constructs and tells about the me» (Mc Adams, 1997, S. 63). Die Geschichten, die Menschen erfinden, helfen ihnen, sich auf dem Dauer-Pol zu verankern. Persönliche Geschichten bringen Kontinuität in ein Menschenleben.

Die Geschichten, die Menschen über ihr Leben konstruieren, sind eine hochindividuelle Angelegenheit. Mc Adams hat Kriterien entwickelt, um diesbezüglich Unterschiede zu erfassen. Geschichten können sich zum Beispiel danach unterscheiden, ob jemand eine eher optimistische oder eine eher pessimistische Grundhaltung einnimmt. Sieht sich der Mensch grundsätzlich eher als Opfer von schicksalhaften Ereignissen oder als aktiv gestaltendes Individuum? Erlebt er Tiefpunkte in seinem Leben eher als Zusammenbrüche oder als Startpunkte für neue Entwicklungen? Ist die Vorstellung, die er von einer sinnvollen Lebensführung hat, eher von religiösen, von politischen oder von ethischen Ideologien bestimmt? Was sind seine großen Lebensthemen, was will er erreichen (Liebe, Macht) und was will er vermeiden (Armut, Isolation)? Die VertreterInnen des narrativen Ansatzes haben viele tausend Lebensgeschichten von Menschen daraufhin untersucht, anhand welcher Kriterien ein Mensch seine Identität konstruiert. Wichtig für die praktische Anwendung wird dieser Ansatz dann, wenn man die Aussage des narrativen Ansatzes Ernst nimmt. Ob ich meine Lebensgeschichte und damit meine Identität als Komödie oder als Tragödie, als Romanze oder als Heldensage erzähle, hängt einzig und allein von mir und meinem Erzähl-Prozess ab. Ich bin darum auch in der Lage, darüber zu entscheiden, welche Art von Erzählung sich für mich besser eignet, um damit zufrieden zu sein. Die Perspektive, unter der ich mein Leben betrachte und damit auch die Identität, die ich mir konstruiere, beschreibt keine «Wahrheit», denn sie ist relativ. Zwei verschiedene AutorInnen können aus demselben Stoff eine Tragödie oder eine Komödie schreiben.

Mc Adams (1997) versteht die Lebensgeschichte, die ein Mensch über sich selbst entwickelt, als eine psychosoziale Konstruktion. Menschen erzählen in verschiedenen Kontexten unterschiedliche Geschichten über sich selbst, um einen positiven Eindruck zu hinterlassen (Goffman, 1959; Hoyle et al., 1999, S. 36f). Die Tatsache, dass Lebensgeschichten je nach Kontext, in dem sie erzählt werden, variieren können, heißt jedoch nicht, dass der Mensch, der diese Variationen vornimmt, uneindeutig und wankelmütig ist oder über eine diffuse Identität verfügt. Die Folgerung ist aber ebenfalls nicht, dass der Mensch über ein stabiles, immer währendes, «wirkliches» Selbst verfügt, das im Zuge eines Prozesses der Selbstverwirklichung entdeckt und entfaltet werden muss. Weil ein me ein psychosoziales Konstrukt ist, hat es zwar nicht dieselbe materielle Realität wie die Leber eines Menschen oder seine Milz, es hat aber genügend Stabilität, um sich nicht völlig beliebig von einem Tag auf den nächsten zu ändern.

Der narrative Ansatz besagt, dass jeder Mensch selbst entscheiden kann, welche Geschichte sich für ihn am besten eignet. Aber nach welchen Kriterien soll diese Entscheidung fallen? Hoyle, Kernis, Leary & Baldwin (1999) kommen nach einem ausführlichen Literaturüberblick zu dem Schluss: «Im Moment gibt es nur wenig Konsens über die angemessenste oder funktionalste Form der Konstruktion des eigenen Selbst» (S. 50; Übers. v. Aut.) In der Tat ist es schwierig, diese Frage zu entscheiden, wenn man die Konstruktion von Identität als einen ausschließlich bewussten Prozess auffasst, Wilson (2002) nennt sie deshalb sogar die «million-dollar question» (S. 52). Denn die Inhalte der me's lassen sich nach zahlreichen Kriterien sortieren, die allesamt wichtig sind, die in ihrer Gesamtheit aber zu einer unüberschaubaren Menge an Möglichkeiten führen, wie wir schon einmal probeweise errechnet haben. Die Antwort wird bedeutend einfacher, wenn man in Betracht zieht, dass die Aufgabe, Identität zu erzeugen, keineswegs nur ein bewusster Prozess ist, sondern dass das adaptive Unbewusste ebenfalls mitarbeitet. Das Unbewusste hält ein deutliches Signal bereit, wann eine Geschichte passt und wann eine Geschichte nicht passt. Dieses Signal ist ein Gefühl, in der Sprache der Psychologie das Identitäts-, Konsistenz- oder Kohärenzgefühl, in der Sprache der Hirnforschung ein positiver somatischen Marker **(5)**.

1.1.8 Das Identitätsgefühl

Schauen wir zunächst, was die Psychotherapie bisher an Methoden entwickelt hat, um die Konstruktion einer befriedigenden Identität zu fördern. Die ersten Schritte in diese Richtung unternahm Moreno, der einer der ersten Psychotherapeuten war, der die Vorstellung vom personalen Kern des Menschen verlassen und begonnen hat, mit der Vielfalt der inneren Rollen (so nannte er die me's), therapeutisch zu arbeiten. Die Technik, die von ihm im Rahmen des Psychodramas entwickelt wurde, nannte er das «kulturelle Atom». Roesler (1991) gibt eine gute Einführung in Theorie und Praxis dieses Verfahrens. Satir (1997) hat Morenos Technik übernommen und leicht abgewandelt; sie hat ihr Vorgehen die «Parts Party» genannt. Und Schulz von Thun (1998) veröffentlichte ein Buch, in dem er die Vielfalt der me's das «innere Team» nennt und ausführlich verschiedene Methoden beschreibt, wie die innere Vielfalt zu einem harmonischen Ganzen gestaltet werden kann.

Für Menschen, deren Beruf es ist, anderen dabei zu helfen, ihre vielen me's gut zu organisieren, ist es wichtig, ein diagnostisches Kriterium dafür zu haben, wann die Organisation als gelungen bezeichnet werden darf. Besonders in der Arbeit mit Jugendlichen, bei denen die Suche nach Identität ein zentrales Lebensthema darstellt, braucht es so etwas wie einen Wegweiser, der zeigt, wann die jungen Menschen auf dem für sie richtigen Weg sind. Diesen Wegweiser gibt es inzwischen. Die wissenschaftlichen Hinweise hierzu stammen aus der Neurobiologie. Der Wegweiser zur gelungenen Identität sind somatische Marker. Egal, ob sie als Emotion oder als Körperempfindung wahrgenommen werden – somatische Marker sind die Signale des emotionalen Erfahrungsgedächtnisses und zeigen an, womit ein Mensch gut fährt und was er lieber bleiben lassen sollte (Storch, 2004c, 2004e). Dank eines effektiv arbeitenden Systems von somatischen Markern vermag der Mensch in Prozessen, die unbewusst verlaufen, eine ungeheure Vielfalt von Informationen daraufhin zu überprüfen, ob bestimmte Szenarien dem Gehirnbesitzer eher schaden oder eher nützen werden.

Einer der ersten Psychologen, der darauf hingewiesen hat, dass es sich beim Thema Identität nicht nur um bewusste und gedankliche Vorgänge handelt, ist Blasi (1988). Die Gefühls-Komponente des Phänomens Identität ist nach Blasi sogar als weitaus wichtigeres Element von Identität einzustufen als die gedankliche Komponente. Er weist nach, dass Erikson, als er über Identität schrieb, nicht nur die durch bewusstes Nachdenken erzeugten Inhalte von Identität im Auge hatte. Erikson schrieb auch von einer spezifischen «Erfahrung» der Identität, von einem nur subjektiv zugänglichen Identi-

Abbildung 12: Das Identitätsgefühl

tätserleben. Blasi nennt dies die *phänomenale Komponente* von Identität. Nach Blasi ist es sehr gut möglich, dass ein Mensch zu verschiedenen Themen mehrere stabile, zeitlich überdauernde me's entwickelt hat, und damit zum Beispiel im Sinne Marcias (1966) als *identity achiever* gelten kann. Dies allein besagt jedoch noch nichts bezüglich des phänomenalen Aspektes von Identität, dem Identitätserleben. Es ist nämlich durchaus vorstellbar, dass ein Mensch bezüglich seiner verschiedenen me's keine Einheit, sondern eher Zerrissenheit erlebt. Während die meisten *inhaltlichen* Aspekte der Identität durchaus über bewusste Prozesse erfahrbar sind, wird der *phänomenale* Aspekt über Emotionen und Körpererleben vermittelt. In dem Moment, in dem es einem Menschen gelungen ist, seine verschiedenen me's zu einer guten Gestalt über sich und sein Auftreten in der Welt zu vereinigen, erlebt er sich auf eine ganz spezifische Art als Einheit. Dieses Einheitserleben wird als zutiefst beglückend erlebt und ist nach Blasi konstitutiv für psychische Gesundheit.

Blasis Überlegungen werden gestützt von Forschungen zur Salutogenese wie zum Beispiel denen von Antonovsky (1990), der herausgefunden hat, dass ein gelungenes Kohärenzerleben Menschen psychisch stabilisiert. Gendlin (1981), der Erfinder der Focusing-Methode, ist mit seiner Idee vom *felt sense* aufgrund seiner präzisen Beobachtungsgabe ebenfalls diesem Phänomen auf die Spur gekommen. Bohleber (1997) definiert das Identitätsgefühl als «aktives inneres Regulationsprinzip» (S. 113). Es stellt «eine übergeordnete Instanz dar, die Handlungen und Erfahrungen daraufhin überprüft, ob sie zu einem passen, das heißt, ob sie in die zentralen Selbstrepräsentanzen, die für das Identitätsgefühl den Bezugsrahmen abgeben, integrierbar sind» (ebd.). Für Höfer (2000) ist das Identitätsgefühl «eine Art Sammelbecken tausender generalisierter Selbsterfahrungen» (S. 201). Das Gefühl für die eigene Authentizität gründet sich auf die Bewertungen, die dieses Sammelbecken generalisierter Erfahrungen abgibt. Höfer geht davon aus, dass die Wertigkeit dieser Erfahrungen zwischen zwei Polen verläuft. «Diese Pole sind authentisch/positiv und nicht-authentisch/negativ. Eng damit gekoppelt ist die Frage der positiven oder negativen Selbstbewertung und des Gefühls der Kohärenz» (Höfer, 2002, S. 203). Unter Bezugnahme auf die Idee des Kohärenzerlebens nach Antonovsky stellt für Höfer «die Verknüpfung von Identität und Kohärenzgefühl die wesentlichste Schnittstelle für den Herstellungsprozess von Gesundheit dar» (ebd., S. 211). Kernis (2003) sieht gefühlsmäßige Bewertungen in Bezug zum generellen Selbstwert einer Person.

«global self-esteem is best understood as an affective construct consisting of self-related emotions» (S. 3).

Alle diese Konzeptionen, welche den Gefühlen einen wesentlichen Stellenwert im Identitätsgeschehen zusprechen, beschreiben Vorgänge, die von den Ergebnissen der Neurowissenschaften gestützt werden. Für unsere Bemühungen, Wilsons «million-dollar question» zu beantworten, geben insbesondere die Überlegungen von Damasio einen nützlichen Hinweis: Somatische Marker, wahrnehmbar als Körperempfindungen und/oder als Emotionen, können in psychotherapeutischer und pädagogischer Hinsicht als Diagnostikum genutzt werden für Kohärenz, Selbstkongruenz oder generellen Selbstwert, für Einheit, Passung oder gelingende Identitätsarbeit. Obwohl die verschiedenen Begriffe aus unterschiedlichen theoretischen Richtungen stammen, treffen sie sich alle in diesem einen Punkt: dem unbewussten somatisch/emotionalen Bewertungssystem, das mit den bewussten Verstandesprozessen synchronisiert werden muss, um psychische Gesundheit sicherzustellen. Und so beantwortet auch Wilson (2002) selbst seine Millionenfrage: «Selbst-Geschichten sollten auf ganz einfache Weise präzise sein: sie sollten die unbewussten Ziele, Gefühle und Eigenschaften einer Person erfassen. Kurz gesagt, muss eine Korrespondenz bestehen zwischen der Geschichte und dem adaptiven Unbewussten der Person» (S. 218; Übers. v. Aut.).

Und nun können wir abschließend die Frage beantworten, nach welchen Richtlinien sich die Pädagogik und die Psychologie des Jugendalters auszurichten hat, wenn sie junge Menschen für die Zukunft angemessen vorbereiten will. Die Außenwelt der Zukunft wird immer vielfältiger werden. In der Psyche junger Menschen werden darum mit Sicherheit laufend neue me's produziert. Ein junger Mensch in der heutigen Zeit hat bereits jetzt ein Vielfaches an me's zu bewältigen, wenn man ihn mit seinen Großeltern vergleicht. Früher war durch Ort und Zeitpunkt der Geburt, durch Geschlecht des Babys und durch die gesellschaftliche Stellung seiner Eltern die Anzahl und der Charakter der möglichen me's bereits weitgehend festgelegt. Außerdem blieben diese me's über die Lebensspanne auch weitgehend stabil, weil die Kontexte sich nur wenig änderten. Man hatte also viel Zeit, um Harmonie in das innere Team zu bringen. Heute hat das innere Team eine hohe Personalfluktuation zu verzeichnen, um die Metapher von Schulz von Thun (1998) zu benutzen. Die jungen Menschen müssen also lernen, gewissermaßen ihre eigenen Personalchefs zu werden.

Was müssen Jugendliche also können, um fit für die Zukunft zu sein? In der Terminologie von Riemann ausgedrückt müssen sie sich optimal auf dem Riemann-Kreuz bewegen können. Nähe und Distanz, Dauer und Wechsel sollten so ausbalanciert sein, dass sie den persönlichen Eigenschaften des Individuums, seinen lebensphasenspezifischen Bedürfnissen sowie den situativen Anforderungen der aktuellen Umgebungsbedingungen auf eine Art und Weise gerecht werden, die ihr Wohlbefinden und ihre psychische Gesundheit erhält beziehungsweise unterstützt. Aufgrund der Literatur, die wir bisher gesichtet haben, lassen sich drei Lernziele für Jugendliche formulieren.

Lernziel 1: Veränderungspotenzial

Betrachte Deine Identität als etwas Veränderbares. Grundsätzlich kann jeder Mensch sein Leben lang dazulernen, wann immer er bemerkt, dass dies notwendig wird. Wenn Du in irgendwelchen Bereichen deines Lebens feststellst, dass du dich unzulänglich fühlst, dann finde heraus, was du gerne ändern möchtest und beginne damit, Neues zu lernen. (Lernziel formuliert in Analogie zu den Ergebnissen von Dweck, 2000)

Lernziel 2: Identitätsgefühl

Während Du Dich veränderst, denke daran, dass Du eine Geschichte hast. Menschen brauchen Wurzeln und sie brauchen das Gefühl, dass ihr Leben einen Sinn hat. Du bekommst Kontakt zu Deinen Wurzeln und Deinem inneren Kern, wenn Du auf Deine Gefühle achtest. Die Faustregel für ein zufriedenes Leben lautet: man sollte versuchen, so oft wie möglich die wichtigen Entscheidungen im Einklang mit dem persönlichen Identitätsgefühl zu treffen. Manchmal zwingen Dich die Umstände, gegen Dein Gefühl zu handeln, das gehört zum Leben dazu. Sieh jedoch zu, dass dies so selten wie möglich passiert. (Lernziel formuliert in Analogie zu Höfer, 2000; und ihren salutogenetischen Überlegungen betreffend Antonovsky)

Lernziel 3: Bezogene Autonomie

Dein Leben entwickelt sich in laufender Auseinandersetzungen mit anderen Menschen. Diese Auseinandersetzungen sind manchmal erfreulich, manchmal weniger. Manchmal sind sie selbst gewählt, manchmal werden sie Dir aufgezwungen. Egal, um welche Variante es sich handelt, Du wirst immer schauen müssen, wie Du die Bedürfnisse von anderen mit Deinen Bedürfnissen koordinierst. Dazu gibt es eine wichtige Regel: Lege zuerst für Dich Deinen Standpunkt fest. Dies tust Du durch eine Kombination aus Nach*denken* und Nach*fühlen*. Dann erst informierst Du Dich darüber, was die anderen meinen. Dies nimmst Du aufmerksam zur Kenntnis, stellst sicher, dass Du alles richtig verstanden hast und dann bist Du wieder dran. Nimm Dir Zeit, darüber nachzudenken und nachzufühlen. Wenn Du eine eigene Meinung entwickelt hast, kannst Du deine Fühler wieder ausstrecken. Die Reihenfolge macht's! *Erst* den eigenen Standpunkt entwickeln, *dann* versuchen, die anderen zu verstehen. (Lernziel formuliert in Analogie zu Harter, 1996)

Anmerkungen

(1) In der Psychotherapie existieren zahlreich Ansätze, die mit Körperelementen arbeiten. Es würde den Rahmen dieses Buches sprengen, wollte man sich an einer auch nur annähernd vollständigen Darstellung aller Richtungen versuchen. Darum ziehen wir es vor, an dieser Stelle auf die ausführliche und aktuelle Übersichtsarbeit von Frank Röhricht (2000) zu verweisen. Sie hat den Titel *Körperorientierte Psychotherapie psychischer Störungen.* Sie ist erschienen bei Hogrefe, Göttingen.

(2) Wir verwenden die Begriffe Affekt, Emotion und Gefühl in diesem Text, wie folgt: Der Begriff «Affekt» wird für primäre, angeborene Emotionen benutzt, die automatisch ausgelöst werden und ohne Beteiligung von bewussten Verarbeitungsprozessen entstehen. Der Begriff «Gefühl» wird für sekundäre das heißt erlernte Emotionen verwendet. Der Begriff «Emotion» umfasst als übergreifender Begriff alle Prozesse, die mit Affekten beziehungsweise Gefühlen verbunden sind, egal, ob bewusst oder unbewusst, egal ob angeboren oder erlernt.

(3) Die wissenschaftlichen Debatten beziehen sich in der Selbstkonzeptforschung nicht wie bei der Identitätstheorie auf die Frage, ob es Teilselbste gibt oder ob das Selbstkonzept eine Einheit ist, sondern hauptsächlich darauf, wie die einzelnen Teilselbste im Gedächtnis miteinander verbunden sind. Eine Übersicht hierzu findet sich bei Hannover (1997).

(4) Mittlerweile wird von einigen WissenschaftlerInnen betont, dass ein hoher Selbstwert nicht immer nur positiv einzuschätzen sei. Damon (1995) und Seligman (1993) warnen zum Beispiel davor, in Erziehung und Psychologie pauschal an der Erhöhung von Selbstwert zu arbeiten, dies könne zu einer Inflation von ungerechtfertigtem Selbstwert führen, so dass bei Kindern und Jugendlichen unrealistisch positive Selbstbilder entstünden, die nicht mit ihren tatsächlichen Fähigkeiten übereinstimmen. Auch Kernis (2003) warnt vor unrealistischer self-glorification und unterscheidet zwischen Jugendlichen mit hohem Selbstwert und sicherem Selbstgefühl (stabilem Selbstwert) und Jugendlichen mit hohem Selbstwert und unsicherem Selbstgefühl (instabilem Selbstwert). Letztere Gruppe muss den instabilen hohen Selbstwert laufend verteidigen und hat deswegen ein erhöhtes Risiko in feindselige und gewalttätige Interaktionen verwickelt zu werden.

(5) Die Begriffe Konsistenz und Kohärenz werden in der Literatur verschieden benutzt. Manche AutorInnen verwenden sie nahezu synonym, bei anderen lassen sich Unterschiede feststellen. Im Rahmen des vorliegenden Ansatzes, der eine integrative Absicht verfolgt, fokussieren wir bei unserer Literaturübersicht deutlich mehr auf die Gemeinsamkeiten der einzelnen Ansätze als auf deren – oft nur minimale – Unterschiede. Im Hinblick darauf, dass die beiden Begriffe sich auf ein phänomenologisch zu beschreibendes Erleben von personaler Einheit beziehen, können sie für unsere Zwecke als weitgehend synonym betrachtet werden.

1.2 Das Zürcher Ressourcen Modell ZRM

1.2.1 Neurobiologische Grundlagen

Das Zürcher Ressourcen Modell versteht sich als Schulen übergreifendes, theoretisch integratives Modell von Selbstmanagement. Die Neurowissenschaften haben in den letzten Jahren eine Fülle von Ergebnissen hervorgebracht, die in der Lage sind, als Basis für ein solches Integrationsvorhaben zu dienen (Andreasen, 2002; Le Doux, 2003; Rüegg, 2003; Schiepek, 2003; Grawe, 2004). Darum stellt die Hirnforschung für das Zürcher Ressourcen Modell eine wichtige Grundlage dar. An anderer Stelle wurde dies ausführlich besprochen (Storch & Krause, 2002; Storch, 2002; Storch, 2003c; Storch, 2004a); hier erfolgt ein zusammenfassender Überblick.

In den Neurowissenschaften wird das Gehirn als selbstorganisierender Erfahrungsspeicher betrachtet, die alte Vorstellung von einem obersten Steuerungszentrum im Gehirn gilt mittlerweile als unzutreffend. Das menschliche Gehirn ist ein Überlebensorgan, das besonders darauf spezialisiert ist, flexibel auf sich verändernde Umwelten zur reagieren. Es ermöglicht «die Initiierung und Aufrechterhaltung des postnatalen Lebens als interaktionales Geschehen, das heißt das ständige Aufnehmen, Bewerten und Beantworten der pausenlos ankommenden Informationen» (Koukkou & Lehmann, 1998a, S. 328). Diese Flexibilität des Gehirns basiert auf der Tatsache, dass es aufgrund der Erfahrungen, die der Organismus im Laufe des Lebens macht, seine Struktur ändern kann, so dass es letztendlich «sich selbst und sein Verhalten auf der Basis seiner eigenen Biografie organisiert» (Koukkou & Lehmann, 1998b, S.169). Die Aufgabe des Gehirns ist es für das «psychobiologische Wohlbefinden», so der Begriff von Koukkou und Lehmann, des Organismus zu sorgen, in dem es seinen Sitz hat. Grundsätzlich, so die Autoren, kann man postulieren, «dass das menschliche Gehirn das Potenzial zu psychobiologischer Gesundheit besitzt» (1998a, S. 381).

Das Zürcher Ressourcen Modell nutzt in seiner Vorstellung von gelingendem Selbstmanagement dieses Potenzial des menschlichen

Gehirns systematisch. Kennzeichnend sind hinsichtlich der neurobiologischen Grundlagen folgende Charakteristika:

- Ein neurowissenschaftlich definierter Ressourcenbegriff
- Der gedächtnistheoretisch fundierte Ressourcenaufbau
- Die Selbstkongruenzdiagnostik über somatische Marker
- Eine ressourcenorientierte Handlungstheorie.

Ressourcenbegriff

Gedächtnisinhalte sind auf neuronaler Ebene in Form von neuronalen Netzen und entsprechenden Erregungsmustern gespeichert. Auch psychisches Geschehen kann in dieser neurowissenschaftlichen Terminologie gefasst werden. Grawe (1998) geht davon aus, dass «allen Eigenarten des psychischen Geschehens bestimmte neuronale Erregungsmuster» (S. 265) zugrunde liegen, die in verschiedenen Gedächtnisarten gespeichert sind. Aus neurowissenschaftlicher Sicht wird der psychische Apparat als Wissensspeicher von Erfahrungen betrachtet. Hieraus ergibt sich auch eine präzise Vorstellung davon, was psychische Krankheit und was psychische Gesundheit ausmacht. Neurotisches beziehungsweise unangemessenes Verhalten beruht letztendlich auf einer Wissensstruktur, die dem Gehirn für die zu bewältigende Aufgabe keine optimalen Grundlagen liefert – maladaptiven neuronalen Verbindungen. Gesundheitsförderung kann auf der Basis dieser neurowissenschaftlichen Begriffsbildung definiert werden als das Erlernen von neuen, wohladaptiven neuronalen Erregungsmustern, die durch Übung und Training soweit automatisiert werden, dass sie immer öfter anstelle der alten, maladaptiven Erregungsmuster die Regulationsfunktion übernehmen können. Eine beabsichtigte Reaktions- oder Verhaltensänderung wäre in diesem Sinne ein neues neuronales Netz, das so stark gebahnt werden muss, dass es als neuer Automatismus den alten, nicht mehr erwünschten Automatismus ersetzt.

Diese Konzeption ist anschlussfähig an das von Grawe (1998) immer wieder betonte Ergebnis der Psychotherapieerfolgsforschung, dass erfolgreiche Psychotherapie mit Ressourcenaktivierung verbunden ist. Als Ressource bezeichnet er ein «positiv zu bewertendes neuronales Erregungsmuster» (1998, S. 445). Während der Begriff «Ressource» oftmals unscharf verwendet wird (Storch & Krause, 2002; Schiepek & Cremers, 2003) und es darum nicht immer einfach ist, denselben in Pädagogik und Psychotherapie konkret und praxisnah zu operationalisieren, kann der Begriff «Ressource», wenn er als wohladaptives neuronales Erregungsmuster konzipiert wird, sehr gut als Basis gesundheitsfördernden Handelns in der Praxis dienen. Im Zürcher Ressourcen Modell gilt als Ressource zunächst das gesundheitsdienliche neuronale Netz selbst sowie alles, was in der Lage ist, dieses neuronale Netz zu aktivieren. Dieser Ressourcenbegriff ist einerseits sehr präzise, denn es wäre vorstellbar, dass mit Bild gebenden Verfahren genau überprüft werden kann, ob eine bestimmte Gehirnaktivität ausgelöst wird oder nicht. Andererseits ist dieser Ressourcenbegriff, was seine praktische Umsetzung betrifft, sehr weit. Er erlaubt es, jedem Individuum selbst zu bestimmen, mit welchen Hilfsmitteln es sein Gehirn in die von ihm gewünschte Aktivität versetzt. Das kann beim einen dann ein bestimmtes Musikstück sein, beim anderen ein Treffen mit Freunden und beim dritten ein Spaziergang mit dem Hund. Die Kombination von hoher Präzision, was die wissenschaftliche Operationalisierbarkeit betrifft und größtmöglicher Freiheit, was die inhaltliche Ausgestaltung anbelangt, macht einen neurobiologischen Ressourcenbegriff in unseren Augen in hohem Maße nützlich, um Wissenschaft und Praxis zu verbinden.

Ressourcenaufbau

Aus der neurowissenschaftlichen Sicht entstehen «alle Aspekte des psychischen normalen wie auch des neurotischen Verhaltens ... aus den normal funktionierenden mnemonischen (gedächtnisbezogenen, M.S.) Funktionen des menschlichen Gehirns» (Koukkou & Lehmann, 1998 a, S. 294). Dem Gedächtnis und dem darin gespeicherten Wissen kommt eine entscheidende Bedeutung zu, sowohl was die menschliche Psyche betrifft als auch was die Verhaltenssteuerung angeht. Bei Mertens (1998) findet sich ein ausführlicher und sorgfältiger Überblick über verschiedene psychologische Konzepte, die gut mit dem neurowissenschaftlichen Modell der Gedächtnisbildung auf der Basis von neuronalen Netzen in Verbindung gebracht werden können. Hierzu gehören aus der Sicht der genetischen Epistemologie die sensomotorischen Schemata nach Piaget (1973), aus der Sicht der Körpertherapie die affektmotorischen Schemata nach Downing (1996), aus psychoanalytischer Sicht die «Wahrnehmungs-Affekt-Handlungsmuster», die bei Dornes (1993) beschrieben sind und aus der Sicht der Kleinkindforschung die RIGs (representations of interaction generalized; dt.: generalisierte Interaktionsrepräsentanzen; siehe auch Kapitel 1.1.2 in diesem Buch), ein Konzept von Stern (1985). Bleibt man in diesem neurowissenschaftlich fundierten Modell von Psyche, so kann man psychische Entwicklung als Erweiterung von Gedächtnisinhalten und damit als Lernen beschreiben.

Bei Erregungsmustern, die gut gebahnt sind, kann die Aktivierung eines Teils automatisch zur Aktivierung des ganzen Zellverbandes führen. Um diesen Effekt nutzen zu können, muss darum das neu gebildete, wohladaptive neuronale Netz zunächst gelernt werden. Ein heute allgemein anerkanntes neurowissenschaftliches Modell für Lernen ist das Modell der «Hebbschen Plastizität». Hebbs (1949) Idee ist einfach und elegant. Hebbsche Plastizität entsteht, wenn zwei oder mehr Nervenzellen gleichzeitig feuern. Als Standardregel kann man sich den Merksatz einprägen: «Cells that fire together, wire together». Die Übersetzung könnte lauten: Zellen, die gleichzeitig feuern, verdrahten sich. Neuronale Netze entstehen dann dadurch, dass als Reaktion auf einen Reiz bestimmte Muster gemeinsam ausgelöst werden. Geschieht dies wiederholt, stärkt sich dieser gesamte Nervenkomplex und wird in Zukunft immer leichter aktivierbar. Edelman (1987) hat diesen Vorgang in seinem Konzept des «reentrant mapping» beschrieben. Neuronale Netze sind multicodiert, das heißt in einem neuronalen Netz sind Informationen aus den verschiedensten Hirnregionen zu Einheiten verbunden. Hierzu zählen sensorische, sprachlich-kognitive und emotionale Aspekte sowie «Aufzeichnungen der körperlichen Anpassungsreaktion, welche die Sammlung der sensorischen Signale notwendig begleiten» (Damasio, 2001, S. 195).

Auch für Gruppen von Nervenzellen gilt die Hebbsche Plastizität. Ist ein bestimmtes Erregungsmuster durch häufige Wiederholung gut gebahnt worden und damit zu einer «cell assembly» verbunden, wird diese Gruppe von Nervenzellen immer leichter aktivierbar. Für die Psychologie interessant ist hierbei eine bestimmte Eigenschaft des Gehirns: die Fähigkeit zur Komplettierung, die auch schon von der Gestaltpsychologie unter dem Stichwort «Musterergänzung» beschrieben wurde (Tschacher, 1997). Mit fortschreitender Bahnung des neuronalen Netzes kann das Erregungsmuster immer einfacher von ganz verschiedenen Stellen aus und mit immer weniger Anhaltspunkten aktiviert werden. In diesem Sinne wird in den Überlegungen des Zürcher Ressourcen Modells systematisch daran gearbeitet, die Multicodierung des wohladaptiven neuronalen Netzes auf vielen verschiedenen Lernebenen zu erreichen. Ziel ist, das erwünschte neuronale Netz durch den gezielten Einsatz von Aktivierungstechniken zuverlässig erregen zu können. Hüther schreibt: «Der Einzelne muss die neuronalen Verschaltungen in seinem Gehirn reorganisieren» (2001, S.137). Der Ressourcenaufbau besteht in dieser Hinsicht aus der Entwicklung eines individuell hoch spezifischen Ressourcenpools, der dem Individuum dann als eine Art persönlicher Werkzeugkasten zur optimalen Nutzung des eigenen Gehirns zur Verfügung steht.

Selbstkongruenzdiagnostik

Die Basis jedes Ressourcenaufbaus ist ein positiv zu bewertendes neuronales Erregungsmuster. Damit ist der Vorgang des Bewertens angesprochen. Woher kann ein Mensch wissen, wann ein neuronales Erregungsmuster positiv zu bewerten ist? Diese Fragestellung hat in der Psychotherapie eine lange Tradition und gilt als schwierig. In Kapitel 1.1.7 kam diese Debatte schon ins Gespräch, Wilson (2002) nennt sie «million-dollar question». Die Antwort auf diese Frage wird durch die Neurobiologie, im Speziellen durch die Theorie der somatischen Marker von Damasio (1994) deutlich erleichtert. In seiner Eigenschaft als Überwinder des Dualismus und Frontmann der *affective revolution* findet sich Damasio in der Fachliteratur zwar oft zitiert, bisher wurde jedoch das Potenzial seiner Überlegungen für die Psychologie und Pädagogik nicht systematisch ausgearbeitet. Dies betrifft sowohl die theoretische Ebene als auch die Praxis von pädagogischer Beratung, Psychotherapie und Coaching. Das Zürcher Ressourcen Modell arbeitet systematisch unter Einbezug von Damasios Überlegungen.

Bisher ging man davon aus, dass gute Entscheidungen auf Vorgängen basieren, die man in der Alltagssprache mit den Begriffen «Verstand», «Intellekt» oder «Denken» bezeichnet. Gefühlen oder Körperempfindungen, wie sie zum Beispiel in Worten wie «Bauchgefühl» oder «Herzenswunsch» auftauchen, wurden bei diesen Vorgängen bestenfalls eine Rolle als Störenfried zugebilligt. Dieser Sachverhalt zeigt sich in Bemerkungen wie: «Sei doch vernünftig!» oder «Jetzt benutze endlich Deinen Verstand!» oder «Versuch doch mal, klar zu denken!» Nach der herkömmlichen Vorstellung kann ein Mensch nur dann gut entscheiden, wenn er versteht, seine Gefühle unter Kontrolle zu halten. Denn Gefühle und ihre körperlichen Begleiterscheinungen, so die Annahme, verwirren den Menschen und stören seine Sachlichkeit. Damasios Theorie der somatischen Marker besagt jedoch, dass Gefühle und Körperempfindungen keinen Störfaktor darstellen, sondern im Gegenteil, ein *wesentlicher Bestandteil* von Vernunft sind. Diese Aussage verändert unsere herkömmliche Vorstellung radikal.

Auf welche Weise sind Gefühle an Planungs-, Antizipations- und Entscheidungsvorgängen beteiligt? In der Hirnforschung geht man davon aus, dass das menschliche Gehirn über ein *affective memory* verfügt. Der Hirnforscher Roth (2001, 2003) nennt diesen Speicher das *emotionale Erfahrungsgedächtnis* und der Psychologe Goschke (1996) spricht vom *impliziten Emotionsgedächtnis*, der Psychologe Kuhl (2001) vom *Extensionsgedächtnis*. Gemeint ist in allen Fällen dasselbe: In phylogenetisch älteren Gehirnstrukturen, die schon vor der Geburt intrauterin zu arbeiten beginnen, werden Erfahrungen gespeichert. Allerdings geschieht dies nicht in einer sprachlich-bewussten Form sondern auf einer unbewussten Ebene in Form von Gefühlen und/oder Körperempfindungen. Dieses emotionale Erfahrungsgedächtnis wird als ein frühes System des Gehirns zur Überlebenshilfe angesehen, wir haben es mit den Tieren gemeinsam. Jede Erfahrung, die in diesem Gedächtnis eingespeichert ist, wird mit einer Bewertung versehen (Übersicht bei Dalgleish, 2004).

Die Bewertungen des emotionalen Erfahrungsgedächtnisses erfolgen nach einem sehr einfachen, einem dualen Prinzip: Hat die Erfahrung das psychobiologische Wohlbefinden des Individuums gefördert, wird sie mit einem Go-Signal markiert. War sie dem psychobiologischen Wohlbefinden des Individuums abträglich, wird sie mit einem Stopp-Signal markiert. Dieses bewertende Signalsystem des emotionalen Erfahrungsgedächtnisses hat Antonio Damasio (1994) die *somatischen Marker* genannt. Er hat diesen Namen vom griechischen Wort *soma*, das heißt übersetzt Körper, abgeleitet. In seiner Theorie sind die Stopp- und die Go-Signale an Körperempfindungen gekoppelt, die innerhalb von Millisekunden nach dem Sinnesreiz auftauchen und in vielen Fällen auch schon mit einer zur Situation passenden Reaktion gekoppelt sind. Somatische Marker betreffen zwar zunächst die Körperebene, sie werden von den Menschen aber unterschiedlich wahrgenommen. Nach unseren Erfahrungen in Zürich können sie als deutliche Körperempfindung (Bauchgefühl, Enge in der Brust, Wärmestrom), als Emotion (Angst, Sorge, Freiheit, Freude) oder als Mischung aus Körperempfindung und Emotion erlebt werden (Storch, 2003a; 2004b). Somatische Marker werden nicht nur durch reale Situationen hervorgerufen, sondern auch durch imaginierte Szenarien. Diese Fähigkeit des

Gehirns, auch virtuelle Szenarien anhand der bisher gemachten Erfahrungen als förderlich oder abträglich zu bewerten, ist für die Psychotherapie von großem Nutzen. Mit dieser Fähigkeit können mögliche Lösungen in zukünftigen Szenarien individuell bewertet werden.

In Kapitel 1.1.8 haben wir unter dem Stichwort «Identitätsgefühl» theoretische Positionen dargestellt, welche darauf hinweisen, dass zentrale Faktoren von psychischer Gesundheit–Kohärenz- und Kongruenzerleben, Selbstwert oder gelingende Identitäts-Narrative – von Signalen auf der Gefühlsebene begleitet werden. Aus der Motivationspsychologie wissen wir empirisch vielfach belegt, dass die Intentionsbildung an das Auftauchen von positiven Emotionen gekoppelt ist (Gollwitzer, 1991, 1993). In Kuhls persönlichkeitspsychologischer Vorstellung von der Funktionsweise des psychischen Systems bilden positive Affekte und Motivation eine Einheit: «Die Fähigkeit zur selbstregulierten Rekrutierung positiven Affekts betrachte ich als die entscheidende Voraussetzung für Selbstbestimmung und intrinsische Motivation» (Kuhl, 2001, S. 177). Im ZRM-Training gehört darum aufgrund dieser Erkenntnisse die Selbstkongruenzdiagnostik anhand somatischer Marker zu einem wesentlichen Element des Lernstoffs.

Handlungstheorie

Vom Prinzip her kann mit Hilfe neurowissenschaftliches Erkenntnisse einfach und elegant beschrieben werden, wie die Verwandlung von automatisierten, unerwünschten neuronalen Netzen – und daran gekoppelten Verhaltensmustern – zu erwünschten Handlungen vor sich geht: Sie entsteht durch Lernen. Aufgrund dieser einfachen Beschreibung ist die neurowissenschaftliche Sichtweise von psychischer Entwicklung als Orientierungshilfe für Psychologie und Pädagogik sehr hilfreich. Von der Umsetzung her ist das Erlernen und Automatisieren eines neuen neuronalen Erregungsmusters natürlich mit all den Schwierigkeiten und Mühen verbunden, die für Lernen allgemein gelten: Zeit, Geduld und Ausdauer werden benötigt. Autofahren lernt man schließlich auch nicht an einem Tag. Grawe (1998) schreibt hierzu: «Solange solche neu entstandenen Erregungsmuster noch nicht eingespielt sind, benötigen sie bewusste Verarbeitungskapazität. Durch häufige Wiederholungen werden die neu entstandenen Verbindungen aber immer besser gebahnt. Sie sind immer leichter aktivierbar und gewinnen so immer leichter

Einfluss auf die psychische Aktivität, ohne dass dies mit Bewusstsein verbunden ist» (S. 266).

Um den erwünschten Lernprozess systematisch und ressourcenorientiert in die Wege leiten zu können, braucht es eine Vorstellung davon, was menschliche Handlungen steuert. **(1)** Man geht davon aus, dass im menschlichen Gehirn zwei Systeme am Zustandekommen von Verhalten beziehungsweise Handlungen beteiligt sind (Mischel, 2003, 2004). Das eine, phylogenetisch ältere, übt eine reizgesteuerte Verhaltenskontrolle aus. Das andere, phylogenetisch jüngere, ist zuständig für bewusste, als willkürlich erlebte Handlungen. **(2)** Mischel (2003) bezeichnet das ältere als «heiß», automatisch, impulsiv und schnell, es wird unterhalb der Bewusstseinsschwelle gestartet. Den phylogenetischen Neuerwerb charakterisiert er als «kalt», basierend auf Logik und Verstandestätigkeit, darum etwas umständlicher und auch deutlich langsamer als den älteren Teil, er ist an Bewusstsein gekoppelt. Im Kapitel 1.1.2 wurden diese beiden Systeme als «adaptives Unbewusstes» und als «Bewusstsein» schon vorgestellt. Die Funktionsweisen des bewussten und des unbewussten Verarbeitungssystems sind deutlich verschieden, sie beruhen auch hirnanatomisch auf verschiedenen Strukturen. Für handlungstheoretische Konzepte, die Menschen dabei unterstützen wollen, immer besser die Handlung auszuführen, die sie in einem reiflichen Planungsprozess mit Hilfe ihrer somatischen Marker für sich selbst als wohladaptiv, erwünscht und damit gesundheitsfördernd, identifiziert haben, ist es von zentraler Bedeutung die Funktionsweise und das Zusammenspiel dieser beiden Systeme zu berücksichtigen.

Der Unterscheidung zwischen bewussten und unbewussten Prozessen im Gehirn korrespondiert die Unterscheidung in explizite und implizite Prozesse aus der Gedächtnispsychologie (Schacter, 1987). Explizite Prozesse benötigen Zeit und Aufmerksamkeit, implizite Prozesse können automatisiert in Sekundenschnelle abgerufen werden. Explizite Prozesse sind störungsanfällig, implizite Prozesse laufen, wenn sie einmal ausgelöst wurden, mit hoher Zuverlässigkeit ab. Da explizite Prozesse energetisch-stoffwechselphysiologisch sehr viel «teurer» sind als implizite Prozesse, bezeichnet Roth (2001) sie als ein «besonderes Werkzeug des Gehirns» (S. 231). Bewusstsein ist aus der Sicht des Organismus ein Zustand, «der tunlichst vermieden und nur im Notfall einzusetzen ist» (Roth, 2001, S. 231). Explizite, mit Bewusstsein verbundene Prozesse werden vom Gehirn nur dann aufgerufen, wenn in einem unterhalb der Bewusstseinsschwelle verlaufenden Prozess, der in den Neurowissenschaften «präattentive Wahrnehmung» genannt wird, ein Objekt oder eine Situation als «neu» und/oder als «wichtig» eingestuft wurde. Wenn die präattentive Wahrnehmung einen Sachverhalt als «bekannt» und/oder «unwichtig» einstuft, wird der implizite Verarbeitungsmodus eingeschaltet. Das Gehirn ist darauf aus, auch Inhalte, für deren Bearbeitung zunächst viel Aufmerksamkeit und «teure» Bewusstheit nötig war, so bald als möglich ins implizite Gedächtnis zu überführen. Erreicht wird dies durch Wiederholung und Übung.

In dem Maße, in dem Leistungen wiederholt werden, sich einüben und schließlich mehr oder weniger automatisiert und damit müheloser werden, schwindet auch der Aufwand an Bewusstheit und Aufmerksamkeit, bis am Ende – wenn überhaupt – nur ein begleitendes Bewusstsein übrig bleibt. Wenn man an den Unterschied zwischen der ersten Fahrstunde und der Art und Weise, wie man heute Auto fährt, denkt, wird der Unterschied zwischen expliziten und impliziten Prozessen ohne weiteres deutlich. Grundsätzlich ist die Fähigkeit des Gehirns, viele Dinge im impliziten Modus automatisiert abzuwickeln, meistens von Vorteil. Für psychologische Prozesse allerdings kann diese Fähigkeit manchmal zum Problem werden. Dies ist dann der Fall, wenn maladaptive neuronale Netze die Steuerungsfunktion übernehmen und im Menschen Wahrnehmungsbereitschaften, motivationale Bereitschaften und Handlungsbereitschaften hervorrufen, die dem psychobiologischen Wohlbefinden abträglich sind. Dies geschieht besonders in Situationen des «Handelns unter Druck» (Wahl, 2001), in denen das Gehirn auf das implizite Regulationssystem umstellt. Dann ist kein willkürliches Handeln mehr möglich, das aktivierte Muster läuft automatisch ab. Ressourcenorientiert Einfluss auf die eigenen Handlungen nehmen heißt darum, Wege zu finden, wie mit Hilfe der Ressourcen, die das Individuum für sich aufgebaut hat, auch in Stress- und Drucksituationen das wohladaptive neuronale Netz aktiviert und damit die erwünschte Handlung vollzogen werden kann.

1.2.2 Der Rubikon-Prozess

Das Zürcher Ressourcen Modell hat als theoretischen Hintergrund, was die Arbeitsrichtung und damit die Stufenabfolge der einzelnen Schritte im ZRM-Training betrifft, den Rubikon-Prozess. Der Rubikon-Prozess wurde von Storch & Krause (2002) als theoriegeleitete Weiterentwicklung des Rubikon-Modells von Heckhausen (1989) und Gollwitzer (1991) konzipiert. Das Rubikon-Modell stammt aus der Motivationspsychologie und ist sehr gut empirisch belegt. Heckhausen und Gollwitzer entwickelten eine Übersicht über die Stufenfolgen zielrealisierenden Handelns; ihr Modell ermöglicht, ein Handlungsziel auf seiner Reise durch die Zeit zu begleiten. Es gibt einen Überblick über die verschiedenen «Reifungsstadien», die ein Wunsch, ist er einmal im Bewusstsein aufgetaucht, durchlaufen muss, bis der Besitzer oder die Besitzerin dieses Wunsches soweit mobilisiert, motiviert und aktiviert ist, dass dieser Wunsch zum Ziel wird und anschließend mit Willenskraft und nachhaltig verfolgt sowie aktiv in Handlung umgesetzt wird.

Den Begriff des Rubikon wählte man in Anlehnung an Julius Caesar, der im Jahre 49 vor Christus mit den Worten «alea iacta est» (lat.: der Würfel ist gefallen), kundtat, dass er nach einer Phase das Abwägens den Entschluss gefasst hatte, mit seinen Soldaten einen Fluss mit dem Namen «Rubikon» zu überschreiten und damit einen Krieg begann. Das Rubikonmodell wurde natürlich nicht entwickelt, um zu erklären, wie Kriege entstehen. Die Rubikon-Metapher wurde gewählt, um «die Grundprobleme einer jeden Motivationspsychologie, nämlich die Wahl von Handlungszielen einerseits und die Realisierung dieser Ziele andererseits» (Gollwitzer, 1991, S. 39) zu analysieren. Mit anderen Worten: «Welche Karriere müssen Wünsche durchlaufen, damit sie effektiv in relevante Handlungen umgesetzt werden können?» (Gollwitzer, 1991, S. 39).

Beim Rubikon-Modell in seiner ursprünglichen Form handelt es sich um ein vierstufiges Modell, das mit dem Motiv beginnt und bei der Handlung endet. Allerdings ist die Definition des Motivbegriffs dort noch zu unpräzise, um sie in der Praxis nutzbringend anwenden zu können: «Die Motive einer Person werden als mehr oder weniger stark sprudelnde Quelle der Wunschproduktion verstanden» (Gollwitzer, 1991, S. 40). Was hier fehlt ist eine Präzisierung der Quelle der Wunschproduktion. Im Hinblick auf die mittlerweile deutlich vorangeschrittenen Forschungsergebnisse zur Funktionsweise des adaptiven Unbewussten, haben Storch & Krause (2002) für die Praxis den Rubikon-Prozess entwickelt, der das vierphasige Rubikon-Modell um eine Phase am linken Rand erweitert, die Phase der zunächst unbewussten Bedürfnisse. Im Folgenden ist der um eine Phase erweiterte Rubikon-Prozess, so, wie es die Vorgehensweise des ZRM-Trainings bestimmt, grafisch dargestellt. Unser erweitertes Prozessmodell unterscheidet zwischen Bedürfnis, Motiv, Intention, präaktionaler Vorbereitungsphase und Handlung.

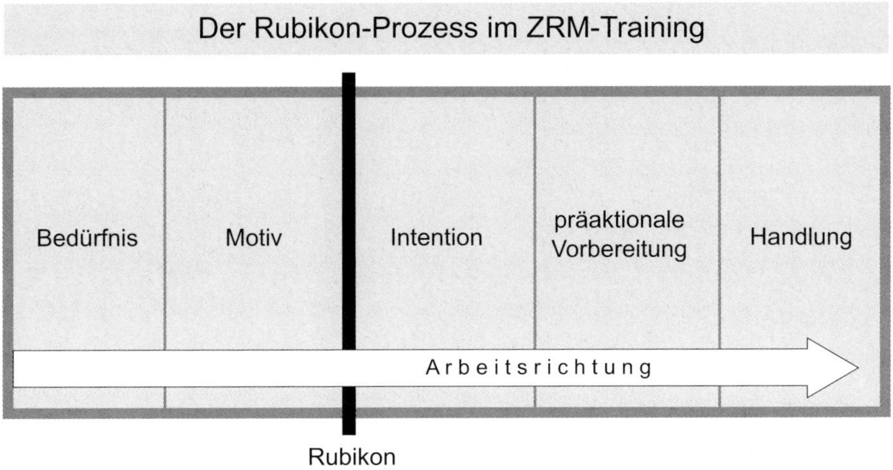

Abbildung 13: Der Rubikon-Prozess

Jeder Prozess zielrealisierenden Handelns beginnt zunächst im Unbewussten. Dort hat er – in unserer Terminologie – den Status eines Bedürfnisses. Wenn das Bedürfnis bewusst geworden ist, ist es zum Motiv geworden. Kennzeichen eines Motivs ist – im Rahmen dieser Systematik – seine bewusste Verfügbarkeit **(3)**. In diesem Reifestadium wird ein Wunsch jedoch noch nicht gewollt, er wird lediglich beabsichtigt. Neujahrsvorsätze zum Beispiel kommen oft über das Motivstadium nicht hinaus und erleiden darum auch meist das wohlbekannte Schicksal des gnädigen Vergessens. Um die Wahrscheinlichkeit zu erhöhen, dass nachhaltiges zielrealisierendes Handeln erfolgen kann, muss das Motiv den psychologischen Rubikon überqueren – es muss zur Intention werden. Diagnostiziert werden kann die Überquerung des Rubikon am Auftreten eines deutlichen positiven somatischen Markers. Ein positiver somatischer Marker wird im Zürcher Ressourcen Modell als Hinweis darauf gewertet, dass eine Person bewusste und unbewusste Anteile ihres Wunsches synchronisiert hat, dass sie die Inhalte dessen, was sie realisieren will, mit ihrer Gesamtidentität abgestimmt hat und dass sie intrinsisch, das heißt aus sich selbst heraus, motiviert ist (Kuhl, 2001; Storch & Krause, 2002; Martens & Kuhl, 2004; Storch, 2004d). Nach der Intentionsbildung können viele Menschen schon direkt mit der Handlung beginnen. Falls jedoch unerwünschte alte Automatismen bestehen, die durch Auslösereize bestimmter Situationen unterhalb

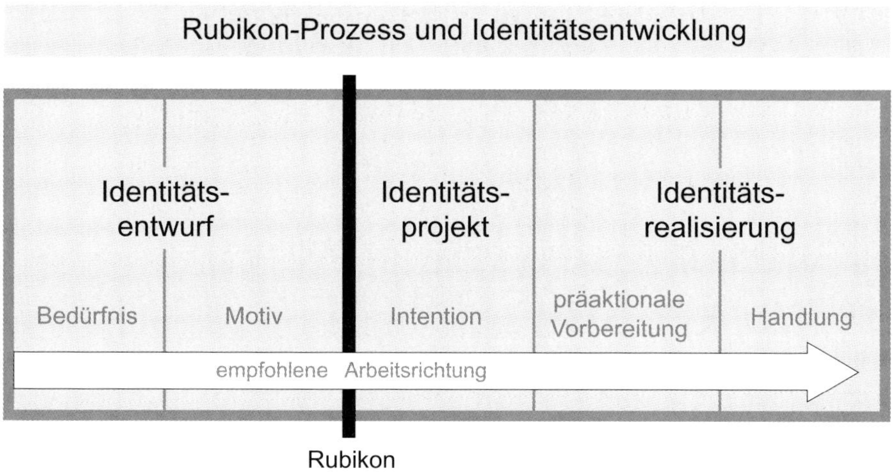

Abbildung 14: Selbstbestimmte Identitätsentwicklung im Rubikon-Prozess

der Bewusstseinsschwelle aktiviert werden, genügt die Intentionsbildung oftmals noch nicht, um zielrealisierend zu handeln. In diesem Fall muss präaktional, das heißt vor der eigentlichen Handlung, noch einiges vorbereitet werden, was das Umlernen und das Stoppen von alten Automatismen betrifft. Wenn ein Wunsch dann auch diesbezüglich gut ausgestattet wurde, steht dem zielrealisierenden Handeln nichts mehr im Wege.

In einem nächsten Schritt wollen wir jetzt das Rubikon-Modell mit der im vorigen Kapitel erarbeiteten Identitätsthematik in Verbindung setzen, denn für die Arbeit mit Jugendlichen stellt dies eine äußerst nützliche Systematik im Zuge der Entwicklung von Identitätskompetenz dar. In Kapitel 1.1.6 hatten wir die Konzeption von Höfer (2002) zu der salutogenetisch optimalen Entwicklung von zukunftsgerichteten Teilidentitäten besprochen. Es wurde deutlich, dass Höfer zwischen Identitätsentwürfen, Identitätsprojekten und Identitätsrealisierung unterscheidet. Diese verschiedenen Reifestadien von me's – in der Terminologie von Markus & Nurius (1986) von possible selves – lassen sich perfekt in der Systematik des Rubikon Prozesses abbilden. Das Rubikon-Modell wurde entwickelt, um die Reifestadien eines Zieles zu beschreiben. Höfers Modell beschreibt Reifestadien von me's. Diese beiden Systeme lassen sich deswegen zur Deckung bringen, weil Ziele den Keim für ein neues me in sich bergen können, wenn eine Person dieses Ziel mit vollem Eifer und einem starken Gefühl des Wollens verfolgt. Gollwitzer (1990) spricht in diesem Zusammenhang von Identitätszielen.

Um innerhalb der verschiedenen Begrifflichkeiten von Identitätstheorie und Rubikon-Prozess den Überblick zu behalten, wird die Kombination dieser beiden Systematiken im Folgenden noch einmal anhand der bekannten Grafiken zum Thema Identität visualisiert.

Abbildung 15: Identitätsentwurf

Ein Identitätsentwurf liegt dann vor, wenn das Individuum sich damit befasst, ein neues me zu entwerfen. Am Entwurf eines neuen me's sind immer unbewusste und bewusste Anteile beteiligt, allerdings noch nicht synchronisiert und koordiniert. Darum sieht das neu entworfene me auch noch etwas seltsam aus, seine Anwendbarkeit ist zunächst noch fraglich. Außerdem liegt es noch quer zu den anderen Mitgliedern des inneren Teams, es hat seinen endgültigen Platz noch nicht gefunden. Nichtsdestotrotz ist es ein erster Entwurf und als solches auf jeden Fall wertvoll und unersetzlich. Ein Identitätsentwurf findet auf den ersten beiden Stufen des Rubikon-Prozesses statt. Was ein Identitätsentwurf auf jeden Fall noch nicht hat, ist der Beschlusscharakter, in der Terminologie des Rubikon-Prozesses ist er also auf jeden Fall *vor* dem Rubikon anzusiedeln. Den Beschlusscharakter erhält ein Identitätsentwurf durch einen Abwägeprozess, der bewusste und unbewusste Elemente synchronisieren muss. Ist die Synchronisierung erfolgt, wird dies durch einen deutlich wahrnehmbaren positiven somatischen Marker angezeigt, damit erreicht der Identitätsentwurf den Status eines Identitätsprojektes.

Die **Abbildung 16** zeigt das Individuum mit dem positiven somatischen Marker und dem neuen me, das jetzt Projektstatus erreicht hat. Es fügt sich harmonisch in die Reihe der anderen me's und RIGs ein. Resultat ist ein Identitätsgefühl, das heißt, das Individuum weiß, dass dieses neue me zu ihm passt, sich sinnvoll in das vergangene und zukünftige Leben einfügt und dazu beitragen wird, sein Wohlbefinden zu steigern. In der Sprache des Rubikon-Prozesses wurde jetzt eine Intention gebildet. Ein me in dieser Phase wird stark und klar gewollt und seine Realisierung wird absichtsvoll und nachhaltig verfolgt.

Das Identitätsprojekt kann, sobald es fertig konzipiert ist, realisiert werden. Höfers Stufe der Identitätsrealisierung entspricht im Rubikon-Prozess der präaktionalen Vorbereitung und der Handlung. Im ZRM-Training differenzieren wir ebenfalls diese beiden Phasen, darum wird die Identitätsrealisierung auch grafisch entsprechend dargestellt. Ist ein bestimmter Beschluss einmal gefasst, genügt in einigen Fällen bereits die starke Motivation, die aus diesem Vorgang resultiert, um zielrealisierend zu handeln. Oftmals bedarf es aber auch noch weiterer Vorbereitungen und Sicherungsmaßnahmen. Dies insbesondere dann, wenn mit alten, unerwünschten Automatismen oder mit suboptimalen Umweltbedingungen zu rechnen ist. In der Sprache der Neurowissenschaft werden neu

Abbildung 16: Identitätsprojekt

entwickelte Identitätsentwürfe als neue neuronale Netze betrachtet, die anhand des Abgleichs mit dem individuellen System der somatischen Marker maßgeschneidert optimiert werden. Diese optimierte Variante des Entwurfs – das Identitätsprojekt – muss dann über Lernvorgänge nach dem Prinzip der neuronalen Plastizität zuverlässig gebahnt werden, so dass die erwünschte Handlung zielgerichtet aktiviert werden kann und die Identitätsrealisierung stattfinden kann.

In der Sprache der Neurowissenschaft spricht man in diesem Fall von Multicodierung. In der Sprache des ZRM-Trainings sprechen wir von einem Ressourcenpool, den das Individuum sich jetzt aufbaut. Das neu entwickelte me stellt aus der Sicht der Neurowissenschaft ein neues neuronales Netz dar. Um es zuverlässig aktivieren zu können, muss es auf möglichst viel verschiedenen Lernebenen gespeichert werden. Hier kommt jetzt der neurobiologische Ressourcenbegriff des Zürcher Ressourcen Modells zum Einsatz: *Als Ressource gilt alles, was dazu beiträgt, das erwünschte neuronale Netz zu aktivieren*. Das neue me wird nun also mit zahlreichen Ressourcen gekoppelt, bis es von einem starken, multicodierten neuronalen Netz getragen ist. Dieser Vorgang der Multicodierung fällt in der Systematik des Rubikon-Prozesses in die Phase der präaktionalen Vorbereitung. Wenn das neue me gut vernetzt ist, geht die Identitätsrealisierung in ihre nächste Phase, nämlich die Handlung selbst.

Zielrealisierendes Handeln erfolgt dann, wenn es dem Individuum gelingt, das neue me zu aktivieren. Im Idealfall – wenn das me gut gebahnt ist – kann dann die Handlungsausführung direkt an die Intuitive Verhaltenssteuerung (Kuhl, 2001) übergeben werden und

Abbildung 17: Multicodierung

Abbildung 18: Zielrealisierendes Handeln

die erwünschte Handlung wird über unbewusst verlaufende Prozesse mit hoher Präzision ausgeführt. Das erwünschte me wird dann im Individuum lebendig und dient als Steuerungs- und Koordinationsinstrument im Sinne der Zielerreichung.

1.2.3 Die Phasen des ZRM-Trainings

Weil der Rubikon-Prozess ein theoretisches System darstellt, das ZRM-Training jedoch im Hinblick auf praktische Umsetzung entwickelt wurde, werden die einzelnen Phasen des Rubikon-Prozesses im Training teilweise unterschiedlich stark gewichtet und bearbeitet. Phase 1 des ZRM-Trainings befasst sich mit dem Übergang vom Bedürfnis zum Motiv. Phase 2 hat das Überschreiten des Rubikon zum Thema. In Phase 3 des ZRM-Trainings wird ein Ressourcenpool zwecks Multicodierung erarbeitet, dies fällt in der Logik des Rubikon-Prozesses unter das Thema «präaktionale Vorbereitung». Phase 4 des ZRM-Trainings befasst sich mit der strategischen Planung des Ressourceneinsatzes für die konkrete Handlung und entsprechendem Probehandeln im Rollenspiel. In der Logik des Rubikon-Prozess erfolgt dann die Handlung selbst. Dies kann strenggenommen nicht mehr Thema eines Trainings sein, da die Teilnehmenden sich zu diesem Zeitpunkt ja nicht mehr innerhalb des Trainings befinden. Trotzdem ist es möglich, bereits im Training noch zusätzliche Transfer sichernde Maßnahmen in die Wege zu leiten, die sicherstellen, dass auch «draußen» im Alltag noch Unterstützung bereitsteht. Dies ist Thema der Phase 5 des ZRM-Trainings, das sich mit sozialen Ressourcen und Transferhilfen befasst.

Aufbauend auf den identitätstheoretischen Grundlagen unseres Zürcher Ressourcen Modells hatten wir zum Abschluss von Kapitel 1.1.2 drei Lernziele für Jugendliche zur Erreichung von Identitätskompetenz formuliert. Es waren dies *Veränderungspotenzial, Identitätsgefühl* und *bezogene Autonomie*. Diese Lernziele werden im ZRM-Training auf vielen verschiedenen Ebenen verfolgt. Teilweise lernen die Jugendlichen, angepasst an ihr Alter und ihre Interessenslage, entsprechendes theoretisches Wissen. Außerdem wird aber auch durch die Anlage des Lernsettings immer wieder auf diese drei Lernziele rekurriert. Das Lernziel Veränderungspotenzial wird laufend aktualisiert, indem – aufbauend auf dem Rubikon-Prozess – die verschiedenen Stufen der Verwirklichung von Wünschen immer wieder thematisiert werden. Die Jugendlichen lernen auf diese Art am eigenen Beispiel und am Beispiel ihrer Gruppenmitglieder, dass jeder Mensch über Möglichkeiten verfügt, Wünsche in Handlung umzusetzen. Weiterhin werden sie damit vertraut, wie das individuelle Veränderungspotenzial systematisch entdeckt, entwickelt und ausgebaut werden kann. Das Lernziel *Identitätsgefühl* wird jedes Mal dann eingeübt, wenn die Jugendlichen eine Entscheidung mit

Hilfe ihrer somatischen Marker treffen. In mehreren Übungsschritten lernen sie außerdem, Verstandestätigkeit und somatische Marker zu koordinieren, bis eine befriedigende Lösung gefunden wurde. Auf diesem Wege entwickeln sie ein sicheres Gespür für ihr Identitätsgefühl. Aufbauend auf dieser Lernerfahrung können sie dann auch außerhalb des Trainings auf dieses Identitätsgefühl rekurrieren und ihre somatischen Marker als Entscheidungsinstrument einsetzen. Das dritte Lernziel *bezogene Autonomie* wird durch das didaktische Arrangement des «Ideenkorbes» unterstützt. Dies ist eine Art pädagogisch reglementiertes Mini-Brainstorming, bei dem Phasen der Aktivität der Hauptperson mit der Aktivität von IdeenspenderInnen geordnet wechseln. Hier lernen die Jugendliche sozusagen fast nebenbei ein Verfahren zur konstruktiven und respektvollen Kommunikation kennen. Sie üben, die Ideen von anderen offen entgegenzunehmen und diese anhand des eigenen Standpunktes und mit Hilfe des eigenen Identitätsgefühls individuell zu gewichten. Das Ideenkorb-Verfahren lässt sich nach Beendigung des eigentlichen ZRM-Trainings auch in anderen Kontexten als Instrument zur Steuerung von Kommunikation oder zur Lösung von Konflikten einsetzen. Dieses Verfahren ist im Manualteil ausführlich dargestellt.

1.2.3.1 ZRM-Phase 1: Das Thema

Phase 1 des ZRM-Trainings entspricht im Rubikon-Prozess dem Übergang vom Bedürfnis zum Motiv. Zur Erinnerung: In der Rubikon-Terminologie unterscheiden sich Bedürfnisse von Motiven durch das Ausmaß ihrer Bewusstheit. Bedürfnisse sind die unbewusst vorhandenen Antriebe und Wünsche, während von einem Motiv dann gesprochen wird, wenn der Motivbesitzer das vorher unbewusste Bedürfnis bereits bewusst zur Kenntnis genommen hat und dasselbe sich selbst und seiner Umwelt kommunizieren kann. Die Arbeit in Phase 1 des ZRM-Trainings besteht darin, allfällig vorhandene unbewusste Bedürfnisse bewusst zu machen. Aus motivations- und persönlichkeitspsychologischer Sicht besteht weitgehend Einigkeit darüber, dass die Synchronisierung von bewussten und unbewussten Tendenzen einen wesentlichen Faktor sowohl von psychischer Gesundheit als auch von erfolgreichem Handeln darstellt (z. B. Brunstein et al, 1998; Kehr, 2001; Kuhl, 2001; Ryan & Deci, 2001; Wilson, 2002; Koole & Kuhl, 2003; Devos & Banaji, 2003).

Im Rahmen eines Selbstmanagement-Ansatzes ist es eine unverzichtbare Kompetenz, eigene unbewusste Bedürfnisse erfassen zu

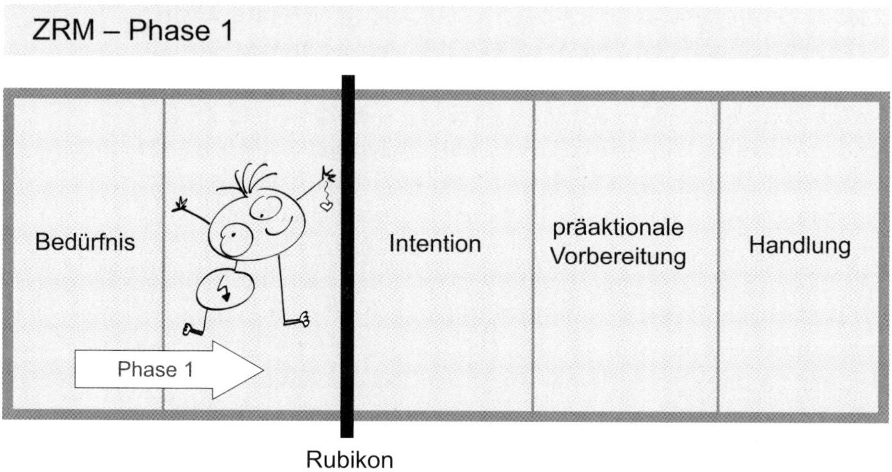

Abbildung 19: ZRM - Phase 1

können. Im ZRM-Training erfolgt dieser Schritt über die Arbeit mit Bildern. Die theoretischen Überlegungen hierzu fußen auf denen zu projektiven Tests. Hier wird davon ausgegangen, dass durch geeignetes Stimulusmaterial entsprechende psychische Inhalte auch dann aktiviert werden, wenn sie unbewusst sind. Im ZRM-Training mit Jugendlichen haben wir für diese Arbeit zwei methodische Herangehensweisen. In der Arbeit mit älteren Jugendlichen arbeiten wir mit einer Bildkartei, die jedoch im Unterschied zu gängigen projektiven Tests, wie zum Beispiel der TAT, nicht traumatische Defizit-Situationen ansprechen, sondern ressourcenhaltige Inhalte aufweisen; das heißt ausschließlich solche, die mit positiven Affekten gekoppelt werden können. Nähere Hinweise zur Bildkartei finden sich bei Storch & Krause (2002) sowie im Manualteil dieses Buches (Kapitel 2.2.3). Bei jüngeren Jugendlichen (13 bis 15 Jahre) hat sich auch der Einstieg über Idole bewährt. Bewunderte Menschen oder Ideale jeder Art können unter motivationspsychologischer Sicht als Annäherungsziele betrachte werden (Higgins, 1996a), die eine selbstregulatorische Funktion erfüllen. Anstatt mit vorgegebenen, materiell vorhandenen Bildern, die positive Affekte auslösen, arbeiten wir in den Fällen der Idole und Ideale mit eine Liste von «Wunschelementen», sozusagen mit den inneren, selbsterzeugten

Bildern der Jugendlichen. Die äußeren genauso wie die inneren Bilder werden dann anhand des Ideenkorbverfahrens mit Assoziationen von anderen Gruppenmitgliedern angereichert, so dass der Bildbesitzer im Anschluss aus einer Fülle von bewusst und sprachlich verfügbarem Material mittels seiner somatischen Marker die Assoziationen auswählen kann, die er für sich als passend erlebt. Damit hat der ehemals unbewusste Inhalt eine sprachliche Form bekommen und ist damit für das strategische Planen im Sinne des Selbstmanagements verfügbar.

Das Ziel von Phase 1 des ZRM-Trainings besteht darin, die Trainingsteilnehmenden mit einem Verfahren bekannt zu machen, das es ihnen erlaubt, ihre unbewusste Bedürfnislage zu explorieren, und die Ergebnisse dieser Exploration mit ihren bewusst vorhandenen Motiven thematisch zu ordnen und in Sprache zu fassen. Nach unseren Erfahrungen kann in Phase 1 des ZRM-Trainings mit fünf verschiedenen Varianten gerechnet werden **(4)**.

Variante eins: die neuen Motive

Von neuen Motiven sprechen wir dann, wenn die Kursteilnehmenden zu Beginn des Kurses keine bewussten Veränderungswünsche aufweisen. Mit diesem Tatbestand ist immer dann zu rechnen, wenn ein Kurs obligatorisch mit einer Gruppe durchgeführt wird. Bei Kursen, die mit Jugendlichen in einer sozialpädagogischen Einrichtung oder auf einer therapeutischen Station durchgeführt werden, sowie bei Kursen, bei denen die Teilnahme freiwillig ist, tritt das jedoch seltener auf, weil die Teilnehmenden in diesen Fällen aufgrund ihrer Vorgeschichte den eigenen Veränderungs- und Entwicklungsbedarf schon deutlich vor Augen haben. In der Sprache der Selbstregulationstheorie ausgedrückt, haben sie bereits deutliche Diskrepanzsignale gemessen, an ihren eigenen inneren Gütestandards erlebt (Higgins, 1987; Grawe, 1998; Kuhl, 2001; Mischel, 2004), so dass die Kursleitung mit einem grundsätzlich vorhandenen Quantum an Veränderungsmotivation rechnen kann. In Gruppen, die sich gesamthaft und obligatorisch zu einem Kurs einfinden, kann hiervon jedoch nicht ausgegangen werden. Um in diesen Fällen Veränderungsmotivation zu erzeugen, empfiehlt es sich deshalb, vor Beginn des Trainings dafür zu sorgen, dass zumindest einmal ein unbewusstes Bedürfnis aktiviert wird, dass dann im Training selbst bearbeitet werden kann. Zu diesem Zweck schalten wir in den Fällen der Obligatorik-Teilnahme eine zweiwöchige Logbuch-Phase

ZRM-Phase 1: Neue Motive

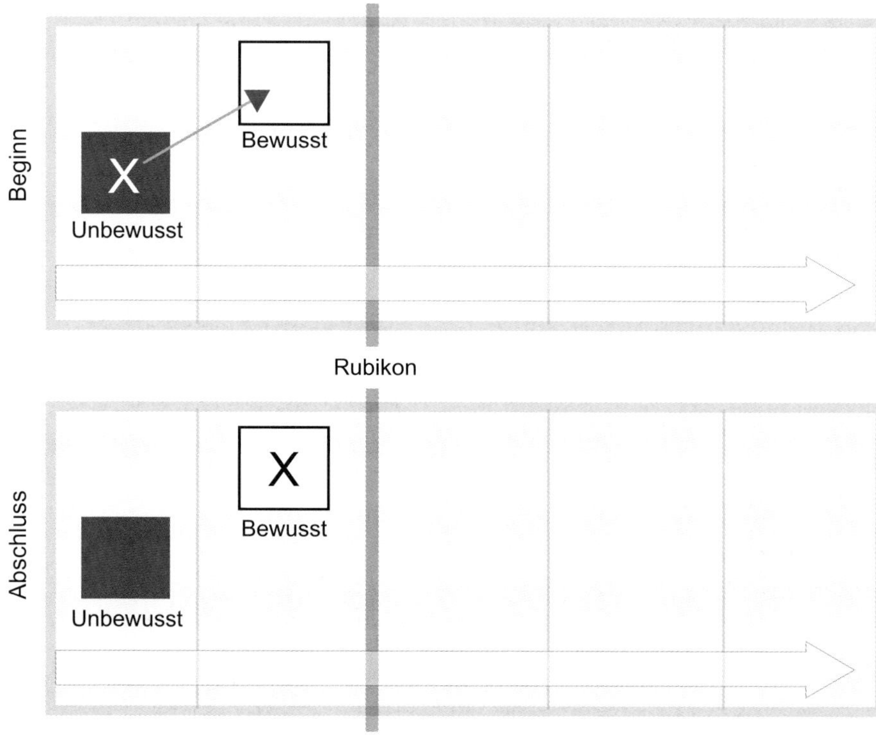

Abbildung 20: Neue Motive

für das persönliche Monitoring vor. Die so gesammelten Punkte werden dann zu Beginn des Trainings im Plenum in einem Themenspeicher zu Änderungswünschen der Gruppenmitglieder zusammengetragen (siehe Manualteil, Kapitel 2.1.2) **(5)**.

Variante 2: die bestätigten Motive

Diese Variante liegt dann vor, wenn jemand mit einem ganz bestimmten Entwicklungswunsch das ZRM-Training beginnt und die Arbeit mit den Bildern diesen Wunsch bestätigt. In motivationspsychologischer Terminologie sind bewusstes Motiv und unbewusstes Bedürfnis in diesem Fall deckungsgleich. Ein Beispiel hierfür

ZRM-Phase 1: Bestätigte Motive

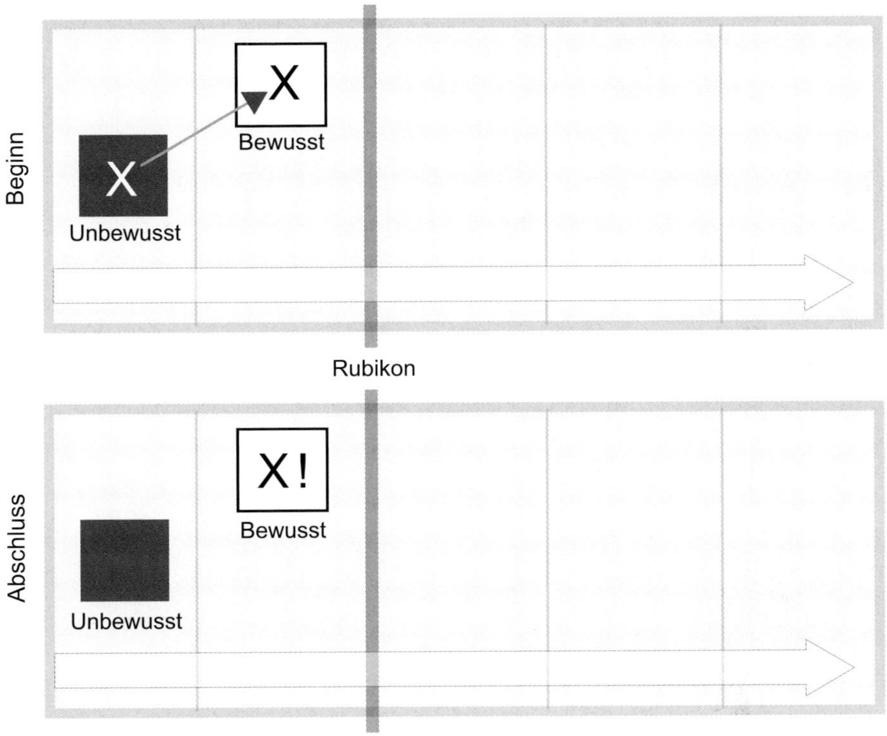

Abbildung 21: Bestätigte Motive

wäre eine Schülerin, die gerne lernen möchte, ihre Hausaufgaben zügig zu erledigen, die sich ein Bild von einem Fahrradfahrer wählt, und die ihre positiven somatischen Marker bei den Worten «zielgerichtet», «stetig» und «energievoll» verspürt. In Fällen wie diesen ist Phase 1 ein Sicherungscheck für die Selbstbestimmtheit des bewussten Motivs. Kuhl (2001) weist darauf hin, dass Menschen, deren Eigenwahrnehmung nicht genügend entwickelt ist, in Gefahr sind, Fremdziele für ihre eigenen zu halten. Diese mangelnde Differenzierungsfähigkeit zwischen selbstbestimmten Zielen und fremdgesteuerten Zielen kann nach Kuhl auf Dauer zur Selbstinfiltration führen. Dies ist gewissermaßen eine Unterwanderung des eigenen personalen Kerns durch fremde Mächte, die auf Dauer in die psychische Krankheit führen kann. Gerade bei jungen Menschen mit Themen, die ihre berufliche Zukunft betreffen, ist es von außerordentlicher Wichtigkeit, die bewusste Motivlage durch einen Sicherungscheck im unbewussten Bereich zu explorieren. In der Schweiz wird darum diese Methode in der Berufs- und Laufbahnberatung von Jugendlichen bereits rege genutzt.

Variante 3: die harmonisch ergänzten Motive

Bei Variante drei bringt die Exploration der unbewussten Bedürfnislage neues Material zutage, welches das bewusste Motiv deutlich ergänzt, allerdings harmonisch und fruchtbringend. Ein junger

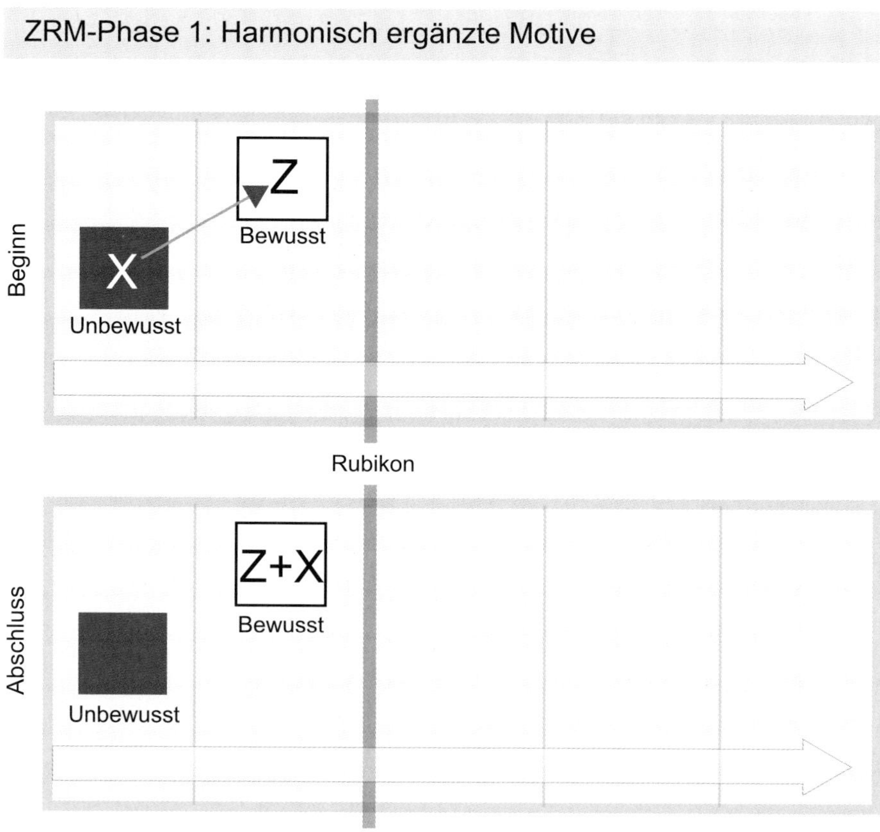

Abbildung 22: Harmonisch ergänzte Motive

Lehrling hat das bewusste Motiv, dass er mit Kritik, vor allem mit Kritik seines Ausbildners, besser umgehen möchte. Er neigt zu aufbrausendem Verhalten, weil er Kritik, wie er es sagt «Oft sehr persönlich nimmt» und sich schnell angegriffen fühlt. Dann besteht die Gefahr, dass er ausrastet. Irgendetwas will er an diesem Verhalten ändern, er weiß aber nicht genau was. Überhören und ausblenden will er Kritik auf jeden Fall nicht, denn manchmal ist Kritik ja auch berechtigt. Er wählt das Bild eines Adlers im Flug. Aus dem Ideenkorb nimmt er die Ideen: «Alles hinter sich lassen», «Entfernung», Freiheitsgefühl», «frische Luft» und «Weite». Er findet, das passt zu seiner Situation, denn er sei ein Hitzkopf und die Vorstellung, wie ein Adler hoch oben zu fliegen, helfe ihm, sich abzukühlen. Gleichzeitig ist der Adler für ihn ein stolzes Tier, der König der Lüfte.

Variante 4: die konfligierend ergänzten Motive

Dieser Fall liegt dann vor, wenn die Exploration der unbewussten Bedürfnisse Inhalte zu Tage fördert, die mit dem Motiv, dass jemand sich herausgesucht hat, zunächst nicht in Einklang zu bringen ist. Ein 13-jähriger, zartgliedriger Junge hat ein ruhiges, eher scheues Naturell. Er wünscht sich aufgrund seiner Logbucharbeit, bei Streitigkeiten mit Gleichaltrigen nicht so schnell nachzugeben. «Ich will bedrohlicher werden» ist seine ungefähre Vorstellung, die er bewusst mit ins Training bringt. Aus der Liste der Wunschelemente wählt er sich aber einen bekannten Comedian als Ideal. Seine Lieblingsideen aus dem Ideenkorb sind «witzig», «sprühend», «freundlich» und «interessant». Die Aufgabe, seine erwünschte Verhaltensänderung mit seinen Lieblingsideen aus dem Ideenkorb zu kombinieren, lässt ihn zunächst ratlos zurück. «Wie soll das denn gehen, bedrohlich und freundlich?», fragt er sich. In der Sprache der Motivationspsychologie hat dieser junge Mann einen Konflikt zwischen seinem Machtmotiv und seinem Affiliationsmotiv. Dieser Motivkonflikt ist vermutlich auch ein wesentlicher Grund dafür, dass er es bisher vorgezogen hat, bei Streitigkeiten zurückzustecken. Durch die Arbeit mit der unbewussten Bedürfnislage ist dieser Motivkonflikt zwar noch nicht gelöst, aber er ist bewusst geworden, und das ist der erste Schritt um daran zu arbeiten.

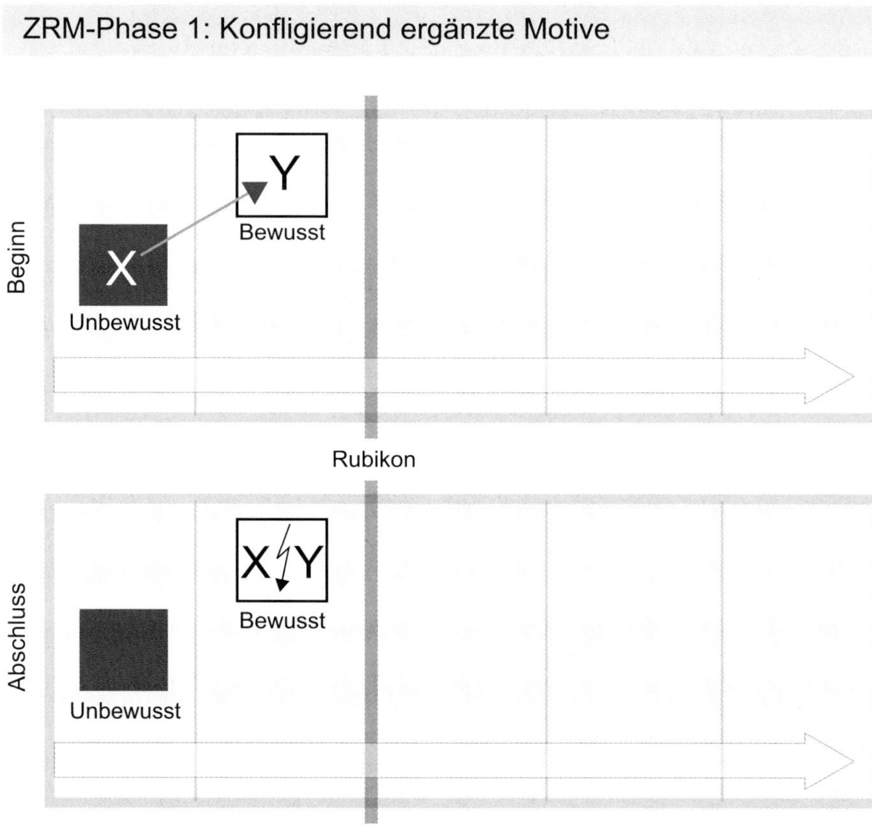

Abbildung 23: Konfligierend ergänzte Motive

Variante 5: der bewusste Motivkonflikt

Bei älteren Jugendlichen kann es auch vorkommen, dass jemand das ZRM-Training bereits mit einem Motivkonflikt beginnt, der schon bewusst ist. Bei jüngeren Jugendlichen ist dieser Fall kaum anzutreffen, weil diese Gruppe noch nicht über die entsprechenden Fähigkeiten zur Selbstreflexion verfügt. Bei Jugendlichen in der späten Adoleszenz tritt Variante 5 aber recht häufig auf. Eine Studentin im zweiten Semester erlebt gerade eine Zerreißprobe zwischen ihrem Elternhaus, ihrem Heimatdorf und den Verlockungen der Universitätsstadt und der unüberschaubaren Möglichkeiten, die sich ihr dort auf allen Ebenen bieten. «Alles geht so rasant vorwärts, so schnell. Alles interessiert mich. Aber ich kann doch nicht meine Vergangenheit einfach über Bord werfen. Ich liebe meine Eltern und meine Freunde aus der Heimatgemeinde. Irgendwie muss ich einen Weg finden, wie ich das Neue und das Alte zusammenpacken kann». Diese Studentin wählt ein Bild von einer Birke, das aus der Perspektive des Wurzelstocks aufgenommen ist. Man schaut den Stamm entlang in die Höhe, bis in den blauen Himmel hinein, in den die Birke ihre Zweige streckt. Als Ideen aus dem Ideenkorb wählt sie sich: «Wachstum», «der Himmel beschützt mich», «gut verwurzelt» und «reich verzweigt». Bei der Formulierung ihres Themas sagt sie achselzuckend: «Im Ideenkorb ist genau das rausgekommen, wo-

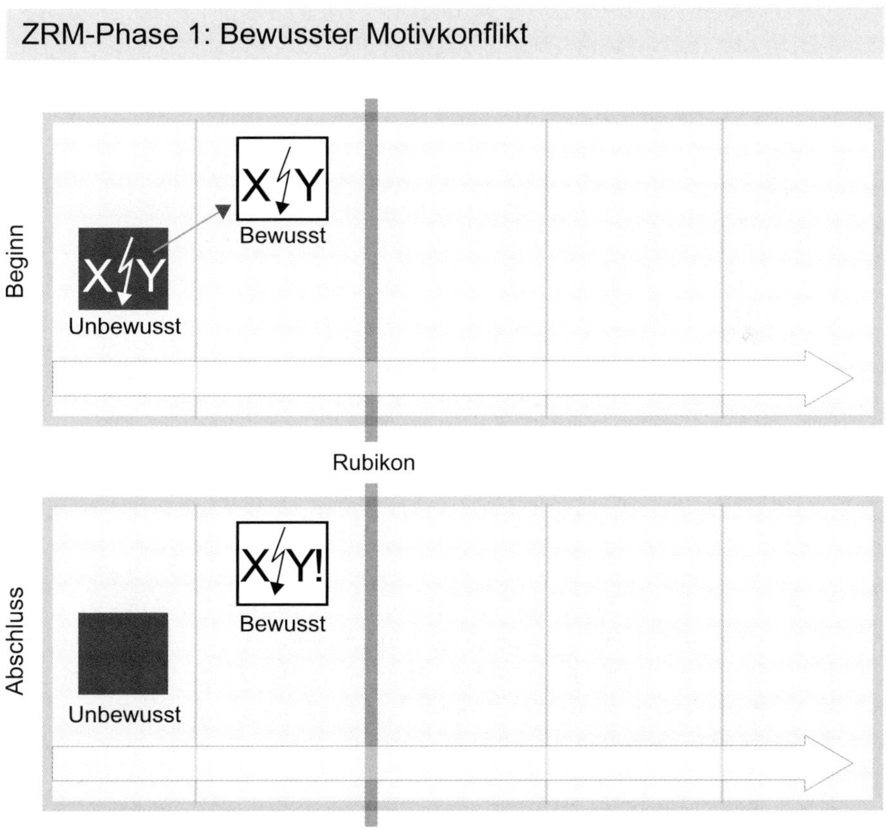

Abbildung 24: Bewusster Motivkonflikt

rum es mir geht. Genau das steckt im Bild drin. Jetzt muss ich das nur noch zusammenkriegen» **(6)**.

1.2.3.2 ZRM-Phase 2: Vom Thema zum Ziel

In Phase 2 des ZRM-Trainings wird der Rubikon überquert. Die diesbezüglichen Überlegungen fußen wissenschaftlich gesehen auf den Ergebnissen der Zielpsychologie *(goal-psychology)*. Die Fragestellung, wie Ziele formuliert sein müssen, um handlungswirksam zu werden, ist seit vielen Jahren Gegenstand psychologischer Forschungsarbeit. Ausführliche Überblicksartikel hierzu finden sich bei Brunstein & Maier, 1996; Emmons, 1996a; Gollwitzer & Moskowitz, 1996; Bayer et al. 2003. In vielen Therapieschulen, Beratungs- oder Coachingmethoden gehört das Formulieren von Zielen darum zum festen Handwerkszeug. In mancher Hinsicht ähneln die ZRM-Ziele zur Überquerung des Rubikon diesen Techniken, in anderer – sehr wesentlicher – Hinsicht unterscheiden sich ZRM-Ziele jedoch deutlich von den bekannten Methoden. Im Folgenden soll zunächst auf die Unterscheidung eingegangen werden.

Eine gängige Lehrmeinung zur Zielformulierung, auf die wir bei unseren Weiterbildungsveranstaltungen immer wieder treffen, ist die, dass Ziele so konkret wie möglich zu formulieren seien. Walter & Peller (1994) empfehlen zum Beispiel in ihrem Lehrbuch der Lösungsorientierten Kurzzeittherapie nach Steve de Shazer, Ziele «so spezifisch wie möglich» (S. 77) zu formulieren **(7)**. Kanfer, Reinecker und Schmelzer (1990) schreiben zu diesem Aspekt ihrer Selbstmanagement-Therapie: «Viele Ziele werden als ausgesprochen vage und globale Absichtserklärungen formuliert (etwa «gesund werden», «zufrieden sein», «gute Umweltpolitik machen», etc.). Ein wichtiger Schritt auf dem Weg zu einem effektiven Umsetzen dieser Globalziele in reales Handeln besteht daher in der Zerlegung solcher vagen Absichten in eine Vielzahl konkreter Verhaltensweisen» (S. 461). Im ZRM-Training findet diese Zerlegung *nicht* statt.

Im ZRM-Training wird zur Überquerung des Rubikon mit einem anderen Zieltypus gearbeitet, nämlich nicht mit konkreten, sondern mit *allgemeinen* Zielen. Diese Unterscheidung wurde untersucht in einem Zweig der Forschung zum Thema «Ziele», welcher verschiedene Zieltypen danach kategorisiert, ob sie eher konkret und spezifisch oder eher abstrakt und allgemein formuliert sind (Für einen Überblick siehe Emmons, 1996a). Die Absicht, selbstbewusster aufzutreten, würde sich, konkret formuliert, zum Beispiel in einem

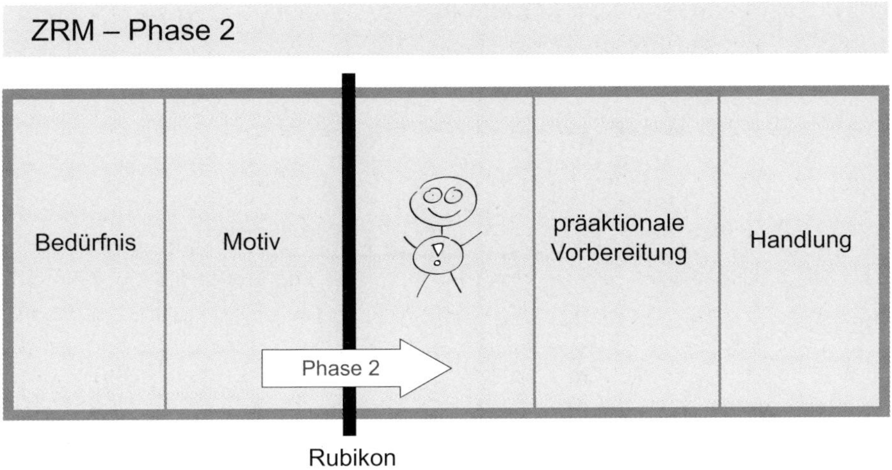

Abbildung 25: ZRM - Phase 2

Ziel äußern: «Bei der nächsten Klassenversammlung stelle ich den Antrag, dass auf dem Schulfest eine Live-Band spielt». Dieselbe Absicht, allgemein formuliert, könnte so aussehen: «Ich vertrete meine Meinung, klar und selbstbewusst». Allgemein formulierte Ziele werden stärker als zum eigenen Selbst gehörend erlebt, als konkret formulierte Ziele. Sie sind typischerweise mit starken Emotionen verbunden (McClelland et al., 1989). Gollwitzer (1987) bezeichnet diesen Zieltypus als «Identitätsziele» und beschreibt sie als «unstillbar». Unstillbar ist dieser Zieltypus deswegen, weil Identitätsziele ihre Gültigkeit und ihren richtungsweisenden Charakter unter Umständen ein ganzes Leben lang behalten können. Bayer und Gollwitzer (2000) koppeln die Entstehung von Identitätszielen an die Überquerung des Rubikon und sprechen ihnen durch das von ihnen ausgelöste Realisierungsstreben einen starken und nachhaltigen Einfluss auf die entsprechenden Handlungen zu. Kuhl (2001) kritisiert an der traditionellen Motivationsforschung, dass sie sich zu sehr auf kontrollierte Laborsituationen beschränkt und sich zuwenig um diesen Typus des umfassenden persönlichen Ziels kümmert, den er «life goals» nennt (S. 277).

Die Möglichkeiten, wie Ziele formuliert werden können, lassen sich in einem Koordinatensystem abbilden.

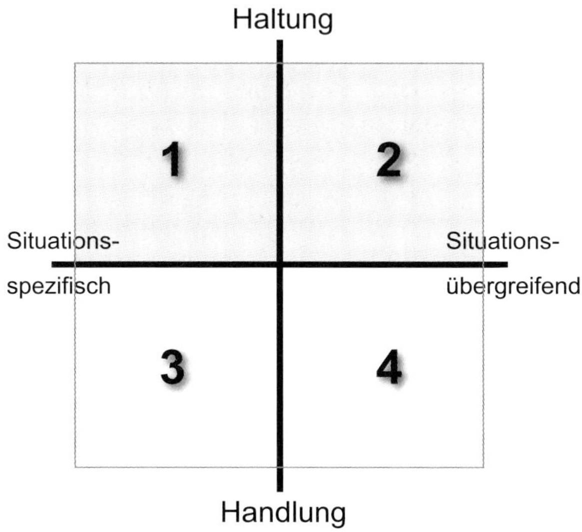

Abbildung 26: Die vier Quadranten der Zielformulierung

Ziele lassen sich einmal danach kategorisieren, ob sie situationsspezifisch oder situationsübergreifend formuliert sind. «Ich möchte in meiner praktischen Fahrprüfung ruhig und konzentriert sein» wäre ein ausgesprochen situationsspezifisches Ziel, dass sich nur auf eine halbe Stunde des gesamten menschlichen Lebens bezieht. «Ruhig und gelassen gehe ich Herausforderungen an» ist am anderen Ende dieses Kontinuums angesiedelt. Den Geltungsbereich von derartigen Zielen geben Kursteilnehmende typischerweise mit «immer» an. Er gilt situationsübergreifend und bei den meisten Menschen auch weit in die Zukunft hinein, unter Umständen ein Leben lang. Ein erwachsener Kursteilnehmer, der schon viele Jahre ZEN praktizierte, hat im Rahmen eines Trainings bei uns den Rubikon überquert mit dem situationsübergreifenden Ziel «Ich bin.». An diesem Beispiel wird unmittelbar deutlich, welchen umfassenden Charakter Ziele entwickeln können, wenn sie am situationsübergreifenden Pol angesiedelt sind.

Ziele lassen sich außerdem danach kategorisieren, ob sie als Haltungsziel oder als Handlungsziel formuliert sind. Ziele auf der Haltungsebene beschreiben in einer allgemeinen Formulierung eine bestimmte innere Verfassung, welche zwar bestimmte Verhaltensweisen zur Folge hat, diese aber in der Zielformulierung selbst nicht thematisieren. «Ich bin die Ruhe selbst» wäre ein solches Haltungsziel, dass eine Haltung beschreibt, mit der ein Kursteilnehmer in vielen Situationen (oder immer) an die Welt herangehen möchte. «Wenn mir das nächste Mal auf dem Pausenhof Harald wieder blöd kommt, atme ich dreimal tief durch, bevor ich antworte» stellt auf der *Handlungsebene* eine mögliche Konkretisierung dieses *Haltungszieles* dar. In den meisten psychotherapeutischen Verfahren, die sich explizit mit dem Thema «Zielformulieren» befassen, wird empfohlen, die Ziele der KlientInnen unbedingt so schnell wie möglich zu konkretisieren. Die Zielformulierungen bewegen sich daher meistens in dem Quadranten 3 oder 4, je nachdem, ob ein situationsspezifisches oder ein situationsübergreifendes Ziel formuliert wurde.

Im ZRM-Training gehen wir einen anderen Weg. Die Ziele werden in Phase 2, beim Überqueren des Rubikon, als *allgemeine Haltungsziele* und nicht als konkrete Handlungsziele formuliert. Bei den meisten KlientInnen muss dies gar nicht explizit gefordert werden, da diese ohnehin das, was ihnen am Herzen liegt, zunächst als Haltungsziel formulieren. «Ich möchte endlich mal wieder Freude im Leben haben» oder «Ich möchte selbstbewusster werden», sind typische Zielformulierungen, die PsychotherapeutInnen zu Beginn der Arbeit zu hören bekommen. Bei Jugendlichen ist dies noch in viel ausgeprägterem Maße der Fall als bei Erwachsenen. Anstatt diese Art von Formulierungen sofort auf konkrete Maßnahmen herunterzubrechen, werden die KlientInnen im ZRM-Training dazu ermuntert, auf der Haltungsebene zu bleiben, bis der Rubikon überschritten ist.

Warum die Überquerung des Rubikon mit konkreten Zielen nicht gelingen kann, erläutert das funktionsanalytische PSI-Modell des Motivationspsychologen Kuhl (2001; Koole & Kuhl, 2003, Martens & Kuhl, 2004). Durch konkrete Handlungsziele, insbesondere dann, wenn sie schwierig sind, wird ein System des Gehirns aktiviert, das positiven Affekt herabreguliert. Kuhl nennt dieses System das Absichtsgedächtnis, es ist an einen rationalen, denkbetonten Funktionsmodus gekoppelt. Zur Überquerung des Rubikon werden jedoch gerade diese starken positive Affekte benötigt, die positiven somatischen Marker nämlich. Die jedoch entspringen nicht dem Absichtsgedächtnis, sondern dem emotionalen Erfahrungsgedächtnis. Und dieses emotionale Erfahrungsgedächtnis wird nun einmal durch bildhafte, metaphorische und schwelgerische Formulierungen an der Grenze zum Kitsch eher angeregt als durch trockene, realistische und konkrete Vorsätze. Die realistische, konkrete Handlungsebene wird im Verlauf des ZRM-Trainings natürlich auch bearbeitet, aber erst in Phase 4. Die Überquerung des Rubikon findet, ermöglicht durch starke positive Emotionen, in Quadrant 1 oder 2 auf der Haltungsebene statt. Erst im Anschluss daran werden die Ziele auf der Handlungsebene – Quadrant 3 oder 4 – konkretisiert.

Während bei Erwachsenen, die schon anderweitig in Zielformulierungstechniken geschult wurden, die Zieltypen-Systematik des ZRM vor Beginn der Zielformulierungsarbeit im Training thematisiert werden muss, ist dies bei Jugendlichen nach unserer Erfahrung nicht nötig. Was jedoch bei Jugendlichen in der späten Adoleszenz nötig wird, ist ein Impulsreferat zu den drei Kernkriterien handlungswirksamer Ziele. Diese drei Kernkriterien lauten:

Kernkriterium 1: Ein handlungswirksames Ziel muss als Annäherungsziel formuliert sein.
Kernkriterium 2: Ein handlungswirksames Ziel muss Kontrollerleben ermöglichen.
Kernkriterium 3: Ein handlungswirksames Ziel muss einen eindeutig positiven somatischen Marker auslösen.

Die ausführliche theoretische Begründung dieser drei Kernkriterien findet sich bei Storch & Krause (2002), sowie bei Storch (2003b). Eine Beschreibung des Impulsreferates zusammen mit konkreten Beispielen für Zielformulierungen gibt es im Manualteil dieses Buches (Kapitel 2.3.2.1; Arbeitsblatt 4b·Ja), darum genügt an dieser Stelle ein zusammenfassender Überblick. Bei Jugendlichen in der frühen Adoleszenz werden die drei Kernkriterien aus didaktischen Gründen nicht theoretisch eingeführt, sondern gleich praktisch umgesetzt. Indem die Jugendlichen sich ein Motto, ein Logo oder ein Passwort entwickeln, können sie die Überquerung des Rubikon auch ohne komplizierte Theorien vollziehen. Diese Vorgehensweise empfiehlt sich auch für ältere Jugendliche, deren Sprachverständnis noch nicht ausreicht, um längere Referate auf Deutsch zu verstehen. Präzise Anweisungen zu dieser Variante finden sich im Manualteil, Kapitel 2.2.

Kernkriterium 1: Annäherungsziel

Unter einem Annäherungsziel versteht man ein Ziel, das den erwünschten Endzustand thematisiert. Im Gegensatz dazu thematisiert ein Vermeidungsziel die Themen, die vermieden werden sollen. Aus der zielpsychologischen Forschung weiß man, dass Menschen mit Annäherungszielen eine deutlich höhere Erfolgswahrscheinlichkeit in der Umsetzung ihrer Ziele aufweisen als Menschen mit Vermeidungszielen. Nach unseren Erfahrungen stellt für die Teilnehmenden keine besondere Schwierigkeit dar, Annäherungsziele zu formulieren. Die Kursteilnehmenden müssen hierzu lediglich schauen, dass die Negationen, die in ihrem Identitätsentwurf auftauchen, durch Formulierungen ersetzt werden, die auf sprachlicher Ebene das beinhalten, was erreicht werden soll. «Weniger ängstlich» wird zum Beispiel ersetzt durch «mutig»; «nicht so schnell ausrasten» durch «ruhig sein», «keine Selbstzweifel» durch «Selbstvertrauen». Wenn dem Menschen, der gerade an seinem Identitätsprojekt bastelt, selbst nichts einfällt, gibt es dazu einen Ideenkorb mit Ideenspenden von Fremdgehirnen, aus denen dann der Projektbesitzer wieder seine Lieblingsformulierungen mittels somatischen Markern aussucht.

Kernkriterium 2: Kontrollerleben

Das Konzept des Kontrollerlebens stellt ein zentrales Konzept der Salutogenese dar, welches unter verschiedenen Bezeichnungen in sämtlichen Konzepten zur psychischen Gesundheit auftaucht. Ein Mensch mit Kontrollerleben verfügt über die Haltung, dass er selbst über mindestens eine, wenn nicht mehrere Möglichkeiten verfügt, aktiv sein Leben zu gestalten. Der krasse Gegensatz zu Kontrollerleben ist die Wahrnehmung von Hilflosigkeit, eine Haltung in der ein Mensch sich als Opfer der Umstände sieht und über keine Handlungsoptionen mehr zu verfügen scheint. Für ein Selbstmanagement-Training muss es daher ein zentrales Anliegen sein, den Kursteilnehmenden zu zeigen, wie die eigenen Absichten so formuliert werden können, dass deren Umsetzung unter der eigenen Kontrolle liegt. In dem Beitrag von Riedener in diesem Band wird das Konzept des Kontrollerlebens eingehend erläutert. Kernkriterium 2, Kontrollerleben, ist, wie schon Kernkriterium 1 ebenfalls mittels eigener Verstandestätigkeit und Ideen von Fremdgehirnen zu überprüfen. Beispiel: «Meine Eltern sollen endlich kapieren, dass...»

unterliegt nach diesem Kriterium in keinster Weise der eigenen Kontrolle. Stattdessen muss ein Selbstmanagementziel die Elemente der erwünschten Interaktion beinhalten, die man selbst dazu beitragen kann, dass der angestrebte Zustand wahrscheinlicher wird. Also zum Beispiel: «Ich vertrete meinen Eltern gegenüber meinen Standpunkt ruhig und klar». Oder: «Mit sicherem Instinkt erspüre ich den richtigen Moment, um meine Wünsche zu äußern». Oder: «Ich bereite meine Eltern auf meine Wünsche vor, schlau und listig wie ein Fuchs». Keine eigenen Ideen, was der eigene Anteil an gelingender Interaktion sein könnte? Ideenkorb aufstellen, Fremdgehirne um Ideenspenden bitten, Ideenernte sichten und mit somatischen Markern die leckersten Früchte auswählen – voilà!

Überhöhte und unrealistische Leistungsziele fallen auch oft dem Kernkriterium 2 zum Opfer. «Ich will das Fußballspiel gewinnen!». Wäre prima, ist aber nicht unter eigener Kontrolle. Wenn die andere Mannschaft schlicht besser ist oder der Rasen auf dem Platz zu weich oder zu hart; wenn der eigene Torwart Liebeskummer hat, oder, oder, oder. ZRM-gemäßer Ersatz hierfür wäre zum Beispiel: «Ich gebe mein Bestes!» Wichtig ist: Den Jugendlichen wird *niemals* ihr Identitätsentwurf ausgeredet, den sie sich in Phase 1 erarbeitet haben. Die einzige Person, die autorisiert ist, den Entwurf zu modifizieren, ist die Besitzerin oder der Besitzer. Fremdgehirne und Ideenspenden dienen lediglich dazu, aus dem Entwurf ein beschlussfähiges Projekt zu machen, ein handlungswirksames Ziel zu formulieren. Und das geschieht *ausschließlich* durch das Auswechseln von Worten oder Satzteilen. Debatten über die Inhalte sind *streng verboten.*

Kernkriterium 3: positive somatische Marker

Eindeutige positive somatische Marker, zeigen schließlich den erfolgreichen Abschluss der Rubikonüberquerung an. Dieses Kriterium wird besonders wichtig bei Motivkonflikten, die vor dem Rubikon aufgetaucht sind. Die Lösung von Motivkonflikten erfolgt im ZRM-Training ebenfalls mit der Ideenkorb-Methode. Da dieses Vorgehen jedoch für viele psychologisch und pädagogisch Tätige eine Novität darstellt, soll es an dieser Stelle eingehender besprochen werden. Motivkonflikte werden im ZRM-Training ausschließlich durch *Wortetausch*, das heißt durch das Auswechseln von Worten beziehungsweise von Satzteilen gelöst **(8)**. Methoden zur Lösung von Motivkonflikten gibt es so viele, wie es psychotherapeutische

Richtungen gibt. Nach jahrelangen Versuchen und Auswertungen haben wir für das ZRM-Training eine Methode entwickelt, die einem Selbstmanagement-Training in einem psychoedukativen Setting am besten entspricht. Unser Vorgehen – Wortetausch mit Ideen aus dem Ideenkorb – hat den Vorteil, dass es als klar strukturierter Arbeitsschritt eingeübt werden kann und dass die Teilnehmenden nach kurzer Zeit in der Lage sind, sich mit diesem Verfahren gegenseitig zu coachen. Auch nach Ende des Trainings, falls die Gruppe nicht in Selbsthilfe-Netzwerken weiter besteht, weiß ein Trainings-Absolvent, der bei sich selbst einen Motivkonflikt diagnostiziert, wie er sich selbst helfen kann. Als Fremdgehirn zur Ideenspende kann jedermann und jede Frau herangezogen werden. Um Ideen zu spenden, muss man nicht in einem ZRM-Training gewesen sein **(9)**. Die IdeenkorbbesitzerIn muss nur wissen, wie sie den Arbeitsauftrag für die Fremdgehirne formulieren muss. Das heißt, sie muss in der Lage sein, ihre Motivkonflikte in Sprache zu fassen. Wie das funktioniert, wurde in Phase 1 gelernt.

Im Folgenden betrachten wir näher, wie die Lösung von Motivkonflikten im ZRM-Training erreicht wird. Aus den Untersuchungen von Harter (1999, 2003), die in Kapitel 1.1.5 dargestellt wurden, wissen wir, dass der Wechsel auf eine höhere Abstraktions-Ebene dabei helfen kann, konfligierende me's zu koordinieren. Die Tatsache, dass man in der einen Situation den Wunsch verspürt, beschützt zu werden und keine Verantwortung tragen zu müssen und ein anderes Mal bereit ist, für die eigene Freiheit Kopf und Kragen zu riskieren, kann zunächst als Konflikt zwischen zwei me's erlebt werden, der nicht lösbar scheint. «Wer bin ich wirklich, die Schmusekatze oder die Freiheitsliebende?» Dichotomien dieser Art gibt es viele. Geborgenheit versus Freiheit, Sicherheit versus Abenteuerlust, Durchsetzungskraft versus Beliebtsein, Uneigennützigkeit versus eigener Vorteil, die Liste ist lang. Im Rahmen unseres Modells ist die Antwort auf alle diese dichotom angelegten Konflikte immer dieselbe: «Du bist beides!» Falls jemand drei Komponenten hat, die es zu vereinen gilt, ist die Antwort: «Dann nimm dir alle drei». Wie Harter (ebd.) aufgezeigt hat, ist die Lösung von Identitätskonflikten nicht dadurch möglich, dass man das eine me zugunsten des anderen aufgibt oder in die Verbannung schickt. Eine Lösung gibt es in Form von *higher order solutions,* Lösungen auf einer höheren Ebene.

Allerdings muss für diese Art von Lösungsfindung mit dem emotionalen Erfahrungsgedächtnis gearbeitet werden, denn das verstandesmäßige Denken kann nur binär arbeiten. Kuhl (2001) hat dies in seinem PSI Modell der menschlichen Psyche eingehend beschrieben. In der Logik heißt es *tertium non datur*, über dieses Problem hat schon Aristoteles nachgegrübelt. Es handelt sich hierbei um die Regel vom ausgeschlossenen Dritten. In der Psychologie gibt es jedoch eine Funktion, die ein Drittes erfinden kann. C.G. Jung nannte diese die transzendente Funktion (Jung, 1916/1959). Transzendent nannte er sie deshalb, weil sie in der Lage ist, die Kluft zwischen Gegensätzen zu überschreiten, *transcedere* ist das lateinische Wort dafür. Neurobiologen siedeln diese Funktion im emotionalen Erfahrungsgedächtnis an, Motivations- und Persönlichkeitspsychologen ebenfalls. Zajonc (1980) unterschied die Arbeitsweise dieses Systems von der «kalten» Kognition. Um Motivkonflikte zu lösen, muss also das emotionale Erfahrungsgedächtnis aktiviert werden. Das emotionale Erfahrungsgedächtnis wird, das wurde schon dargestellt, durch Metaphern und Bilder angesprochen. Die Wortetausch-Technik setzt darauf, dass durch jedes neue Wort, das in den Ideenkorb fällt, das emotionale Erfahrungsgedächtnis zu Bewertungsleistungen angeregt wird.

Wir wissen, dass bereits schon auf der Ebene von einzelnen Worten solche Bewertungen stattfinden (aktuelle Übersichtsartikel bei Duckworth et al. 2002; Garcia & Bargh, 2003; Musch & Klauer, 2003). Diese Tatsache ermöglicht es, mit einer einfachen Sammlung von sprachlichen Auswertungsmaterialien zu arbeiten, wie sie durch die Ideenkorb- Methode erzeugt wird. Das emotionale Erfahrungsgedächtnis erhält auf diese Art eine Fülle von Anregungen, mit denen unterhalb der Bewusstseinsschwelle neue Szenarien ausprobiert werden – ein kreativer Prozess wird angeregt. Oftmals entsteht durch dieses Vorgehen auch eine rege Traumtätigkeit bei den Teilnehmenden. Es ist nicht nötig, dass in Phase 2 bereits eine Komplett-Lösung gefunden wird, die Faustregel besagt, dass mit einem positiven somatischen Marker, dessen Intensität die TeilnehmerIn auf einer Skala von 1 bis 100 bei ungefähr 70 ansiedeln würde, in Phase 3 weiter gearbeitet werden kann.

Wie können solche Zielformulierungen aussehen? An den Beispielen aus Phase 1 lässt sich dies am besten verdeutlichen. Der Lehrling, der mit Kritik anders umgehen wollte und sich als Bild einen Adler genommen hat, überquert den Rubikon mit dem Satz: «Rückmeldungen erreichen mich im Adlerflug.» In dieser Zielformulierung wurde zunächst das Wort «Kritik» durch das Wort «Rückmeldung» ersetzt, weil er bemerkte, dass allein schon das Wort

«Kritik» einen heftigen negativen somatischen Marker bei ihm auslöste – dies geht übrigens den meisten Menschen so. Der Adler mit den Lieblingsworten rund um das Thema Kühle und Flug wurde in eine Metapher eingebaut. Oft ist die beste Methode zur Bildung von Metaphern, einfach eng an dem gewählten Bild aus der Bildkartei zu bleiben, so auch in diesem Fall. Der demütigende Charakter, den Belehrungssituationen bisher für den Lehrling hatten, ist durch dieses neu gebildete Haltungsziel verschwunden. Ab jetzt hat dieser junge Mann ein neues me, das stolz und frei ist, über der Sache steht und trotzdem erreichbar für Rückmeldungen bleibt.

Der scheue Junge, der einen Konflikt zwischen seinem Wunsch nach Durchsetzung und seinem freundlichen Wesen aufdeckte, entwickelt für sich das Motto: «Witzig beeindrucke ich die Welt!» Wie sich herausstellte, war der Comedian für ihn eine Metapher für die Möglichkeit, freundlich und gleichzeitig nachdrücklich zu sein. Ein Mensch, der die Lacher auf seiner Seite hat, verfügt über eine gute Strategie, um mit bedrohlichen Situationen umgehen zu können. Dieses neue me stellt für den zurückhaltenden und auch vom Körperbau her eher zart gebauten Jungen eine Möglichkeit dar, sich in der Auseinandersetzung mit Gleichaltrigen auf eine Art zu behaupten, die seinem emotionalen Erfahrungsgedächtnis viel versprechend schien. Das Thema «Durchsetzen» und das Thema «Freundlichkeit» sind für ihn im Bild des Comedian vereint.

Die Studentin mit dem Konflikt zwischen Aufbruch und Sesshaftigkeit, zwischen alten und neuen Werten, brauchte mehrere Anläufe, bis sie mit ihrem Ziel richtig zufrieden war. Die Endfassung lautet: «Gut verwurzelt wachse ich dem Himmel entgegen und wiege meine Zweige im Wind». Sie kann bei dieser Vorstellung mental einen Rollentausch mit der Birke auf ihrem Bild machen und sich fühlen wie ein Baum, der wachsen und immer neue Verästelungen ausbilden kann, der aber auch gleichzeitig gut verwurzelt ist und seine Kraft aus der Erde zieht. Oben leicht und biegsam-flexibel, unten gut verankert und auf stabilem Grund. Auch hier half die Metapher aus dem Bild, um einen Konflikt zu lösen, der mit dem «kalten» Verstand letztlich für diese junge Frau bisher nicht zu lösen gewesen war. Wichtig ist an dieser Stelle noch einmal zu betonen, dass diese Formulierungen von den Zielbesitzern und Zielbesitzerinnen selbst hergestellt wurden. Die anderen Gruppenmitglieder und auch die Kursleitung hatten bei der Geburt dieser wunderbaren Sätze lediglich Hebammenfunktion. Im Ideenkorb dieser jungen Frau fanden sich gemäß dem Arbeitsauftrag: «Ich brauche Ideen, wie ich diese beiden Sachen vereinen kann» zum Beispiel auch folgende Vorschläge: «Ich wurzele im starken Grund». Kommentar: «Negativer somatischer Marker, zu schwer». Oder: «Ich vereine die Gegensätze in mir». Kommentar: «Theoretisch richtig, aber zu trocken». Oder: «Ich wachse ins Blau». Kommentar: «Dann werde ich weggeweht». Ein Ideenkorb geht pro Thema höchstens zehn Minuten. Dann wird die Ideenspende abgeschlossen und die entsprechende Person macht sich mit einem angereicherten emotionalen Erfahrungsgedächtnis erneut an die Arbeit. Auch diese zeitliche Begrenzung ist wichtig, denn sie signalisiert, dass jeder Mensch selbst seines Glückes Schmied ist. Als Lernziel gilt: «Für meine Identität bin ich selbst verantwortlich. Andere können mich dabei unterstützen, aber letztendlich muss ich die Arbeit machen.» Nach vielen Hunderten von Zielformulierungen können wir auch sagen, dass der identitätskonstitutive Effekt eines selbst gefundenen Identitätsziels den einer noch so wunderbaren Fremdformulierung um ein Vielfaches übersteigt. Darum ein dringender Aufruf an wohlmeinende Kursleiterinnen und Kursleiter: Zügeln Sie Ihre Hilfsbereitschaft. Vertrauen sie auf das emotionale Erfahrungsgedächtnis der Einzelnen und auf die Kreativität der Gruppe. Jeder Schritt, den die Jugendlichen sich selbst erarbeitet haben, ist von bleibendem Wert. Tipps von Erwachsenen sind prima, aber Selbstgemachtes ist besser.

1.2.3.3 ZRM-Phase 3: Vom Ziel zum Ressourcenpool

In Phase 3 des ZRM-Trainings erfolgt in der Terminologie des Rubikon-Modells die präaktionale Vorbereitung. Auch in Phase 3 wird konsequent ressourcenorientiert verfahren. Hier werden zusätzliche Maßnahmen in die Wege geleitet, die sicherstellen, dass die Ziele in Handlungen umgesetzt werden. In identitätstheoretischer Terminologie ausgedrückt, geht es in dieser Phase darum, das neu entwickelte me gut im Gedächtnis zu verankern, so dass es zuverlässig aktiviert werden kann, wenn es zum Einsatz kommen soll. Die Ziele beziehungsweise neuen me's, so wie sie bis zu diesem Zeitpunkt entwickelt wurden, werden im Zürcher Ressourcen Modell als neu gebildete neuronale Netze betrachtet. Im Gegensatz zu den maladaptiven neuronalen Netzen, die bisher das Handeln der Jugendlichen unerwünscht gesteuert haben, ist das wohladaptive neuronale Netz, welches sich auf das erwünschte Ziel bezieht, jedoch meistens noch nicht ausreichend gebahnt, um zuverlässig handlungswirksam zu werden. Die entscheidende Aufgabe besteht jetzt darin, das Ziel,

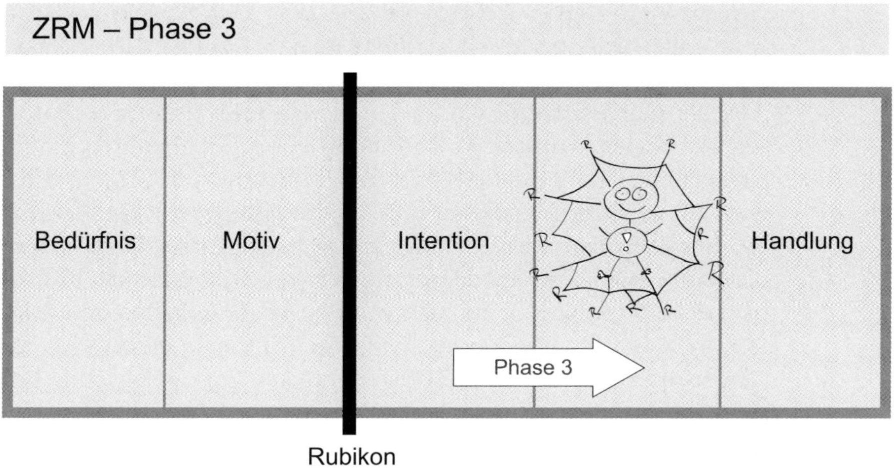

Abbildung 27: ZRM - Phase 3

das im Moment noch vorwiegend im bewussten Wissenssystem zur Verfügung steht, in das Unbewusste zu überführen und dort zu automatisieren, damit es auch in schwierigen Situationen handlungsleitend wirksam werden kann. Die Art und Weise, wie die präaktionale Vorbereitung bearbeitet wird, stellt ein weiteres entscheidendes Charakteristikum des Zürcher Ressourcen Modells dar. Hierbei wird die Fähigkeit des Gehirns zur neuronalen Plastizität systematisch und konsequent in den Dienst des neuen Ziels gestellt. Diese Arbeitsphase besteht aus zwei Elementen, dem Priming und der Körperarbeit.

1.2.3.3.1 Priming

Die Vorgehensweise beim Priming beruht auf den neurowissenschaftlich und gedächtnistheoretisch bekannten Grundlagen zum Erwerb impliziten – das heißt unbewusst gespeicherten – Wissens. Implizites Wissen kann auf zwei Wegen erlernt werden (Seeger, 1994). Der erste Weg ist die Bildung von unbewusst ablaufenden Automatismen über häufige *Wiederholung, Üben* und *Trainieren.* Die Art und Weise, wie Autofahren gelernt wird, ist ein gutes Beispiel für die allmähliche Herausbildung von Automatismen auf diesem Weg. Der zweite Weg verläuft über eine bestimmte Form von unbewusstem Lernen, das so genannte *Priming* (Übersichtsartikel bei Higgins, 1996b; Dijksterhuis et al., 2004). Unter Priming versteht man die Verbesserung der Verarbeitung eines Stimulus als Funktion einer vorherigen Darbietung. Diese Verbesserung findet auch dann statt, wenn die Person die Darbietung des Stimulus nicht bewusst zur Kenntnis nimmt und der Stimulus gänzlich unbewusst verarbeitet wird. In der Werbung erregte in den 1950er Jahren Vance Packards Buch «The hidden persuaders» großes Aufsehen, in dem von den Möglichkeiten die Rede war, wie mit Botschaften unterhalb der Bewusstseinsschwelle das Kaufverhalten der Konsumenten beeinflusst werden kann. Im ZRM-Training stellen wir die Fähigkeit des Gehirns, auch unterhalb der Bewusstseinsschwelle zu Lernen, nicht in den Dienst von Manipulation zum Konsum, sondern in den Dienst des selbstbestimmten Handelns. Darum heißt das entsprechende Arbeitsblatt für die Jugendlichen auch *Mein selbstbestimmtes Gehirn*.

Ein klassisches Arrangement in der psychologischen Forschung, um Versuchspersonen auf bestimmte Themen zu primen, sind zum Beispiel Satzergänzungsaufgaben, bei denen themenspezifisch ausgewählte Worte benutzt werden. Eine andere Möglichkeit zu unbewusstem Priming besteht darin, auf einem Computerbildschirm bestimmte Worte für Millisekunden einzublenden, während die Versuchsperson dort eine ganz andere Aufgabe bearbeitet. Bewusst bemerkt die Versuchsperson nichts von den Worteinblendungen, ihre nachfolgenden Handlungen sind jedoch deutlich von den Priming-Vorgängen beeinflusst. Wenn man Versuchspersonen zu bestimmten Themen interviewt, oder ihnen bestimmte Geschichten zu lesen gibt, kann man sie so ebenfalls auf bestimmte Gedächtnisinhalte primen. Die Effekte von Priming wurden in zahlreichen Zusammenhängen nachgewiesen (Überblick bei Fitzsimons & Bargh, 2004). Wenn das Thema «Leistung» geprimt wird, indem die Satzergänzungsaufgabe Worte wie «erfolgreich sein», «bewältigen» oder «erreichen» enthält, arbeiten die Versuchspersonen mit besserem Erfolg an einer daran anschließenden Aufgabe. Wenn das Thema «Kooperation» geprimt wird («fair», «teilen», «zusammenarbeiten»), verhalten sich die Versuchspersonen in einem darauffolgenden Spiel kooperativer. Versuchspersonen, die auf das Thema «Höflichkeit» geprimt werden, sind in Diskussionen höflicher und unterbrechen ihr Gegenüber weniger als solche, bei denen dies nicht der Fall ist.

Für die Selbstmanagement-Thematik ist das unbewusste Lernen durch Priming deshalb interessant, weil inzwischen davon ausgegangen werden kann, dass Ziele den selben Mechanismen unterliegen wie die anderen bisher untersuchten Gedächtnisinhalte und Wissensstrukturen, die durch Priming aktiviert werden können. Der Sozialpsychologe Bargh hat mit seiner Forschungsgruppe in zahlreichen Experimenten gezeigt, wie durch Priming Ziele und Absichten unbewusst ausgelöst werden und dass dieser unbewusste Vorgang nachweisbaren Einfluss darauf hat, wie Menschen dann in entsprechenden zielrelevanten Situationen handeln. Man weiß inzwischen, dass schon alleine dadurch, dass die entsprechenden neuronalen Netze unbewusst im Gehirn aktiviert werden, Menschen in der Lage sind, zielrealisierendes Handeln zuverlässig zu starten. Chartrand und Bargh (2002) kommen aufgrund von gut abgesicherten experimentellen Studien zu dem Resultat, dass «unbewusste Zielverfolgung alle Merkmale von willentlich und bewusst gesteuerter Zielverfolgung aufweist» (S. 281; Übers. v. Aut.). Bargh et al. (2001) sprechen darum auch vom «automatisierten Willen» und von der «Entthronung des Bewusstseins» (Bargh, 2002).

Es gibt zwei gute Gründe dafür, Priming im Rahmen von Selbstmanagement-Trainings einzusetzen. Zum einen scheitern viele gute Vorsätze, die Menschen sich im Laufe eines Trainings setzen ganz einfach daran, dass zum Üben und Trainieren – dem ersten Weg, unbewusste Automatismen zu erzeugen und Lernprozesse im Gehirn anzuregen – einfach keine Zeit bleibt. Dies ist keineswegs nur bei Jugendlichen der Fall, auch in Kursen mit Erwachsenen fallen viele wunderbare Identitätsprojekte dem Alltag zum Opfer. Priming hat den Vorteil, dass lediglich in einem einmaligen Akt der Lebensraum eines Menschen mit entsprechendem Material ausgestattet werden muss, dann laufen die Lernprozesse unterhalb der Bewusstseinsschwelle ab und benötigen keine bewusste Aufmerksamkeit mehr. Während den Teilnehmenden von Seiten der Kursleitung nur wenig dabei geholfen werden kann, regelmäßig zu üben und zu trainieren, kann die Herstellung und der Aufbau von Primes hervorragend im Rahmen eines Trainings unterstützt, begleitet und auf Erfolg hin kontrolliert werden. Im ZRM-Training wird dieser Vorgang außerdem mit sozialen Verstärkungsprozessen gekoppelt, indem die Kursteilnehmenden sich gegenseitig mit Primes beschenken (Manual, Version Jj). Alle Kursteilnehmenden erarbeiten sich ganze Ressourcenpools, persönliche Schatztruhen, Krafttrainingselemente fürs Gehirn – der Phantasie sind keine Grenzen gesetzt, was die Namensgebung für diesen Vorgang betrifft. Auf diese Weise wird Lernen zu einer lustvollen und fröhlichen Angelegenheit, die von vielen positiven somatischen Markern begleitet ist. Im Gegensatz dazu tauchen bei den meisten Menschen zu den Worten Üben und Trainieren eher langweilige Assoziationen auf.

Der zweite Grund, warum Primes generell in dem Methodenrepertoire der Psychologie viel mehr Beachtung finden sollten, besteht in der Funktionsweise des Gehirns in schwierigen Situationen. Gerade in schwierigen Situationen kann es günstig sein, von der bewussten Zielverfolgung auf eine automatisierte Zielverfolgung umzuschalten. «Aufgrund der Begrenzungen bewusster Informationsverarbeitungsprozesse und der Belastung dieser begrenzten Ressourcen in Zeiten von schwierigen Selbstregulations-Aufgaben kann ein nützlicher Weg, effektive Zielverfolgung auch unter neuen, komplexen oder schwierigen Bedingungen sicherzustellen, darin bestehen, von bewusster Zielverfolgung auf unbewusste Zielverfolgung umzuschalten» (Bargh et al., 2001, S. 1025; Übers. v. Aut.). Mit anderen Worten: Durch geschicktes Priming kann das Gehirn in schwierigen Situationen auf Autopilot schalten und die Zielerreichung sichern.

Die Effekte von unbewusst aktivierten Zielen bestehen keineswegs in reflexhaften On-Off-Mustern. Vielmehr wurde gezeigt, dass Menschen mit unbewusst aktivierten Zielen *vigilant*, das heißt unterschwellig aufmerksam auf zielrelevante Informationen in ihrer Umgebung sind (Gollwitzer & Moskowitz, 1996). *Goal-shielding*, die Abschottung eines bestimmten Zieles gegenüber anderen konkurrierenden Zielen, ermöglicht es dann, auch unter schwierigen Umständen an einer Sache dranzubleiben (Kuhl & Beckmann, 1994; Shah, Friedman & Kruglanski, 2002). Unbewusst aktivierte Ziele wirken in höchstem Maße strategisch und können die Zielverfolgung auch mit Ereignissen synchronisieren, die sich unvorhersehbar und unmittelbar in der Situation entwickeln. Es ist also präaktional auf jeden Fall sehr empfehlenswert, dafür zu sorgen, dass im Kontext der entscheidenden Situationen in denen das Ziel aktiviert werden soll, Priming-Prozesse gesichert werden, damit das Unbewusste gut instruiert ist und die automatische Zielverfolgung zuverlässig ablaufen kann.

Im ZRM-Training erhalten die Jugendlichen im Anschluss an ein Impulsreferat, das ihnen – je nach Altersstufe und theoretischem Interesse mehr oder weniger ausführlich, wie im Manual beschrieben – das Prinzip der neuronalen Plastizität erklärt, eine Liste mit denjenigen Möglichkeiten zum Priming, mit denen nach unserer Erfahrung die meisten Menschen gut arbeiten können. Diese Liste ist sehr breit gefächert. So ist sichergestellt, dass jeder und jede nach den persönlichen Vorlieben auswählen kann. Sie reicht von Anregungen, sich über spezielle Musikauswahl entsprechend zu stimulieren, über Gerüche beziehungsweise Parfüms bis zum gezielten Einsatz von Farben, sei es, dass sich dies in der Kleiderwahl äußert oder in bestimmten Elementen der Wohnungs- oder Büroeinrichtung. Bestimmte Pflanzen werden nach unserer Erfahrung als Primes genauso gerne genutzt, wie ganz spezielle Schmuckstücke oder Schlüsselanhänger. Der Bildschirmhintergrund des persönlichen Computers ist zum Priming gut geeignet, auch Passworte können unter Prime-Gesichtspunkten vergeben werden. Bei der Auswahl der Primes ist jedoch dringend zu beachten, dass sie in Zusammenhang mit dem zu realisierenden Ziel stehen. Es genügt also nicht, einfach eine rosarote Bluse zu kaufen, weil die Farbe Rosa gerade Mode ist, oder Hip Hop zu hören, weil man davon sowieso so viele CDs hat. Die Primes sollen das neue, erwünschte neuronale Netz stimulieren. Man wird also für ein Ziel, das mit einer Aktivitätsthematik zu tun hat, eine andere Musik als Erinnerungshilfe wählen, als für ein Ziel, das mit einer Entspannungs- und Gelassenheitsthematik zu tun hat.

Der Weg, der im ZRM-Training beschritten wird, um das neue neuronale Netz effektiver werden zu lassen, besteht in psychologischer Terminologie in einem *chronischen Priming*. Das heißt, der Stimulus wird nicht nur kurzfristig dargeboten, wie in den meisten psychologischen Experimenten, sondern dauerhaft. Dies erhöht die Wirksamkeit der unbewussten Lernprozesse enorm (Bargh & Chartrand, 2000). Die Jugendlichen werden dazu angeregt, ihr Umfeld systematisch mit Primes auszustatten, die dafür sorgen, dass das neue neuronale Netz dauernd benutzt wird, auch wenn die bewusste Aufmerksamkeit der Jugendlichen sich mit anderen Dingen beschäftigt. In der Sprache der Verhaltenstherapie würde man von einer «Selbstkonditionierung» sprechen, bei der die Primes dann den Status eines zielauslösenden Reizes bekommen. Dadurch, dass die Teilnehmenden in der Wahl ihrer Primes völlig frei sind, ist sichergestellt, dass wirklich jeder Mensch seine individuellen Möglichkeiten findet, um den eigenen Lebensraum dem persönlichen Geschmack entsprechend zu präparieren.

Die Schülerin, die ihre Hausaufgaben zügig erledigen möchte, macht sich zehn Kopien von ihrem Fahrradbild und hängt sie an dem Pfad auf, den sie in der Wohnung durchläuft, wenn sie von der Schule nach Hause kommt. Eines an der Garderobe, eines im Flur, eines in der Küche, gegenüber von ihrem Sitzplatz am Küchentisch, eines an der Tür zu ihrem Zimmer, eines auf ihrem Schreibtisch. Auf diese Weise wird sie auf ihr Hausaufgaben-Thema geprimt, sobald die Situation virulent wird, nämlich dann, wenn sie von der Schule heimkommt und normalerweise mit Trödeln beginnt.

Der junge Mann, der gerne einen kühlen Kopf bei Kritik bewahren möchte, koppelt seine Adlerthematik an mehrere Prime-Themen. Die Farbe Blau steht für ihn für Kühle und Luft, eine Vogelfeder erinnert ihn an die Fähigkeit, sich mental in die Höhe zu bewegen und von oben Überblick zu haben. Außerdem hat er eine CD von den Eagles, die ihn auf witzige Art an die Adlerthematik erinnert. Die Farbe Blau primt ihn schon beim Zähneputzen morgens, weil er sich eine blaue Zahnbürste kauft. An den Badezimmerspiegel klebt er sich das verkleinerte Adlerbild aus dem Kurs. Der blaue Overall, den er in der Lehre trägt, fungiert als chronischer Prime während des ganzen Tages und in der Hosentasche trägt er einen kleinen Comic-Gummiadler, den ihm eine Kursteilnehmerin geschenkt hat.

Der scheue Junge, der die Welt witzig beeindrucken will, komprimiert all seine Primes auf den Buchstaben W. W steht bei ihm für Wollen, Witz und Welt. Aus verschiedenen Anordnungen von W malt er sich ein Logo, außerdem erfindet er verschiedene Akronyme, die sich als Passwort für den Computer eignen. Ws kommen auf jedes Schulheft, auf das Mäppchen, das Logo wird laminiert und kommt als Chipkarte in den Geldbeutel. Ein Gruppenteilnehmer schenkt ihm einen Schlüsselanhänger in Form eines W, ein anderer ein Witzbuch.

Die Studentin mit dem Ziel: «Gut verwurzelt wachse ich dem Himmel entgegen und wiege meine Zweige im Wind» arbeitet ebenfalls mit der Farbe Blau als Prime, und zwar spezifisch mit dem zarten Himmelblau aus ihrem Birkenbild. Bei ihr findet dieses Blau sich in zahlreichen Kleidungsstücken wieder und in einem Ring mit blauem Funkelstein, den sie sich als Prime gekauft hat. Sie lädt sich einen Handyklingelton vom Netz, der eine wunderschöne Melodie aus Harfentönen spielt und der sie an das freie Wiegen im Wind erinnert. So wird sie jedes Mal geprimt, wenn das Handy klingelt. Von einer Kursteilnehmerin bekommt sie einen Stern geschenkt, damit sie auch nachts beim Wachsen in den Himmel Orientierung hat. In ihrer Hosentasche führt sie ein kleines Stück

Holz mit sich, außerdem hat sie ihr Birkenbild eingescannt und als Bildschirmhintergrund auf ihrem Computer installiert.

1.2.3.3.2 Körperarbeit

Die Körperarbeit im ZRM-Training erfolgt unter zwei Aspekten, einem gedächtnistheoretischen Aspekt und einem selbstregulatorischen Aspekt. Aus gedächtnistheoretischer Sicht ist die Körperarbeit neben dem Priming eine zusätzliche Methode, durch eine breite Informationsspur das wohladaptive neuronale Netz möglichst nachhaltig zu bahnen, um es leichter aktivierbar zu machen. Gedächtnispsychologische Forschungen weisen darauf hin, dass zur nachhaltigen Speicherung einer Information eine Ressource herangezogen werden kann, über die jeder Mensch verfügt: Dies ist der Körper. Der Gedächtnispsychologe Engelkamp (1997, 1998) hat sich in seiner multimodalen Gedächtnistheorie mit dem so genannten «Tu-Effekt» befasst. Der «Tu-Effekt» bezieht sich auf empirisch gut abgesicherte Ergebnisse zum Erinnern eigener Handlungen. «Hierzu wurden den Versuchspersonen Listen von einfachen, unverbundenen Handlungsphrasen – wie ‹die Haare kämmen›, ‹das Marmeladenglas aufdrehen›, ‹den Draht krumm biegen›, ‹den Schirm schließen› etc. – vorgelesen und sie wurden gebeten, sich diese zu merken. Im Mittelpunkt stand dabei folgender Vergleich: Eine Gruppe von Versuchspersonen hörte sich diese Phrasen nur an, und eine andere Gruppe führte die Handlungen aus, welche die Phrasen bezeichneten. Diese zweite Gruppe erinnerte sehr viel mehr Phrasen als die erste Gruppe» (Engelkamp, 1997, S. 11). Engelkamp erklärt diesen Unterschied mit dem Umstand, dass im Falle der Handlungsausführung eine zusätzliche Enkodierung der Information stattfindet. Diese Enkodierung betrifft die sensorisch-motorische Ebene.

Unterstützung erfährt dieser gedächtnispsychologische Ansatz aus der Forschung zum Thema «autonomous agents» (Pfeifer, 1995; Pfeifer & Scheier, 1999). Mit diesem Begriff werden Roboter bezeichnet, die in der Lage sind, selbstständig zu handeln. Die KonstrukteurInnen von autonomous agents basteln zum Beispiel kleine Roboter, die Fußball spielen können oder die lernen, selbstständig Müll einzusammeln. Beim Versuch, Maschinen entsprechend zu programmieren, hat sich herausgestellt, dass die Lernprogramme ohne sensomotorisches Feedback nicht erfolgreich sind. Auf diese Weise kam es, dass ein Ansatz, der fruchtbar auf den Zusammenhang von menschlichem Gedächtnis und Körperprozessen übertragen werden kann, ausgerechnet durch die Welt der Informatik und der Maschinen unterstützt wird. Dieser Forschungsansatz gehört zum Themenbereich der «Embodied Cognitive Science» (ein ausführlicher Überblick findet sich bei Tschacher und Scheier, 2001). Gedächtnis wird in dieser Tradition aufgefasst als «ein aktiver, kreativer Akt des gesamten Organismus, der auf sensomotorisch-affektiven Koordinationsprozessen ... beruht» (Leuzinger- Bohleber, 2001, S. 81). Information, die nachhaltig im Gedächtnis gespeichert ist, hat immer auch eine körperliche Komponente. Erst das *embodiment*, die Verkörperung einer Information, ermöglicht zuverlässiges Erinnern. «Erinnern ist abhängig von ... einem ganzheitlichen, ‹embodied›, sensomotorisch-affektiven und kognitiven Geschehen in und zwischen Personen» (Leuzinger-Bohleber, 2001, S. 83).

Der zweite Aspekt, unter dem im ZRM-Training Körperarbeit einen wichtigen Stellenwert einnimmt, besteht darin, dass motorische Prozesse Stimmungen, Einstellungen und Informationsverarbeitungsprozesse beeinflussen können. Im Rahmen dieser Forschungen wird damit gearbeitet, die Versuchspersonen zu experimentell induzierten Veränderungen ihrer Körperhaltung zu veranlassen. Anschließend wird überprüft, ob Personen mit unterschiedlicher Haltung ihre Umwelt beziehungsweise sich selbst unterschiedlich wahrnehmen. Stepper (1992) brachte zum Beispiel unter dem Vorwand, die Ergonomie von Arbeitsmöbeln zu testen, die Versuchspersonen in verschiedenen Anordnungen von Möbelstücken in eine gekrümmte und in eine aufrechte Position. Ergebnis ihrer Untersuchung war, dass die Personen, die ein Lob in einer aufrechten Haltung empfingen, mehr Stolz auf ihre Leistung empfanden als Personen, die ein Lob in einer gekrümmten Haltung empfingen. Aus den Arbeiten des Emotionsforschers Ekman (2003) weiß man, dass Menschen, die durch ein Versuchsarrangement dazu gebracht werden, die Muskelgruppen im Gesicht zu aktivieren, die für das Lachen zuständig sind, nach einiger Zeit über eine Stimmungsaufhellung berichten. Bei Ekman heißt dieses Phänomen *facial feedback*. Man geht davon aus, dass das Gehirn in einem Rückmeldeprozess die Veränderungen der Gesichtsmuskulatur wahrnimmt und dann im Nachhinein die dazu passenden Emotionen erzeugt. Wir haben diese Forschungen an anderer Stelle ausführlich dargestellt (Storch & Krause 2002).

Eine andere Versuchsanordnung, um den Einfluss von motorischen Prozessen zu untersuchen, stammt von Cacioppo et al.

(1993). Im Rahmen dieses Paradigmas werden die Versuchspersonen in der einen Bedingung gebeten, ihre Handflächen *auf* die Tischplatte zu legen und leicht nach unten zu drücken, bis sie eine leichte Spannung in ihren Armen verspüren. Die Muskeln, die in dieser Haltung aktiviert werden, entsprechen der Armbewegung bei einem aversiven Stimulus, einer abwehrenden Bewegung. In der anderen Versuchsbedingung werden die Versuchspersonen gebeten, ihre Handflächen *unter* die Tischplatte zu legen, so als ob sie die Tischplatte anheben wollten. Diesmal sollen sie die Handflächen leicht nach oben drücken, bis sie wiederum eine leichte Anspannung im gesamten Arm verspüren. Diese Armbewegung entspricht der Reaktion auf einen attraktiven Stimulus, einer empfangenden Bewegung. Die Bewegung, die die Reaktion auf einen aversiven Stimulus nachbildet, bringt eine negative Einstellung mit sich; die Bewegung, die die Reaktion auf einen attraktiven Stimulus nachbildet, bringt eine positive Einstellung mit sich. Diese Versuchsanordnung hat eine Fülle von Experimenten nach sich gezogen (Überblick bei Neumann et al, 2003). Man fand zum Beispiel, dass je nach Anordnung der Handflächen die Versuchspersonen Bilder unterschiedlich bewerteten (Cacioppo et al., 1993); genauso wie Stimuli in Form von Worten (Priester et al., 1996; Neumann & Strack, 2000) oder von Nahrungsmitteln (Förster, 2003).

Aus der Sicht der dargestellten Forschungsergebnisse ist es nahe liegend, körperliche Rückmeldeprozesse in praktischer Hinsicht für das Selbstmanagement einzusetzen. Wenn ein Kursteilnehmer sich zum Ziel gesetzt hat, sicher und selbstbewusst aufzutreten, gelingt ihm dies besser, wenn er auch eine Körperhaltung erarbeitet, die diese Stimmung unterstützt. Der Vorteil von der Beeinflussung von Einstellungen und Stimmungen über die Veränderungen der Körperhaltung liegt darin, dass die Körperhaltung auch unter großem Stress der willkürlichen Beeinflussung zugänglich bleibt. Ob ich aufrecht oder mit eingefallenen Schultern sitze, kann ich leicht selbst beobachten und auch noch im größten Prüfungsstress bin ich in der Lage, meine Schultern zurückzunehmen und meine Atmung zu verändern. Während es vielen Menschen schwer fällt, ihre Stimmungen und Emotionen direkt zu verändern, insbesondere in Druck-Situationen, gelingt es jedem, die Körperhaltung so zu optimieren, dass über die entsprechenden Rückmeldeprozesse die dazu passende Stimmung erzeugt werden kann. Die Körperarbeit stellt also unter der Perspektive der Selbstregulation eine wichtige Technik dar, um die eigenen Emotionen zu steuern. Die Fähigkeit zur Emotionsregulation ist nach Kuhl (2001) eine zentrale Kompetenz zur Erhaltung von psychischer Gesundheit.

Inzwischen liegen Ergebnisse vor, die zeigen, dass Körperhaltung nicht nur Einfluss auf Stimmung und Einstellung hat, sondern dass durch die über die Körperhaltung hervorgerufenen Stimmungsveränderungen auch Informationsverarbeitungsprozesse geändert werden können. Dieser Zusammenhang von Körperhaltung und Informationsverarbeitung wird argumentativ folgendermaßen belegt: Stimmungen, Affekte und Emotionen dienen, darüber besteht in der Forschung weitgehend Einigkeit, als Bewertungsquelle und Informationsträger über die Zu- oder Abträglichkeit einer Situation (Überblick bei Gohm & Glore, 2002; Schwarz, 2003). Weil Stimmungen, Affekte und Emotionen die Einschätzung des Gehirns zu aktuellen Situation wiedergeben und das Gehirn die Aufgabe hat, die optimalen Strategien für die jeweilige Situation bereitzustellen, werden je nach Stimmungslage unterschiedliche Informationsverarbeitungsprozesse aktiviert. Über Rückmeldeprozesse aus Körperhaltungen – *bodily feedback* – werden Stimmungen und Bewertungen beeinflusst, das wurde bereits erläutert. Stimmungen wiederum beeinflussen die Informationsverarbeitung. Der interessante Selbstmanagement-Aspekt hierbei ist, dass ich folglich über eine Veränderung meiner Körperhaltung beeinflussen kann, in welchen Informationsverarbeitungsmodus ich mein Gehirn bringe.

Die Theorie des *cognitive tuning* – der kognitiven Abstimmung – von Schwarz (2002) hat diesen Zusammenhang ausgearbeitet. Schwarz geht davon aus, dass je nach Situationseinschätzung das Gehirn auf unterschiedliche Informationsverarbeitungsprozesse umschaltet; es stimmt die Art und Weise, wie eine Situation bearbeitet wird, auf die aktuellen Anforderungen ab, die sich aus der Bewertung der Situation ergeben. Wenn eine Situation als problematisch eingeschätzt wird, greift ein bottom-up Prozess, der die Aufmerksamkeit stark auf situationsspezifische Details fokussiert. Dies ist durchaus adäquat, denn wenn das aktuelle Ziel ist, an der problematischen Situation etwas zu verändern, ist es sinnvoll, sorgfältig, systematisch und präzise alle Elemente dieser Situation zu prüfen und zu analysieren, um die optimale Strategie zu entwickeln. Entsprechend wird die Aufmerksamkeit eingeengt, auf das zu lösende Problem fokussiert und das analytisch-logische Denken aktiviert. Wenn eine Situation als unproblematisch bewertet wird, stellt das Gehirn auf einen top-down gesteuerten Prozess um, der die Handlungsoptionen aus der Gesamtheit des verfügbaren Reservoires an

Wissen rekrutiert, einzelnen Details wird wenig Beachtung geschenkt. Alles läuft gut, die Situation wird als sicher eingestuft und darum ist es nicht nötig, sich allzu sehr mit Details abzugeben. Stattdessen kann in einem leichten, spielerischen Informationsverarbeitungsmodus Kreativität zugelassen und auch einmal etwas Ungewöhnliches riskiert werden.

Für die Thematik der Körperarbeit ist diese Theorie deswegen interessant, weil körperliche Rückmeldungsprozesse wesentliche Informationen darüber liefern, ob eine Situation als unproblematisch oder als problematisch einzustufen ist. Friedmann und Förster (2000) benutzten das oben beschriebene Handflächen-Paradigma von Cacioppo et al. (1993) um zu zeigen, dass je nachdem, ob eine empfangende oder eine abwehrende Bewegung nachgebildet wird, unterschiedliche Informationsverarbeitungsprozesse aktiviert werden. Schwarz empfiehlt darum ganz direkt, die Beugung beziehungsweise Streckung der Armmuskulatur einzusetzen, je nachdem, welchen Aufgabentyp es gerade zu bearbeiten gilt. «Ein emotional intelligenter Mensch wird seine Hände von unten an den Tisch pressen, wenn es gilt, eine Aufgabe zu bearbeiten, die divergentes und kreatives Denken erfordert.» (Schwarz, 2002, S. 157; Übers. v. Aut.). Und «Ein emotional intelligenter Mensch wird seine Hände von oben auf den Tisch pressen, wenn er an einer analytischen Aufgabe arbeitet.» (ebd., S. 158; Übers. v. Aut.).

Die praktischen Umsetzungstipps von Schwarz sind zwar in der Sache durchaus nachvollziehbar, in der Praxis jedoch nicht ohne weiteres umzusetzen. Denn wo soll man in einer problematischen Situation jeweils einen Tisch hernehmen und wie soll man den beteiligten Interaktionspartnern erklären, warum man jetzt seine Handflächen von unten an den Tisch presst und dass sie sich aber davon bitte nicht stören lassen sollen? Im ZRM-Training lösen wir diese Schwierigkeit dadurch auf, dass mit psychodramatischen Techniken der Rolleneinführung durch Doppeln und des Playback-Theaters die Kursteilnehmenden zunächst die Verkörperung ihres Zieles in einer ausführlichen Extrem-Variante entwickeln. Diese Extrem-Variante wird in einem zweiten Arbeitsschritt in eine Mini-Bewegung überführt, die sich die betreffende Person selbst ausdenkt und die sie dann an den Situationstyp, in dem die erwünschte Haltung, Stimmung oder Informationsverarbeitung abgerufen werden soll, individuell anpasst.

Die Schülerin, die ihre Hausaufgaben zügig erledigen möchte, braucht für ihr Ziel keine Mini-Bewegung, weil sie in ihrem Zimmer am Schreibtisch unbeobachtet ist. Die Verkörperung ihres Zieles besteht aus einer Tonisierung der gesamten Körpermuskulatur «Wie eine Kunstspringerin auf dem Sprungbrett». Ihr Blick ist fokussiert, sie spürt «etwas Energisches» an Kinn und Kiefer, die Körperhaltung ist leicht nach vorn geneigt.

Der Lehrling mit dem Adler erarbeitet sich zunächst eine ausgeprägte Extremform seines Zieles, indem er mit weit ausgebreiteten Armen ruhige, kräftige Flugbewegungen ausführt. Dadurch verändert sich seine Atmung, sein Blick verlässt das Detail und «schweift am Horizont». Sein Stand verbreitert sich, die Beine sind nicht durchgedrückt, sondern in den Kniegelenken leicht angewinkelt. Diese Extremform seines Adlergefühls kann er nun einsetzen um eine bereits aufgetretene emotionale negative Reaktion auf Kritik herabzuregulieren. Für die aktuelle Interaktion mit seinem Lehrmeister ist diese Extremform natürlich nicht geeignet. Als Mini-Bewegung dient ihm eine kleine Bewegung der Schultergelenke und die Veränderung seines Standes. Außerdem nimmt er sich vor, auf «Fernsicht» umzuschalten, wenn er merkt, dass er wütend wird.

Der Junge, der witzig die Welt beeindrucken will, hat als Zeichen der Verkörperung seines Zieles ein Lächeln im Gesicht und dreht die Arme in einer Willkommens-Geste, die gleichzeitig auch für «Seht her, hier bin ich!» steht, nach außen. Als Mini-Bewegung möchte er sein Lächeln einsetzen. Im Ideenkorb seiner Gruppe bekommt er außerdem die Idee, dass er sich vorstellen kann, Fäden an andere Leute zu kleben, wie Spiderman, der aus der Handinnenfläche heraus mit derselben Dreh-Bewegung, die der Junge mit den Armen entwickelt hat, seine Spinnfäden überall hin kleben kann. Diese Spiderman-Bewegung kann als Mini-Bewegung in der Hosentasche der Baggy-Pant bequem vollzogen werden, ohne dass jemand etwas bemerkt.

Die Studentin, die ihren Motivkonflikt zwischen Verändern und Bewahren auflöst, versetzt sich in der Verkörperungsübung wie der Adler-Mann ebenfalls direkt in ihr Bild hinein und macht – in psychodramatischer Terminologie – einen Rollentausch mit der Birke. Sie fühlt die Wurzeln und die Kraft, die ihr die Erde gibt und sie wiegt sich mit dem Oberkörper im Wind, ihre Arme hält sie nach oben und berührt damit das Blau des Himmels. Sie hat während ihrer Verkörperungsübung die Augen geschlossen und tritt in eine intensive Imagination ein. Sie braucht keine Mini-Bewegung, weil sie ihr Embodiment in ihrem Zimmer zu passender Musik tanzen möchte und ihre Haltung nicht in spezifischen Problemsituationen benötigt, sondern das Birkengefühl eigentlich als neue, ganz grundlegende Körperhaltung in ihrem Leben willkommen heißen möchte.

1.2.3.4 ZRM-Phase 4: Die Ressourcen gezielt einsetzen

Psychotherapie, Persönlichkeitsentwicklung, Selbstmanagement oder auch Identitätskompetenz können auf der Basis neurowissenschaftlicher Begriffsbildung definiert werden als das Erlernen von wohladaptiven neuronalen Erregungsmustern, die durch Übung, Training und Priming soweit automatisiert werden, dass sie immer öfter anstelle der alten, maladaptiven Erregungsmuster Regulationsfunktion übernehmen können. Egal, ob man diesen Vorgang eher aus der klinisch-psychologischen, soziologischen oder pädagogischen Perspektive betrachtet, in einem Punkt überschneiden sich die Anliegen: Menschen, die in der Lage sind, ihre Handlungen mit ihren Wünschen, Absichten und Werten abzugleichen und zu synchronisieren, sind gesünder und zufriedener als Menschen, denen dies nicht gelingt. Phase 4 befasst sich darum damit, die Verbindung zwischen Plan und Tat zu verstärken und zu sichern. In der wissenschaftlichen Forschung spricht man von der Intentions-Verhaltenslücke, die es zu überwinden gilt (Bamberg, 2002). Auch für diese Phase gibt es empirisch gut abgesicherte Ergebnisse aus der psychologischen Forschung, die Gewinn bringend in die Praxis überführt werden können. Im ZRM-Training mit Jugendlichen wird in dieser Phase ein ressourcenorientiertes Psychodrama eingesetzt, die Handlung wird

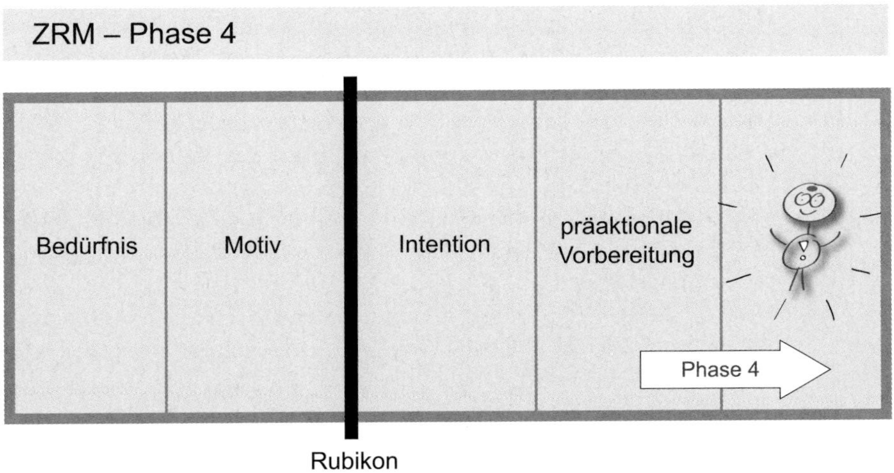

Abbildung 28: ZRM - Phase 4

im Rollenspiel erprobt. Ressourcenorientiertes Psychodrama kann aus wissenschaftlicher Sicht unter drei Aspekten betrachtet werden: dem mentalen Training, der Bildung von Ausführungs-Intentionen und der Bahnung der Intuitiven Verhaltenssteuerung.

Mentales Training

Das Prinzip, nach dem die Vorbereitung auf eine auszuführende Handlung zu erfolgen hat, besteht beim mentalen Training darin, dass die Situation, in der die erwünschte Handlung erfolgen soll, mental vorweggenommen wird. Durch wiederholtes Benutzen der entsprechenden neuronalen Netze wird die Verbindung zwischen der Situation und der erwünschten Handlung gebahnt, so dass Kontext und Zeitpunkt der Handlungsaufnahme kognitiv so leicht zugänglich sind, dass beim Antreffen der entsprechenden Situation das Starten der Handlung per Automatismus erfolgt. Techniken zum mentalen Training beruhen meist auf hypnotherapeutischen und imaginativen Methoden und werden zum Beispiel im Spitzen-Sport schon seit langem regulär eingesetzt. Man weiß inzwischen auch aus der Hirnforschung, dass mentales Training strukturelle Veränderungen im Gehirn bewirkt (Überblick bei Storch & Krause, 2002). Auch für psychologische Kontexte existieren mittlerweile Untersuchungen, welche die Effekte von mentaler Vorwegnahme schwieriger Situationen auf Handlungserfolg – zum Beispiel beim Abnehmen – belegen (Oettingen, 1996; Oettingen et al., 2001). Im ZRM-Training werden diese Techniken auf verschiedene Weise eingesetzt. Zum einen findet eine Fantasiereise statt, in der sich die Jugendlichen dabei imaginieren, wie sie ihr Ziel in Handlung umsetzen. Zum anderen bereiten die Jugendlichen ein Rollenspiel vor, in dem sie die Handlung selbst im geschützten experimentellen Rahmen des Kurses erproben können. Während der mentalen Vorbereitung des Rollenspiels findet ein Pendeln zwischen der bisher erlebten Realität und der erwünschten Zukunft statt. Dieses mentale Pendeln zwischen Realität und Wunsch – *mental contrasting* – wurde von Oettingen (1997) erforscht. Es hat sich als ein effektives Werkzeug im Dienste des Selbstmanagement erwiesen, das in zahlreichen unterschiedlichen Bereichen verwendet werden kann. Förderliche Auswirkungen sind unter anderem im Schulbereich nachgewiesen (Fremdsprachen, Mathematik), in Organisationen (Weiterbildungsmotivation), in Krankenhäusern (Umgang mit Familienangehörigen) und bei Führungskräften (Zeitmanagement, Delegieren) (Oettingen & Gollwitzer, 2002).

Ausführungs-Intentionen

Der Begriff «Ausführungs-Intention» stammt von Gollwitzer (1993, 1999). Die förderlichen Auswirkungen von Ausführungs-Intentionen auf die Umsetzung von Zielen sind mittlerweile vielfach wissenschaftlich überprüft (aktuelle Übersicht bei Gollwitzer et al., 2004). Gollwitzer unterscheidet zwischen Ziel-Intentionen und Ausführungs-Intentionen. Ziel-Intentionen haben die Form: «Ich beabsichtige X zu tun». Ausführungs-Intentionen dagegen haben die Form: «Ich beabsichtige, in folgender Weise X zu tun, wenn Situation Y eintritt». Ausführungs-Intentionen sind also wesentlich präziser geplant als bloße Ziel-Intentionen. Bei Gollwitzer (1999) findet sich ein Überblick darüber, welche vielfältigen Vorteile es haben kann, präaktional mit Hilfe bewusster Überlegungen sorgfältige Ausführungs-Intentionen zu bilden. Zum einen wird das persönliche Gefühl der Verpflichtung durch die Bildung einer Ausführungs-Intention deutlich erhöht. Dieser Umstand ist zum Beispiel nützlich für Ziele, die das Gesundheitsverhalten betreffen, wie zum Beispiel mit dem Rauchen aufzuhören, abzunehmen oder mehr Sport zu treiben (Renner & Schwarzer, 2000), Kondome zu benutzen (Sheeran & Orbell, 1998) oder zur Krebsvorsorge zu gehen (Sheeran & Orbell, 2000). Außerdem helfen Ausführungs-Intentionen den Menschen dabei, die zielgerichtete Handlung zu starten. Bamberg (2002) fand für den Bereich umweltrelevanter Konsumentscheidungen (Busfahren statt Auto benutzen, Einkaufen in einem Bio-Laden), dass die Ausführung des intendierten Verhaltens um 15 bis 20 Prozentpunkte ansteigt, wenn Ausführungs-Intentionen geplant werden.

Nach Gollwitzer (1999) werden Ziel-Intentionen, die in Ausführungs-Intentionen umgewandelt wurden, dreimal so oft in Handlung umgesetzt, wie Ziel-Intentionen, bei denen dies nicht der Fall ist. Weil sie an situationale Bedingungen gekoppelt sind, haben Ausführungs-Intentionen auch nachhaltige Effekte. Sie entfalten ihre Wirkung noch lange Zeit, nachdem sie gebildet wurden, wenn die spezifische Situation eintritt. Im ZRM-Training lernen die Jugendlichen in Phase 4, anhand einer Situationstypologie (ABC-Situationen, siehe Manual Kapitel 2.5.1), wie Ausführungs-Intentionen geplant werden. Für das Rollenspiel bereitet jede Teilnehmerin und jeder Teilnehmer für sich eine konkrete Situation aus dem persönlichen Alltag vor und probiert im anschließenden Psychodrama aus, ob die gewählte Strategie auch durchgeführt werden kann.

Intuitive Verhaltenssteuerung

Das ressourcenorientierte Psychodrama basiert auf der Spontanitätstheorie von Moreno (Storch, 1997). Moreno, der Erfinder des Psychodramas, hat sich viel mit Improvisationstheater und Schauspiel beschäftigt. Ein Kernpunkt seines Interesses war die Frage, wie es Menschen gelingt, in eine Verfassung zu geraten, in der sie gut improvisieren können. Er nannte diese Verfassung die Spontanitätslage. Spontanität im Sinne von Moreno hat nichts mit dem Alltagsgebrauch dieses Begriffs zu tun, bei dem oft die Bedeutung von «ausgeflippt» oder «ausgelassen» mitschwingt. Spontanes Handeln nach Moreno beinhaltet die adäquate Reaktion auf eine neue Situation, die aus dem Augenblick heraus in einem kreativen Akt erschaffen wird. Spontan sein heißt also nicht, sich besoffen in der Disco das T-Shirt vom Leib zu reißen. Spontan sein im Sinne Morenos kann zum Beispiel auch darin bestehen, einmal zu schweigen, wenn man sonst immer ausrastet. Kennzeichen von Spontanität nach Moreno ist die *Angemessenheit* der Handlungsoption, die ein Mensch aktiviert. Menschen, welche die Vielfalt ihres Lebens ausschließlich mit *Rollenkonserven,* wie Moreno alteingeschliffene Automatismen nennt, bewältigen, sind nach seiner Definition nicht psychisch gesund. Psychisch gesund ist der Mensch, der über ein hohes Maß an Kreativität und Spontanität verfügt, denn er hat die besten Möglichkeiten, sich auf neue Situationen einzustellen. Die psychodramatische Methode hat darum auch zum erklärten Ziel, Spontanität und Kreativität zu fördern. Moreno hatte folglich auch die Vision von einem *Spontanitätstraining.*

In Morenos Theorie ist von einem *Aktionszentrum* die Rede, über das jeder Mensch verfügt und dessen Aktivierung spontanes Handeln ermöglicht. Dadurch, dass man lernt, dieses Aktionszentrum gezielt zu aktivieren, kann auch Spontanität gelernt werden, auch wenn sich dies zunächst paradox anhören mag. Nichts anderes jedoch geschieht in Schauspielschulen, wo Unterricht in Improvisation zum Pflichtprogramm gehört. Auch hier hat die Wissenschaft inzwischen Ergebnisse erbracht, die Morenos Vorstellung stützen. Aus handlungstheoretischer Sicht vertritt Prinz (2003) die Vorstellung von einem bewusstseinsunabhängig arbeitenden System der Handlungskontrolle. Aus motivationspsychologischer Sicht sieht Kuhl (2001; Martens & Kuhl, 2004) eine Handlung als das Ergebnis des Zusammenspiels von vier Funktionssystemen: dem Absichtsgedächtnis, dem Extensionsgedächtnis, dem Objekterkennungssystem und der Intuitiven Verhaltenssteuerung, von denen in unserem

Zusammenhang die Intuitive Verhaltenssteuerung besonders interessant ist. Die Intuitive Verhaltenssteuerung wird von Kuhl in der rechten Gehirnhälfte angesiedelt. Dieses Funktionssystem arbeitet unterhalb der Bewusstseinsschwelle und ist in der Lage, auch unbewusste Bewegungen – Gesichtsausdruck, Körperhaltung, Stimmlage, Reaktionen auf die Handlungen von anderen – zu koordinieren. Handlungen, die aus der Intuitiven Verhaltenssteuerung heraus vollzogen werden, wirken darum echt und authentisch, nicht aufgesetzt und angelernt. Viele Skill-Trainings arbeiten damit, Menschen bestimmte Verhaltenssequenzen anzutrainieren. Dies hat oft zur Folge, dass die Handlung im entscheidenden Moment über bewusste Verstandestätigkeit in die Wege geleitet wird. Weil die Kapazität des Bewusstseins jedoch begrenzt ist, kann es niemals gelingen, all diejenigen Bewegungseinheiten, die für den «echten» Ausdruck benötigt werden, zu koordinieren. Hinzu kommt, dass manche Teile der Muskulatur dem willkürlichen Zugriff entzogen sind, wie die Augenring-Muskulatur, die nur dann aktiviert wird, wenn das Lachen aus der Intuitiven Verhaltenssteuerung heraus erfolgt. Bewusst herbeigeführtes Lächeln ergibt den gekünstelt wirkenden Ausdruck, der auf den meisten Passfotos zu sehen ist. **Abbildung 29** zeigt den Emotionsforscher Paul Ekman bei der Darstellung der beiden Varianten von Lächeln (Ekman, 2004). Bild A zeigt ihn mit einem bewusst herbeigeführten «künstlichen» Lächeln, auf Bild B lacht Ekman, weil irgendetwas ihn echt erheitert hat. Hier wird das Lächeln durch die Intuitive Verhaltenssteuerung geregelt. Die Folge

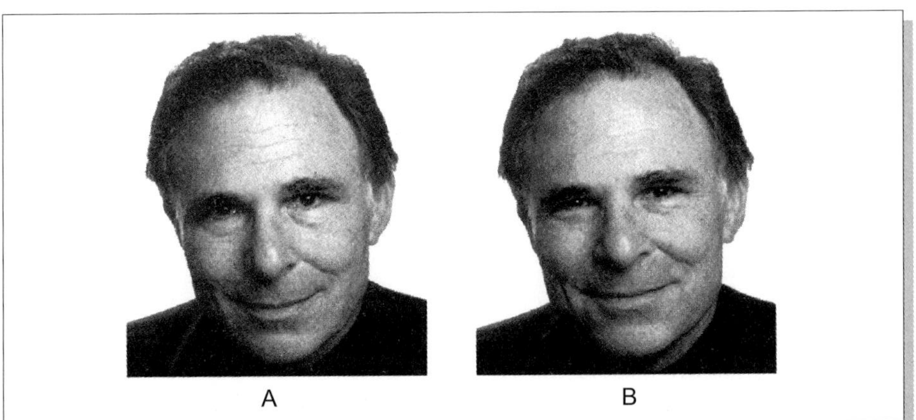

Abbildung 29: Paul Ekman lächelt

ist das sogenannte *Duchenne-Lächeln*. Hierbei ist der Augenringmuskel aktiv: Die Wangen sind höher gezogen, die Kontur der Wangen hat sich geändert und die Augenbrauen haben sich leicht nach unten bewegt.

Nach Kuhl (2001) wird die Intuitive Verhaltenssteuerung durch eine positive Stimmungslage gestartet. Hier setzt das ressourcenorientierte Psychodrama an: Die Jugendlichen lernen, über geschicktes Priming und gezielte Körperübungen, ihr emotional positiv besetztes neuronales Netz zu aktivieren. Dadurch wird einerseits das erwünschte Ziel mental geweckt, andererseits wird zuverlässig eine positive Emotion erzeugt, weil dieses Ziel ja mit Hilfe eines positiven somatischen Markers hergestellt wurde. Auf diese Weise gelingt ein Spontanitätstraining ganz im Sinne Morenos. Das Vorgehen beim ressourcenorientierten Psychodrama im ZRM-Training ist im Manual (Kapitel 2.5.3) beschrieben.

Sobald die Jugendlichen ihren Ressourcenpool um das körperliche Element erweitert haben, proben sie den Einsatz ihrer Ressourcen im Rollenspiel. Die Schülerin mit dem Hausaufgaben-Berg probt das Durchhalten, wenn die Freundin anruft und fragt, ob sie mit in den Park kommt, Jungs treffen. Sie bemerkt bei dieser Gelegenheit, dass sie am Telefon dringend noch einen zusätzlichen Prime anbringen muss, um «Nein» sagen zu können. Der Lehrling probt ein Gespräch mit seinem Lehrmeister, dem er in der nächsten Woche sein Berufsschulzeugnis zeigen muss und der – so sieht er es voraus – die schlechte Französischnote monieren wird. Im Rollenspiel hört er sich die Kritik an, lässt den Lehrmeister ausreden und erklärt ihm dann sachlich und ruhig, dass er persönlich keinen Ehrgeiz hat, gut in Französisch zu sein, dass er darum in diesem Fach auch nie gute Noten bringen wird und dass ihm die gute Note in Mathematik persönlich viel wichtiger ist. Der scheue Junge probt Witze-Erzählen im Freundeskreis. Und die Studentin testet, ob sich ihr Birken-Gefühl auch einsetzen lässt, um ein Referat im großen Hörsaal zu halten – es funktioniert.

1.2.3.5 ZRM-Phase 5: Integration und Transfer

Die Maßnahmen, die im Rahmen des ZRM-Trainings in Phase 5 ergriffen werden, betreffen den Themenkreis der sozialen Ressourcen. Der Begriff «soziale Ressource» stellt in der Literatur einen Sammelbegriff dar. Er wird von verschiedenen wissenschaftlichen Fachrichtungen benutzt und teilweise unterschiedlich definiert. (Ausführliche Überblicksarbeiten über die Begriffsgeschichte finden sich bei Laireiter, 1993; Röhrle, 1994, 2003 sowie Bachmann, 1998). Ein wesentlicher Punkt, in dem sich die Begriffsbildung unterscheidet, ist die Frage, wo soziale Ressourcen anzusiedeln sind. Es gibt Ansätze, in denen die sozialen Ressourcen als *Umweltressourcen* aufgefasst werden. Sie fokussieren das Vorhandensein, die Verfügbarkeit und die Effizienz von sozialen Netzwerken und sozialer Unterstützung. Andere Ansätze betrachten soziale Ressourcen letztendlich als *personales* Merkmal. Sie fokussieren auf die Fähigkeit des Individuums, soziale Ressourcen aufzubauen, sie als solche zu erkennen und zu nutzen, wenn sie vorhanden sind. Außerdem betonen diese Ansätze, dass schon das bloße Wissen um soziale Ressourcen, also deren psychische und nicht unbedingt deren tatsächliche Verfügbarkeit, entscheidende gesundheitsfördernde Einflüsse ausüben kann. Im ZRM-Training versuchen wir in Phase 5, die Entstehung sowohl der personalen Merkmale als auch der Umweltmerkmale von sozialen Ressourcen anzuregen und deren Austausch schon im Training selbst zu planen (Storch & Krause, 2002; Storch, 2003c). An dieser Stelle wollen wir die Maßnahmen in Phase 5 unter zwei Aspekten betrachten. Es sind dies der Aspekt der Gruppe als hilfreiches Agens und der Aspekt des sozialen Primings.

Die Gruppe als hilfreiches Agens

Zur Erläuterung des gruppentherapeutischen Aspektes ziehen wir das Schema zur Konzeptualisierung von Wirkfaktoren von Gruppenpsychotherapie heran, das Schemmel (2003) vorschlägt. Schemmel hat die Wirkfaktoren von Psychotherapie, wie sie Grawe (1998) erarbeitet hat, auf Gruppentherapie angewandt. Das ZRM-Training versteht sich zwar ausdrücklich *nicht* als psychotherapeutische, sondern als psychoedukative Maßnahme. Von daher ist das ZRM-Training von der beabsichtigten Zielrichtung her eher als geleitete Selbsthilfegruppe konzipiert, die in einem qualitativ hochwertigen Prozess, wie von Moeller (2001) gefordert, die Gruppenteilnehmenden in die Lage versetzt, sich gegenseitig zu unterstützen. Die Wirkfaktoren für gruppentherapeutische Prozesse nach Schemmel (2003) lassen sich jedoch weitgehend auch auf dieses psychoedukative Setting übertragen. Insbesondere ist es der Faktor «Ressourcenaktivierung», der in Phase 5 auf der sozialen Ebene gesichert wird und der als Transfermaßnahme über den Kurs hinaus eine wesentliche Rolle spielt. **Tabelle 2** zeigt die Elemente dieses Faktors einmal

Ressourcenaktivierung in der Gruppe	
Therapeut/in als Agens	**Gruppe als Agens**
Selbstverantwortung stärken	Eigenart des Anderen respektieren
Gegenseitige Unterstützung anregen	Andere unterstützen
Positive Rückmeldung untereinander anregen	Positive Rückmeldung von Anderen
Gezielte Exploration von Bewältigung, Ressourcen & Fortschritt	Eigene Erfahrung & Strategien als nützlich für andere erleben (Altruismus)
Raum für soziale Erfolge in der Gruppe schaffen	Hoffnung

Tabelle 2: Ressourcenaktivierung in der Gruppe (nach Schemmel, 2003)

auf der Ebene des Therapeuten beziehungsweise des Kursleiters und einmal auf der Ebene der Gruppe.

Während des Trainings selbst kann die Kursleitung Sorge tragen, dass die Ressourcenaktivierung bei den Teilnehmenden sichergestellt ist. Nach Beendigung des Kurses müssen die Teilnehmenden jedoch in der Lage sein, sich selbst gegenseitig so zu coachen, dass die Ressourcenaktivierung auch weiterhin erfolgt. Im ZRM-Training steht darum von Anfang an die Dynamik der Gruppe unter strengster Aufsicht der Kursleitung. Dies ist insbesondere dann vonnöten, wenn das ZRM-Training mit einer Gruppe durchgeführt wird, die bereits über längere Zeit besteht und schon feste Gruppenstrukturen ausgebildet hat. Eine Schulklasse wäre ein Beispiel für solch eine Gruppe. Die Kursleitung muss es unter allen Umständen ermöglichen, dass jedes Gruppenmitglied in die Lage kommt, die von Schemmel beschriebenen ressourcenaktivierenden Faktoren zu erleben. Das heißt: Jedes Gruppenmitglied bekommt positive Rückmeldungen, jedes Gruppenmitglied erlebt sich selbst als hilfreich für andere, die Gruppe entwickelt ein Klima der gegenseitigen Unterstützung und jedes Gruppenmitglied erlebt die Gruppe als Resonanzraum, der Hoffnung macht, dass die eigenen Ziele tatsächlich Wirklichkeit werden können. Insbesondere bei Gruppenteilnehmenden, deren System außerhalb der Gruppe nicht unbedingt als förderlich angesehen werden kann, wie es zum Beispiel in Drogentherapien oder bei bestimmten Konstellationen des Elternhauses der Fall ist, kann der hoffnungsgebende Halt aus einer Trainingsgruppe für die Transfersicherung nicht hoch genug eingeschätzt werden.

Im ZRM-Training wird darum mit Argusaugen darüber gewacht, dass es während des Trainings keine Möglichkeit gibt, Cliquen zu bilden und Außenseiter zu mobben. Als Regel wird hierfür gleich zu Kursbeginn das *Fremdgehirn-Prinzip* eingeführt (siehe Manual, Kapitel 2.1.1). Dieses Prinzip wird damit erklärt, dass jede Person im Kurs für die einzelnen Trainingsschritte immer wieder Anregungen von Fremdgehirnen braucht, um auf neue Ideen zu kommen. Und um sicherzustellen, dass die Anzahl an fremden – und damit neuen – Ideen möglichst groß ist, werden bei jeder Gelegenheit die Arbeitsgruppen im Zufallsverfahren neu zusammengestellt. Bei Schulklassen und anderen Gruppen mit bestehenden festen Strukturen empfiehlt es sich sogar, die Sitzplätze für jedes Trainingsmodul neu auszulosen, um sicherzustellen, dass alle Gruppenmitglieder an den stattfindenden Interaktionen gleichmäßig beteiligt werden. Durch das Ideenkorb-Arrangement, das im ZRM-Training sämtliche Kleingruppenarbeiten strukturiert, lernen die Teilnehmenden, ressourcenorientiert zu kommunizieren. Aus der Sicht der Person, die den Ideenkorb erhält, wird das eigene Bedürfnis von der Gruppe ernstgenommen und unterstützt. Weil im Verlauf eines Trainings sehr viele Ideenkörbe durchgeführt werden, ergibt es sich fast zwangsläufig, einfach aufgrund der großen Anzahl von Gelegenheiten, dass jedes Gruppenmitglied mindestens einmal erlebt hat, dass eine Idee von ihm oder ihr bei einem Ideenkorbbesitzer einen positiven somatischen Marker ausgelöst hat. Auf diese Weise erlebt sich jedes Gruppenmitglied sowohl in der Rolle desjenigen, der Hilfe erhält als auch desjenigen, der Hilfe geben kann, der also sozial potent ist. Eine weitere Quelle der gegenseitigen Vernetzung von Geben und Nehmen ist die Phase 3, in der die Teilnehmenden sich gegenseitig Primes schenken (siehe Manual, Kapitel 2.4.3.3). Nicht nur die Teilnehmenden, auch Mitglieder der Kursleitung werden hierbei durch die Sorgfalt und die liebevolle Präzision, mit der die Teilnehmenden sich gegenseitig beschenken, teilweise zu Tränen gerührt. Am Ende des Trainings haben die Kursteilnehmenden dann ein tragfähiges Gruppenklima geschaffen und ressourcenorientierte Kommunikationsformen erlernt, die es ihnen erlauben, sich auch weiterhin erfolgreich gegenseitig zu unterstützen.

Soziales Priming

Die Forschungen zu dieser Thematik betreffen das Phänomen, dass Menschen, mit denen man bedeutsame Beziehungen hat – Freunde, Eltern, Kinder, Partner, Kollegen oder Vorgesetzte – als Primes wirken und unbewusste, automatische Selbstregulationsprozesse auslösen können (Fitzsimons & Bargh, 2004). Man geht davon aus, dass sich im Laufe der Zeit, durch wiederholte Interaktionen mit einer Person mentale Repräsentationen bilden. Das sind Gedächtnisinhalte, die sich auf die Person selber, auf Situationen, die man zusammen mit diesem Menschen erlebt hat und auf die Beziehung zu diesem Menschen beziehen. Vor allem die Bindungsforschung hat sich viel mit dieser Thematik befasst. Ein Inhalt solcher mentaler Repräsentationen über Beziehungen, *relationale Schemata* genannt, sind auch die Ziele, die eine andere Person für uns hat. Das wäre zum Beispiel die Mutter, die möchte, dass der Sohn unbedingt Anwalt wird, oder die Freundin, die ihrer besten Freundin dringend eine Heirat wünscht, weil sie selbst sich gerade verliebt hat. Das ist aber auch der Vater, der seinem Sohn verbietet, Musik zu studieren, weil das ein brotloser Beruf ist, oder der Büronachbar, der vor Neid zerfressen dem Kollegen jeden Erfolg sofort madig macht. Fitzsimons & Bargh (2003) fanden Auswirkungen solcher Ziele bedeutsamer Anderer auf das konkrete Handeln in Situationen, in denen es um Hilfsbereitschaft ging, um Motivation zu einer bestimmten Aufgabe oder um Verständnisbereitschaft für Mitmenschen. Nur schon die psychologische Präsenz einer Person kann Ziele aktivieren und unbewusst Einfluss auf Wahrnehmung und Handlung ausüben. **(10)** Shah (2003) hat gezeigt, dass die Ziele, die bedeutsame andere Menschen für eine Person haben, sogar deren reale Leistungen beeinflussen können, wenn die mentalen Repräsentationen dieser Menschen unterhalb der Bewusstseinsschwelle geprimt werden.

Für sein Experiment benutzte Shah einen Computer, an dem die Versuchspersonen Anagramm-Aufgaben bearbeiten mussten. Anagramme sind neue, sinnvolle Worte, die durch Umstellung von Buchstaben oder Silben innerhalb eines Wortes entstehen. Zu dem Wort «Zinserhoehung» finden sich auf der Seite www.anagramme.de folgende Beispiele: Ohrs Heizungen, Hinzugehn Rose, Hurensohn Geiz, Hr. Gunzonis Ehe. Ein findiger Kopf fand ebenfalls auf dieser Seite zu «Dieter Bohlen» das Anagramm «Bloedenhirte». Den Versuchspersonen von Shah wurde mitgeteilt, dass der Erfolg beim Lösen von Anagramm-Aufgaben ein genaues Maß für analytisches Denken sei. Menschen, die eine gute Fähigkeit im analytischen Denken hätten, könnten 80 Prozent der möglichen Anagramme aus einer Reihe von Buchstaben entdecken. Nach einigen Übungs-Anagrammen begann, unbemerkt für die Versuchspersonen das eigentliche Experiment. Für zehn Millisekunden, das heißt nicht wahrnehmbar für das Bewusstsein, wurden bei der einen Gruppe alternierend die Worte «father» oder «dad» eingeblendet. Die andere Gruppe erhielt einen «Kontroll-Prime», der aus der sinnlosen Buchstabenfolge «xsdfgjk» bestand. Im Anschluss an das Experiment fragte Shah die Versuchspersonen, wie wichtig sie glaubten, dass es für ihren Vater sei, dass sie über gute Fähigkeiten im analytischen Denken verfügten und wie eng, stark und positiv die Beziehung zu ihrem Vater sei. Anschließend verglich Shah die Anzahl der Lösungen, die von den Versuchspersonen in den Anagramm-Aufgaben gefunden worden waren, mit den verschiedenen Variablen, die er erhoben hatte. **Abbildung 30** zeigt die für unseren Zusammenhang wichtigsten Ergebnisse. Bei den Versuchspersonen, die eine starke und gute Beziehung zu ihrem Vater hatten, hatte das «Vater-Priming» deutliche Effekte auf ihre Leistung in der Anagramm-Aufgabe. Bei den Versuchspersonen, die sich ihrem Vater nicht nahe fühlten, trat dieser Effekt nicht auf, darum werden die Ergebnisse dieser Gruppe nicht dargestellt.

Für das Thema des ZRM-Trainings, die Ressourcenaktivierung, sind an der Abbildung zwei Dinge interessant. Das eine interessante Ergebnis liegt in der Tatsache, dass durch das Ziel, von dem wir annehmen, dass bedeutsame Andere es für uns haben, die ganz konkrete Leistung gesteigert werden kann, wenn die mentale Repräsentation dieser Person geprimt wird. Jeder, der zum Abitur das Foto von der Liebsten in die Tasche steckt, benutzt diese Methode zum Selbstmanagement. Fast wichtiger jedoch ist das alarmierende Ergebnis, dass Ziele, die wir bei anderen für uns vermuten, in der Lage sind, die reale Leistung auch dramatisch zu senken, sobald im Gehirn das entsprechende neuronale Netz durch Priming aktiviert wird. Gerade für Jugendliche, die oft noch zu Hause wohnen und den Zielen, die ihre Eltern für sie haben, gewissermaßen schutzlos

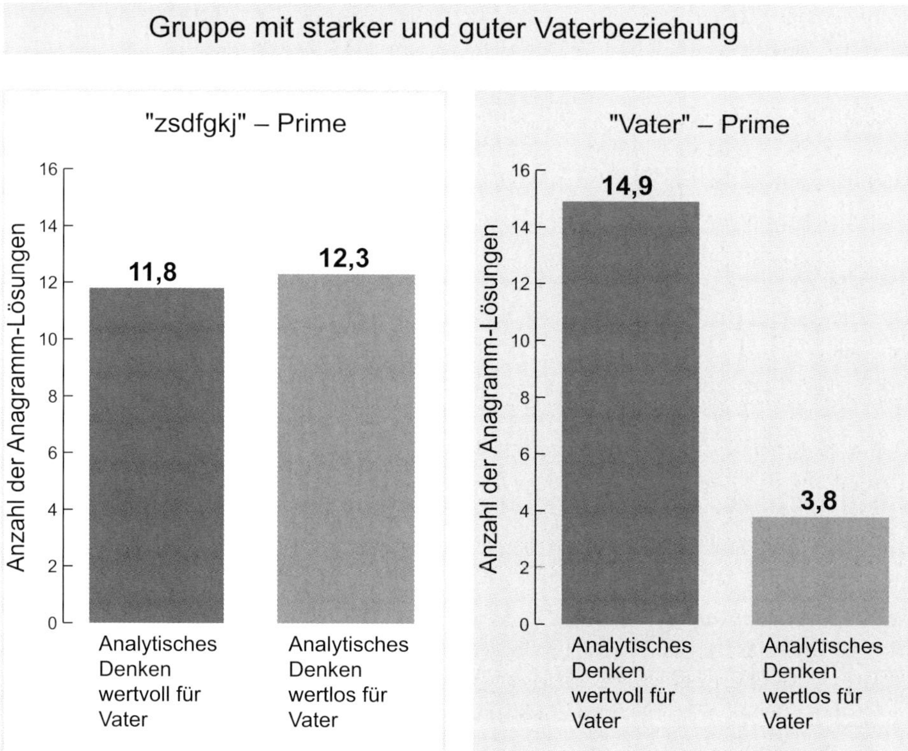

Abbildung 30: Der Einfluß von sozialem Priming auf reale Leistung. Nach Shah, 2003.

ausgeliefert sind, weil sie damit chronisch geprimt werden, kann es von außerordentlicher Wichtigkeit sein, über Selbstmanagement-Maßnahmen zu verfügen, die eine «Gegenmacht» gegen Primes der Eltern darstellen.

Dies gilt natürlich nur für diejenigen Zuschreibungen der Eltern, die für den Jugendlichen negative und selbstabwertende Folgen haben könnten oder mit dessen Ziel nicht kompatibel sind. Wenn zum Beispiel der Lehrling, der gerne einen kühleren Kopf bekommen möchte, zu Hause geprimt wird auf «Wir Horneggers lassen uns von keinem auf der Nase rumtanzen! Ruck-Zuck, Nasenbruch. Geschwätz und Gerede ist was für Weicheier», dann wird ihm dieser familiäre Hintergrund bei der Verwirklichung seines Zieles im Wege stehen. Wenn der scheue Junge mit seiner Mutter alleine lebt und sie ihm täglich nonverbal vermittelt, dass es ihr viel lieber ist, wenn er bei ihr zu Hause bleibt, als sich mit den Gleichaltrigen zu treffen, wird der scheue Junge trotz der schönsten Absichten Schwierigkeiten haben, sein Selbstbehauptungsziel umzusetzen. Denn dazu braucht er die Interaktion mit den Peers. Auch die Studentin mit der Birke wird jedes Mal dann große Probleme mit dem Himmelblau kriegen, wenn sie den Lieben daheim sagt, dass sie das nächste Wochenende in der Stadt bleibt und sie deren Enttäuschung auch ohne Worte durchs Telefon spüren kann. Immer dann ist es von größter Wichtigkeit, dass alternative Primes zur Verfügung stehen. Das heißt, dass die Jugendlichen andere Personen kennen, die ihnen auch wichtig sind und deren mentale Repräsentation an das neu entwickelte Ziel oder Identitätsprojekt, welches in seinem Gehirn ein neues neuronales Netz bahnen soll, gekoppelt ist.

Aus gedächtnispsychologischer Perspektive eignen sich dafür natürlich am besten die Kursteilnehmenden selbst, denn sie sind ja Zeugen und unterstützende Ressourcen für den eigenen Weg im Kurs. Die Folgerung für den gezielten Einsatz von Priming lautet: «Beziehungspartner können genauso als Quelle für unbewusste Zielaktivierung dienen, wie andere Stimuli in der Umgebung» (Fitzsimons & Bargh, 2003, S. 160; Übers. v. Aut.). Und so kann letztendlich der Begriff «soziale Ressource» neurobiologisch präzise definiert werden: Als soziale Ressource dienen diejenigen Menschen, deren psychologische oder physische Präsenz in der Lage ist, das neuronale Netz, das ein Mensch mittels seiner somatischen Marker für sich als wohladaptiv definiert hat, zuverlässig und gezielt zu aktivieren.

Anmerkungen

(1) Unter Verhalten verstehen wir reizgesteuerte Prozesse, die unterhalb der Bewusstseinsschwelle ausgelöst werden. Mit Handlung bezeichnen wir Vorgänge, die vom Individuum bewusst initiiert wurden und sich im Einklang mit seinen Absichten und Plänen befinden.

(2) Die Erkenntnisse der Neurobiologie haben zur Frage der Willensfreiheit eine große Debatte ausgelöst. Im Zuge dieser Debatte wird die Vorstellung des freien Willens von einigen AutorInnen in Frage gestellt. Für unsere Zwecke – und dies sind pädagogische beziehungsweise psychotherapeutische – kann diese Debatte zunächst hintangestellt werden, was praktische Belange betrifft. Die subjektive Erlebniswirklichkeit von psychisch gesunden Menschen weist die Erfahrung auf, das eigene Handeln durch Willenskraft beeinflussen zu können. Der Glaube an die eigene Willensstärke und Selbstwirksamkeit ist ein wichtiger salutogenetischer Faktor. Darum arbeiten wir im Rahmen des ZRM-Trainings mit dem Begriff des Willens. Wer sich für die theoretische Seite dieser Debatte interessiert, dem sei für die neurobiologische Sicht Roth (2003) empfohlen. Für die volitionspsychologische Sicht Kuhl (2001), für die neurophilosophische Sicht Walter (2001) und für den aktuellen Stand der Selbstregulationsdiskussion Mischel & Ayduk, 2004).

(3) Es gibt auch Autoren, die statt von bewussten Motiven und unbewussten Bedürfnissen von expliziten und von impliziten Motiven sprechen. Andere Autoren fassen als Motiv generell unbewusste Triebkräfte auf. Auch hier ist die Begrifflichkeit verwirrend. Es ist deshalb zur Orientierung besser, von der Namensgebung der jeweiligen AutorInnen zunächst abzusehen und darauf zu schauen, ob das Phänomen, von dem die Rede ist, als unbewusst oder als bewusst konzipiert ist.

(4) Diese vier Varianten von Phase 1 des ZRM-Trainings betreffen keineswegs nur Jugendliche, sie sind bei Erwachsenen genauso anzutreffen.

(5) Der Einsatz von Logbüchern empfiehlt sich auch in der Arbeit mit Erwachsenen immer dann, wenn zum Beispiel ein ganzes Team ein ZRM-Training bucht und nicht davon ausgegangen werden darf, das bei allen Teilnehmenden Diskrepanzwahrnehmungen vorliegen. Es empfiehlt sich auch im Einzelsetting dann, wenn ein Klient – egal, ob jugendlich oder erwachsen – von dritter Seite zur Beratung geschickt wurde und selbst keinen Veränderungsbedarf sieht.

(6) Selbstverständlich gibt es auch nahezu beliebig viele verschiedene Kombinationsmöglichkeiten zwischen Variante 1 bis 5. Es kann zum Beispiel auch sein, dass jemand einen Motivkonflikt hat, der komplett unbewusst ist. Es besteht die Möglichkeit, dass zusätzlich zu einem bewussten Motivkonflikt auch noch ein unbewusster Motivkonflikt auftaucht. Motivkonflikte müssen auch nicht immer aus zwei Themen bestehen, es gibt auch Konflikttripletten, Konfliktquadrupel ja ganze Konfliktknoten. Solche Fälle sind dann nicht mit einem einmaligen Durchgang durch den Rubikon – wie es in einem normalen ZRM-Grundkurs geschieht – zu lösen. Diese Fälle benötigen ein psychotherapeutisches setting. Allerdings wird auch im Rahmen einer Psychotherapie durchaus in der Systematik des Rubikon-Prozesses gearbeitet. Bis ein Klient sich selbst dann jedoch als «geheilt» erlebt, bedarf es unter Umständen etlicher Durchquerungen der Rubikon-Landschaft, die durchaus auch Jahre in Anspruch nehmen kann.

(7) Am pädagogischen Institut wurde zum Unterschied der Ziele nach Steve de Shazer und ZRM-Zielen von Susanne Benz eine Seminararbeit verfasst. Sie ist als PDF-Datei auf der Homepage www.zrm.ch verfügbar.

(8) An anderer Stelle haben wir diesem Vorgehen den Namen «Wortewechsel-Methode» gegeben (Storch, 2003a). Aus Gründen des Wohlklangs verwenden wir jedoch seit einiger Zeit den Namen «Wortetausch». Er gefällt uns besser.

(9) Strenggenommen braucht man für Ideenspenden nicht einmal ein räumlich vorhandenes Gegenüber. Wir kennen etliche «Ehemalige», die sich ihre Ideenkörbe via Email holen. Im Moment arbeiten wir in Zürich an der Architektur für eine Newsgroup, in der die Möglichkeit bestehen soll, Fragen zu stellen und Ideen zu sammeln. Bei Inbetriebnahme – geplant für Herbst 2004 – findet man diese auf der Homepage: www.zrm.ch.

(10) Im Rahmen der Thematik «implizite Wirkungen von bedeutsamen Anderen» hat inzwischen auch empirische Forschung zum psychoanalytischen Begriff der Übertragung in der akademischen Psychologie stattgefunden (Glassman & Andersen, 1999; Andersen & Berk, 1998).

Teil 2: Trainingsmanual

Einleitung

Die theoretischen Grundannahmen, auf denen unser Selbstmanagementtraining basiert, wurden im ersten Teil dieses Buches dargestellt. Im zweiten Teil des Buches wird nun das Trainingsmanual beschrieben, das zeigt, wie die theoretischen Überlegungen des Zürcher Ressourcen Modells in die praktische Arbeit mit Jugendlichen übertragen werden können. Sie erfahren hier, welchen Nutzen dieses Trainingsmanual «Profis» und Trainingsteilnehmenden bietet. Sie erhalten Tipps zum Gebrauch des Manuals, Informationen zu Trainingsaufbau und Trainingsrahmen sowie didaktische Empfehlungen für die Durchführung.

Der Nutzen für die Jugendlichen

Die Jugendlichen lernen, auf eine neue, ressourcenorientierte Art, mit sich umzugehen. Sie erleben ressourcenorientiertes Wahrnehmen, Denken, Fühlen und Handeln. Sie klären, was ihnen in ihrer aktuellen Lebenslage besonders wichtig ist und entscheiden, wohin sie dementsprechend ihre Aufmerksamkeit und ihre Energien hinlenken wollen. Sie lernen, wohladaptive Ziele so zu entwickeln, dass sie von ihrer Gesamtpersönlichkeit getragen sind und mit Hilfe ihrer individuellen und zieladäquaten Ressourcen beste Chancen haben, in Taten umgesetzt zu werden. Die jungen Menschen werden angeleitet, eigene Stärken und Möglichkeiten als Ressourcen zu erkennen, sie wertzuschätzen und systematisch zu nutzen. In so genannten «B-Situationen» (siehe Kap. 2.5.1.2), in vorhersehbaren und herausfordernden Situationen, in denen sie gerne ihr Ziel verwirklichen wollen, erweitern sie ihren Entscheidungsspielraum und ihr Handlungsrepertoire. Die Jugendlichen lernen im ZRM-Training ein ressourcenorientiertes, lustvolles Verfahren des Selbstma-

→ Ressourcenbegriff 1.2.1

nagements kennen, ein Werkzeug, das sie über den Kurs hinaus mit Erfolg anwenden können. Aufgrund unseres zentralen Konzepts der somatischen Marker erwerben die Jugendlichen eine leicht erlernbares und eindeutig umsetzbares Kriterium für ihr Selbstmanagement.

Der Nutzen für die TrainerInnen

Unser Manual hat ein breites Anwendungsfeld und eignet sich für alle «Profis», die mit jungen Menschen arbeiten. Unter Profis verstehen wir Personen, die bereits Erfahrungen im Seminar- und Trainingsfeld der Human Resources haben und mit Jugendlichen arbeiten. In Frage kommen PädagogInnen/Lehrkräfte, SozialpädagogInnen, Coaches, (Schul-) PsychologInnen und PsychiaterInnen, welche Jugendliche bei der Erreichung von selbst gesteckten Zielen begleiten und sie in ihrer Persönlichkeitsentwicklung unterstützen möchten. Das Setting, in dem solche Kurse stattfinden können, kann sehr unterschiedlich gestaltet werden: im Unterricht an öffentlichen oder privaten Schulen, im Rahmen der normalen Lektionentafel oder in der Freizeit, als obligatorisches Setting oder als frei wählbares Modul eines Kurses, in stationären Wohngruppen, im Heim oder in psychiatrischen Settings, in Jugendgruppen usw.

Interessierte TrainerInnen, die den Kurs auch mit Jugendlichen durchführen wollen, bekommen mit diesem Manual ein wirksames und erprobtes didaktisches Instrument an die Hand. Das Manual ist klar strukturiert und zugleich variabel, an unterschiedliche Zielsetzungen und Rahmenbedingungen anpassbar. Wie das bereits erschienene Trainingsmanual für Erwachsene (Storch & Krause, 2002) beinhaltet es

- Konkrete Anleitung zum Vorgehen
- Impulsreferate zum theoretischen Hintergrund und
- Kopiervorlagen von Arbeitsunterlagen für die Teilnehmenden (Arbeitsblätter, Sammlung von Comics).

Neben Orientierung, Zeitersparnis und Sicherheit bietet unser Manual einen auf die besonderen Bedürfnisse von Jugendlichen zugeschnittenen Aufbau.

Zwei Manualversionen

Ein Trainingsmanual für Jugendliche zu verfassen ist keine einfache Angelegenheit. Denn die jugendlichen Teilnehmenden aus ein- und derselben Kursgruppe können sich in völlig verschiedenen Stadien ihrer Entwicklung befinden, die Veränderungen in der Adoleszenz sind rasant und markant. Persönlichkeit und/oder kognitive Kapazitäten können in ein und derselben Kursgruppe extrem unterschiedlich entwickelt sein. So beschäftigt sich beispielsweise ein sitzen gebliebenes 15-jähriges Mädchen, körperlich schon voll entwickelt, mit anderen Themen als ein körperlich noch wenig entwickelter 13½-jähriger Junge, der mit Mädchen bisher noch gar keine sexuellen Erfahrungen hat und als Hobby Computergames angibt. Beide können sich aber als Teilnehmende in ein und derselben Kursgruppe befinden und beide haben ein Recht darauf, bei ihrem jeweiligen Entwicklungsstand abgeholt und verstanden zu werden. Nach reiflichen Überlegungen und diversen – teils ermutigenden, teils frustrierenden – Probeläufen kamen wir zum Schluss, dass sich die unterschiedlichen Bedürfnisse einer heterogenen Jugendgruppe nicht mit einem einzigen Manual abdecken lassen. Aus diesem Grund haben wir unser Manual in zwei Versionen geteilt: Eine erste ausführliche Vollversion ist für TrainerInnen konzipiert, die sich in ihrer Arbeit mit Jugendlichen in der späten Adoleszenz befassen, mit Jugendlichen also, die etwa 16 bis 20 Jahre alt sind. Das Kürzel «Ja» steht im Folgenden für die «Jugendliche-alt»-Version. Diese eignet sich auch für altersmäßig jüngere Teilnehmende, wenn diese von ihrer Persönlichkeitsentwicklung und ihrer Auffassungsgabe her schon weiter fortgeschritten sind. Es folgt dann ein zweiter Teil, der eine vereinfachte Variante dieser Vollversion darstellt und sich an Personen wendet, welche mit 12- bis 15-jährigen Jugendlichen beziehungsweise mit eher jüngeren Jugendgruppen arbeiten, oder mit solchen, die von ihrer persönlichen und kognitiven Entwicklung her noch nicht so differenziert sind. Die Arbeitsblätter und Flips dieser Version sind mit dem Kürzel «Jj» (Jugendliche-jung) gekennzeichnet. Zahlreiche Impulsreferate können bei der Arbeit mit jüngeren Jugendlichen weggelassen werden, auch die Bilderwahl, die Logbucharbeit und die Darstellung der drei Situationstypen fallen hier weg. Selbstverständlich ist es den Profis selbst überlassen, eine Variante maßzuschneidern beziehungsweise Teile aus beiden Varianten (Ja und Jj) miteinander zu kombinieren und damit ihre eigene Trainingsfassung zu erstellen, die den Bedürfnissen und Lernvoraussetzungen ihrer Jugendlichengruppe entspricht. Auf der beigefügten CD findet sich außerdem eine Sammlung von Comics, die als didaktische Hilfe bei bestimmten Theorieimpulsen verwendet werden können. Auch den Einsatz der Comics haben wir bewusst fakultativ gestaltet und sie darum bloß in unsere Flip-Beispiele, aber nicht in die Arbeitsblätter integriert. Die Akzeptanz dieser Bilder bei den Jugendlichen, ob sie die Comics «kindisch» finden oder nicht, hängt im Wesentlichen von deren Reifestand ab. Erste Versuche, die Jj-Version auf Primar- beziehungsweise auf Hauptschüler zu adaptieren, zeigen, dass die Comics bei Kindern auf jeden Fall sehr gut ankommen.

Wir empfehlen der Trainingsleitung, sich *vor* Kursbeginn mit einer Steuergruppe, das sind zwei, drei Jugendliche aus der Gruppe, mit der man das Training durchführen will, zusammenzusetzen. Mit dieser Steuergruppe wird der vorgesehene Trainingsverlauf, die Auswahl beziehungsweise Neu-Erfindung der speziellen Begriffe und termini technici – zum Beispiel somatische Marker oder neuronale Plastizität – und der allfällige Einsatz von Comics besprochen. Auf diese Weise fühlen sich die Jugendlichen nicht nur in ihrer Person Ernst genommen, sondern unterstützen die Kursleitung bei der Umsetzung einer jugendgerechten Kurssprache und Lernumgebung (angepasste Arbeitsblätter und Impulsreferate).

Tipps zum Gebrauch des Manuals

Das Manual beschreibt den genauen Ablauf des Trainings. Schritt für Schritt werden die einzelnen Lernphasen dargestellt und erläutert, welcher Part dabei der Leitung zukommt. Das betrifft vor allem

- Impulsreferate, die Übungen vorangehen (in Kästen hervorgehoben),
- Gestaltungsvorschläge für die zugehörigen Flipcharts,
- Anweisungen für die Einzel-, Partner- und Gruppenarbeit und
- Arbeitsunterlagen für die Teilnehmenden.

Um die Nutzung des Trainingsmanuals zu erleichtern, sind folgende Hinweissymbole an den Seitenrändern angebracht:

Besonders Wichtiges !	Verweis auf vertiefende Kapitel im Theorieteil ➡

Im Unterschied zu Storch & Krause (2002) sind im vorliegenden Manual keine Zeitangaben vermerkt. Weil sich in unserer bisherigen Arbeit mit Jugendlichen herausstellte, dass verlässliche Angaben aufgrund der äußerst heterogenen Gruppenzusammensetzung kaum möglich sind, haben wir darauf verzichtet. Sowohl Zeitplanung als auch detaillierte Vorbereitung der einzelnen Kurssequenzen soll den einzelnen TrainerInnen überlassen bleiben.

Aufbau des Trainings

Trainingsübersicht – Advance Organizer

Das Training ist stufenweise aufgebaut und folgt einer inneren Logik. Es ist wichtig, die Reihenfolge der einzelnen Trainingsphasen beizubehalten. Der nachfolgende Advance Organizer gibt den Aufbau des Trainings wieder:

Phase 1	**Phase 2**	**Phase 3**	**Phase 4**	**Phase 5**
Mein aktuelles Thema klären	Vom Thema zu meinem Ziel	Vom Ziel zu meinem Ressourcenpool	Mit meinen Ressourcen zielgerichtet handeln	Integration, Transfer und Abschluss

Aufbau der Ja-Version

Vorkurs: Trainingsvereinbarungen und Situationssammlung

1. Mein aktuelles Thema klären
2. Vom Thema zu meinem Ziel
3. Vom Ziel zu meinem Ressourcenpool
4. Mit meinen Ressourcen zielgerichtet handeln
5. Mein Weg im Kurs (Integration, Transfer und Abschluss).

Transfersicherung: Follow-up-Kurs

Es ist zu empfehlen, den Jugendlichen in der mittleren und späten Adoleszenz zu Beginn jeder Kursphase genau aufzuzeigen, wo sie sich im ZRM-Prozess befinden, was sie sich bereits erarbeitet haben und was noch folgen wird. So wird der «rote Faden» des gesamten Trainingsverlaufs immer wieder sichtbar gemacht und von den

Jugendlichen im Sinne der «neuronalen Plastizität» gebahnt beziehungsweise aufgrund häufigen Gebrauchs der neuronalen Verbindung «verinnerlicht», zu eigen gemacht.

Aufbau der Jj-Version

- Dieses Thema will ich bearbeiten
- Wie will ich gerne sein? – Wunschelemente
- So will ich sein!
- Mein Motto/mein Logo/mein Passwort
- Mein Wunsch wird Wirklichkeit – Krafttraining für mein Gehirn
- Mein Wunschkörper – meine Mini-Bewegung
- So bringe ich mich neu ins Spiel
- Elchtest.

Dem Transfer wird im ZRM eine zentrale Bedeutung beigemessen. Sowohl während des Trainings als auch beim Übergang in den Alltag werden Vorkehrungen zur Transfersicherung (siehe Kap. 2.6.2) ergriffen. Ferner hat es sich auch in der Arbeit mit Jugendlichen als nützlich erwiesen, zwei Monate nach Trainingsabschluss eine sorgfältig geplante Follow-up-Veranstaltung durchzuführen. Im Sinne der Prozessbegleitung und Erfolgssicherung dient sie dazu, die bis anhin gemachten Erfahrungen zu evaluieren und den weiteren Transfer zu optimieren.

Der Trainingsrahmen

Durchführungsmodi und Zeitbedarf

Im ZRM-Training mit Jugendlichen hat sich bisher eine sequentielle Durchführung bewährt. Die Kursphasen können somit schön in den (schulischen) Alltag der Jugendlichen integriert werden. Im Gegensatz zu durchgehenden Kursen besteht bei wöchentlichen Phasen die Möglichkeit, das im Kurs Gelernte bereits anzuwenden und erste Erfahrungen mit seinen Ressourcen zu sammeln. Kompaktkurse eignen sich hingegen für Projekt- und Spezialwochen in- oder außerhalb des schulischen und berufsbildnerischen Bereichs sehr gut, so etwa in Heimen oder der Jugendpsychiatrie. In diesem Setting ist zu erwarten, dass die Bereitschaft zur Arbeit an seiner eigenen Person bei Jugendlichen etwas höher ist als im Rahmen des üblichen Curriculums, wo neben dem Kursgeschehen noch weitere Pflichten (Klassenarbeiten, Hausübungen etc.) bestehen.

Auch in der Arbeit mit Jugendlichen variiert der erforderliche Zeitbedarf vor allem in Abhängigkeit mit der Zahl der Teilnehmenden. Bei kompakter Durchführung dauert das Training etwa drei Tage mit jeweils sieben Stunden Arbeitszeit, eine eintägige Follow-up-Veranstaltung ist auch hier zu empfehlen. Ein großzügiger Zeitrahmen empfiehlt sich in diesem kompakten Kurssetting, so dass die Möglichkeit besteht für Live-Erfahrungen und Übungen. Bei sequentieller Durchführung sind sieben bis acht Halbtage (inklusive Vorkurs und Follow-up-Kurse) zu je drei Stunden Arbeitszeit vorgesehen. Der Abstand kann zwischen wenigen Tagen und zwei Wochen liegen.

Zielgruppe, TeilnehmerInnenvoraussetzungen und Mediatoren-Konzept

Zielgruppe unseres Selbstmanagementtrainings sind Jugendliche im Alter von 13 bis 19 Jahren. Wir wenden uns also an SchülerInnen, die sich in der Sekundarschule 1 (Oberstufe) oder 2 (Mittelschule) oder an Jugendliche, die sich in einer Berufslehre befinden. Bisher wurden die Kurse ausschließlich an Schulen und in der Berufslehre durchgeführt und evaluiert. ZRM-Kurse können auch als Wahl-Pflicht-Fach durchgeführt werden, wie sie beispielsweise an der Oberstufe in der Schweiz angeboten werden, wodurch sich der finanzielle Spielraum kleinerer Schulen erhöht. Eine Wirksamkeitsstudie des Einsatzes von ZRM-Trainings in der Kinder- und Jugendpsychiatrie der Universität Ulm ist gerade in Arbeit.

Es versteht sich von selbst, dass jede Fachperson das Trainingssetting, die Sprache und die Vorgehensweise den Bedürfnissen ihrer speziellen Gruppe von Jugendlichen anpassen muss. Erfahrene TrainerInnen sind in der Lage, mit Hilfe des Manuals einen Kurs zu planen und erfolgreich durchzuführen. Den in der Arbeit mit Jugendlichen unerfahrenen TrainerInnen empfehlen wir ein Einzelcoaching bei TrainerInnen, die es gewohnt sind, die besonderen Anforderungen in einem Training mit Jugendlichen zu berücksichtigen. Denn für ein Gelingen des Trainings spielen methodische Aspekte wie TrainerInnenpersönlichkeit, klare Führung und Kenntnis der adoleszenzspezifischen Herausforderungen in der Arbeit mit

Jugendgruppen (z. B. Ausweitung der Spielräume, Motivation, Verhalten in der Gruppe etc.) eine wesentliche Rolle. Kurse mit Jugendlichen erfordern eine hohe Präsenz des Coaches, befinden sich die Teilnehmenden doch in einem Alter, in dem die Demonstration von Unabhängigkeit gegenüber Erwachsenen und entsprechendes Verhalten im Rahmen der normalen Persönlichkeitsentwicklung zum Alltag gehören (Storch, 1994).

Da es sich um einen primärpräventiven Ansatz handelt und sich der Kurs darum sowohl an benachteiligte als auch an völlig unbelastete, ebenso an extravertierte wie an eher zurückhaltende Jugendliche wendet, vertreten wir die Ansicht, dass der ZRM-Kurs an Schulen nicht auf Freiwilligkeit beruhen sollte. Einerseits kann man in diesem Alter Freiwilligkeit nicht unbedingt voraussetzen. Andererseits ist es wahrscheinlich, dass bei einer Ausschreibung zur freiwilligen Teilnahme am Kurs sich gerade diejenigen Jugendlichen nicht für Persönlichkeitsentwicklung interessieren, für die ein solches Life-skill-training sehr nützlich wäre. Da sich in einer Trainingsgruppe immer Jugendliche befinden können, die bezüglich Aggressivität oder Vermeidungshaltung als besonders verhaltensoriginell auffallen, findet beim «Verpflichtend-Setting», welches eine ganze (Halb-) Klasse einbezieht, ein Vorkurs statt. Bei diesem ersten Kontakt der TrainerInnen mit den Jugendlichen werden das ZRM vorgestellt, gruppendynamische Fähigkeiten und Defizite thematisiert und eine schriftliche Vereinbarung beziehungsweise konkrete Abmachungen für die Kurszeit getroffen. Falls auch die ausgeklügelsten Motivierungsmaßnahmen bei einzelnen Jugendlichen keine Erfolge zeitigen sollten, wird ihnen für die Kurszeit eine Alternative angeboten.

In der Arbeit mit Jugendlichen empfiehlt es sich, die Gruppe klein zu halten und auf die maximale Teilnehmerzahl von zehn Personen zu beschränken. Erfahrene TrainerInnen leiten diese Gruppe alleine, ab 12 Personen werden zwei TrainerInnen benötigt. Dies gilt insbesondere für die ersten drei Kursteile. So können alle TeilnehmerInnen optimal gecoacht werden. In Erwägung zu ziehen ist auch, Mädchen und Jungen zu trennen, entweder für den ganzen Kurs oder für einzelne Sequenzen wie zum Beispiel die Körperarbeit.

Beim Mediatoren-Konzept, bei dem speziell dafür ausgebildete Jugendliche Coachingaufgaben in der Gruppe übernehmen, wird die Trainingsleitung ihn ihrer mäeutischen Aufgabe **(1)** entlastet, so dass ein/e LeiterIn im Allgemeinen genügt. Die Idee dieses Konzeptes ist ebenso einfach wie effektiv: Vor dem Training werden aufgrund von Soziogrammen (vgl. Petillon, 1980) sozial gut vernetzte und beliebte Jugendliche bestimmt, die bereit sind, ihre KollegInnen während des Trainings zu coachen. Diese Mediatoren werden eine Woche vor Trainingsbeginn während zwei Stunden instruiert, nämlich wie sie den Ideenkorb (siehe Kap. 2.2.5) coachen können und worauf sie inhaltlich besonders achten sollen. So sollen die Mediatoren beispielsweise in den Plenumrunden für konstruktive Beiträge besorgt sein beziehungsweise darauf achten, dass allgemeine Bemerkungen sowie Assoziationen, die in den Ideenkorbrunden geäußert werden, ressourcenorientiert bleiben. Denkbar ist es auch, sich mit den Mediatoren jeweils zwischen den einzelnen Kurssequenzen zu treffen, um sie für den weiteren Trainingsverlauf zu sensibilisieren. Der Erfolg dieses Konzeptes ist aus sozialpsychologischer Sicht einfach nachzuvollziehen. Denn Menschen in der gruppendynamischen Alphaposition verfügen meistens nicht nur über hohe Beliebtheitswerte in der Klasse, sondern auch über hohe soziale Kompetenzen (vgl. Stöckli, 1997, Kap. 4). Und Menschen, die über hohe soziale Fähigkeiten verfügen, sind in der Lage, die anderen Gruppenmitglieder positiv zu beeinflussen. Denn sie eignen sich hervorragend zur Übernahme positiver Verhaltensweisen von einem «Verhaltensmodell» (vgl. Bandura, 1977). Dies ist für die gemeinsame soziale Konstruktion von Wirklichkeit und für die Motivation der Peers von unschätzbarer Bedeutung.

Um interferierende Effekte mit der Lebenswelt der Jugendlichen von Anfang an auszuschließen, muss der ideale Zeitpunkt des ZRM-Kurses sorgfältig abgewogen werden. So kann ein Kurs, der in jener bewegten Zeit stattfindet, in der sich die Jugendlichen intensiv mit der Berufswahl auseinandersetzen müssen und daher die Schule als Dauerstress empfinden, für gewisse SchülerInnen ein zusätzliches Pflichtprogramm bedeuten. Für andere kommt ein solcher Kurs gerade in dieser Entscheidungsphase sehr gelegen, weil sie sich im Training vermehrt mit ihrer eigenen Person und ihren Stärken auseinander setzen können. Ein ZRM-Kurs, der erst in der neunten Klasse oder in der Berufsausbildung beziehungsweise im Verlauf der Mittelschule statt findet, könnte den Vorteil bergen, dass die Jugendlichen einerseits über reifere Selbstreflexionen, andererseits über eine größere Grundmotivation verfügen. Dies, weil sich die Weiche für ihren nächsten Lebensabschnitt, die Berufswahl, bei den meisten bereits gestellt hat.

Bedarf an Räumen, Material und Medien

Da im Laufe des ZRM-Trainings häufig in Kleingruppen gearbeitet wird, bedarf es außer eines Plenarraumes noch zwei bis drei kleinerer Neben- oder Gruppenräume. Für den Plenarraum selbst hat sich eine Kreisbestuhlung bewährt, mit einigen wenigen Tischen außerhalb des Kreises. Diese Tische können bei Bedarf für Schreibarbeiten im Plenum oder für Phasen der Kleingruppenarbeit genutzt werden.

Die Ausstattung sollte umfassen:

- 1 bis 2 Flipcharts, Papier, Filzschreiber
- Pinnwände (je eine pro vier Teilnehmende)
- 1 Bildkartei
- 1 CD-Player
- jugendgerechte Entspannungsmusik
- Pausenmusik
- Malpapier, Malkreiden und Filzschreiber.

Für jede/jeden Teilnehmende(n) sollte zudem eine leere Mappe vorhanden sein. Hier hinein heften die Jugendlichen die nach und nach verteilten Arbeitsblätter und erstellen so ihr persönliches Handbuch.

Der äußere Rahmen muss stimmen

In einem Kurs, den wir durchführten, mussten die SchülerInnen einer siebten Klasse für den Kurs eine besonders geschätzte Unterrichtsstunde «opfern». Es erstaunt nicht, dass dieses Setting die Entstehung einer guten Kursatmosphäre erschwerte. Darum sind Rahmenbedingungen zu suchen, die dem Kursgeschehen eine besondere und positive Atmosphäre verleihen. So ist auch in Betracht zu ziehen, den ZRM-Kurs in einem speziellen Raum, vielleicht auch außerhalb des Schulareals durchzuführen. Es geht nicht darum, die Assoziation mit Schule zu verhindern sondern um die Schaffung einer angenehmen Kursatmosphäre. Immerhin stellen Persönlichkeitsentwicklung und psychosoziale Kompetenzen wesentliche Teile des Lehrplanes dar, für die es sich einzusetzen lohnt. Auch muss berücksichtigt werden, dass die Jugendlichen im «Verpflichtend-

Setting» nicht freiwillig am ZRM-Kurs teilnehmen, sondern dass er eine besondere Veranstaltung beziehungsweise ein Projekt im Rahmen der üblichen Unterrichtszeit darstellt. Von besonderer Bedeutung ist in jedem Fall, dass sich die Jugendlichen wohl fühlen. Pausengetränke und kleine Naschereien, die als Willkommensgruß auf den Stühlen verteilt werden, können zum Beispiel einen kleinen Beitrag für die Kursatmosphäre leisten.

Didaktische Empfehlungen

Transfersicherung als wesentlicher Baustein in der ZRM-Arbeit mit Jugendlichen

Wesentlich für die Generalisierung von Handlungskompetenzen ist die Bedeutung von Verhaltenseinübungen im Alltag. Erst damit wird der langfristige Erfolg von Kompetenztrainings gewährleistet. Hierzu werden die im Schutzraum der Trainingsgruppe eingeübten Verhaltensweisen als Verhaltensaufträge im Alltag erprobt. Um in dem zeitlich vorgegebenen Rahmen zu Erfolgen zu kommen, ist ein hoher Strukturierungsgrad bei der Arbeit mit Jugendlichen wünschenswert und erforderlich.

Vorkehrungen zur Transfersicherung werden sowohl bereits während des Trainings als auch beim Übergang vom Training in den Alltag ergriffen. Eine erste Möglichkeit, den Transfer zu sichern, stellt das persönliche Logbuch dar, in dem die Jugendlichen sich täglich vergegenwärtigen, inwiefern es ihnen gelungen ist, ihrem Ziel entsprechen zu handeln (Transfer 1). Zweitens kann die Umsetzung des im Kurs Gelernten mittels Ressourcenplanung im Buddy-Team (Transfer 2) **(2)** und drittens mittels Vereinbarungen und Aktionen auf der Klassenebene (Transfer 3) gesichert werden.

➡ Dreistufige Transfersicherung 2.6.2

Zusätzlich zur Sicherung des Transfers während des Trainings sind Follow-up-Kursteile dringend zu empfehlen. Darum sollte ein Folgetag, in dem Erfahrungen ausgetauscht, die Ressourcen überprüft, Fragen geklärt und weitere Rollenspiele erprobt werden können, bereits wenige Wochen nach Beendigung des Trainings stattfinden. Denn sichtbare Erfolgserlebnisse und Unterstützung bei der Umsetzung des Zieles in Handlung sind in der ZRM-Arbeit mit Jugendlichen äußerst wichtig, wenn die Motivation zur Weiterarbeit an sich selber aufrecht erhalten werden soll. Um Transfereffizienz zu gewährleisten, könnte während eines zweiten Follow-up-Kurstages, der ein halbes Jahr später stattfindet, weiterhin am personalen und sozialen Ressourcenpool gearbeitet werden. Ideal ist natürlich, wenn die Lehrkraft beziehungsweise der professionelle Coach, der mit den Jugendlichen täglich zusammenarbeitet, die Transfersicherung begleiten kann und im Verlaufe des pädagogisch-psychologischen Alltages immer wieder einzelne Elemente aus dem ZRM-Training aufgreifen kann.

Theorie-Impulse und Lernziele braucht es, aber kurz und redundant

Wie jene LeserInnen, welche das Buch von Storch & Krause (2002) gelesen haben, bereits wissen, messen wir der Theoriebildung im ZRM einen zentralen Stellenwert bei. Dadurch, dass die Teilnehmenden neben dem prozeduralen Know-how zugleich auch theoretisches Wissen erwerben, werden sie darin gestärkt, sich erfolgreich als «Experte/Expertin in eigener Sache» zu erleben. Dies fördert das für die psychische Gesundheit so bedeutsame Selbstwirksamkeitserleben. Hingegen braucht es in der ZRM-Arbeit mit Jugendlichen wesentlich weniger Theoriereferate als bei Erwachsenen, zumal junge Menschen auch ohne große Erklärungen und eher intuitiv wissen und verstehen, wie sie ihre Stärken einsetzen können. So kann beispielsweise die Bemerkung «Ich genieße mein Schwarzenegger-Gefühl» mehr sagen als Tausend theoretische Erklärungen über den Zusammenhang von mentalen Vorstellungsbildern und Körpererleben. Demnach können einführende Erklärungen und Referatsteile zu den Theorien und Hintergründen relativ kurz gefasst werden. Es sollte jedoch immer ein Anliegen sein, die Jugendlichen auch – soweit es ihren Möglichkeiten entspricht – auf einer intellektuellen Ebene mit Informationen zu versorgen. Im Wissen darum, dass Lernen im neurowissenschaftlichen Sinn auf häufige Wiederholung angewiesen ist, empfehlen wir, wichtige Theorieimpulse und -begriffe mit einer gewissen Redundanz einzubringen, das heißt in einer Art, die über das zur Vermittlung einer Information notwendige Mindestmaß hinaus geht. So ist beispielsweise nie genug darauf hinzuweisen, dass es sich bei Ressourcen um alles handelt, was unsere neuronalen Netze bahnt beziehungsweise aus Trampelpfaden Autobahnen entstehen lässt. Und dass diese Ressourcen immer hochindividuell sind und in Bezug zum Ziel stehen müssen, kann gar nicht häufig genug erwähnt werden! Die Lernziele – die im

← Ressourcenaufbau 1.2.1

Manual jeweils zu Beginn eines Kapitels genannt werden – sollen den Jugendlichen zu Beginn der einzelnen Trainingseinheiten bewusst gemacht werden. So ist es wichtig, dass die Teilnehmenden sowohl das Konzept der somatischen Marker (Trainingsphase 1), die Kernkriterien der Zielformulierung (Trainingsphase 2) und das Prinzip der neuronalen Plastizität (Trainingsphase 3) kennen, als auch in der Lage sind, den Herausforderungsgrad ihres Zieles sorgfältig zu wählen (Trainingsphase 4) und sich beim Zieltransfer von ihren Peers unterstützen lassen (Trainingsphase 5).

Mehr praktische Anwendungen, weniger Schreibarbeiten

Aufgrund von Rückmeldungen der Jugendlichen, welche bisher an ZRM-Kursen teilnahmen, sind wir zum Schluss gelangt, dass das Ausfüllen der Handouts stark mit Schule assoziiert wird und bei eher misserfolgsgewöhnten SchülerInnen eine negative Einstellung auslösen kann. Im Vergleich zu Erwachsenen, die ihre Gedanken gerne zu Papier bringen, sollten bei den Jugendlichen interaktionale und gestalterische Elemente (z. B. Gruppenspiele und Übungselemente) vermehrt im Vordergrund stehen. Darum werden im Vergleich zu Erwachsenenkursen im ZRM-Kurs mit Jugendlichen Schreibarbeiten und Impuls-Referate zugunsten praktischer Anwendungen, verschiedenster Übungen und weitere Rollenspiele reduziert.

Eine den Bedürfnissen der Jugendlichen angepasste Kurssprache und Methodik

Der Inhalt der Trainingseinheiten in ZRM-Kursen mit Jugendlichen entspricht im Wesentlichen dem von ZRM-Kursen mit Erwachsenen (Storch & Krause, 2002). Hingegen unterscheiden sich die Kurse im Aufbau und in der Methodik. So findet in den Kursen mit Jugendlichen ein Vorkurs statt, in dem der sogenannte Themenspeicher geöffnet wird. Denn im Unterschied zur Arbeit mit Erwachsenen zeigte sich, dass die Jugendlichen zu Beginn selten über eine Diskrepanzwahrnehmung in dem Sinne verfügen, als sie genau wissen, an welchen unerwünschten Verhaltensweisen sie arbeiten möchten. Dies betrifft vor allem jüngere Jugendliche und solche,

➡ Veränderungsmotivation erzeugen 1.2.3.1

die den ZRM-Kurs im «Verpflichtend-Setting» an einer Schule durchführen. Hier hat es sich als hilfreich erwiesen, bereits im Vorkurs aktuelle Lebensthemen beziehungsweise Situationen zu sammeln, in denen die Jugendlichen unter Druck geraten, sie sich überfordert fühlen. Basierend auf diesen für die Jugendlichen schwierigen Alltagssituationen werden dann die individuellen Ressourcen entwickelt. In jugendpsychiatrischen Kontexten kann man dagegen von einer bereits bestehenden Änderungsmotivation ausgehen und auf den Themenspeicher beziehungsweise auf den Vorkurs verzichten.

Ferner ist zu beachten, dass Erläuterungen und ZRM-spezifische Fachausdrücke der Sprache der Jugendlichen angepasst und vereinfacht werden müssen. Aufgrund bisheriger Rückmeldungen von Jugendlichen kann davon ausgegangen werden, dass sie die Kursinhalte im Wesentlichen verstanden haben. Doch zeigte sich in den Folgekursen, dass der Ressourcenbegriff teilweise noch nicht völlig geklärt war. Auch dass unser Selbstmanagementtraining ein Werkzeug darstellt, das sich auch auf andere Bedürfnisse und Ziele anwenden lässt als die, die jeweils im Kurs besprochen wurden, war einigen Jugendlichen zu Beginn nicht klar genug. Eine gute Strukturierung, Advance Organizer und zahlreiche Wiederholungen der wichtigsten Inhalte fördern darum ein tieferes inhaltliches Verständnis.

Im Wissen darum, bei der verwendeten Kursprache die Lebenswelt der Jugendlichen zu beachten, sollten Äußerungen und Anregungen der Teilnehmenden unbedingt aufgegriffen und ins Kursgeschehen integriert werden. So erhielt zum Beispiel in einem Kurs das emotionales Bewertungssystem, auf dem das für uns wichtige Konzept der somatischen Marker beruht, von den Jugendlichen den Namen «SMILE ☺». Denn für sie war dieses bekannte Symbol am deutlichsten in der Lage, das Zeichen der Zufriedenheit und Selbstkongruenz, das beim Vorhandensein eines positiven somatischen Markers oft beobachtete Strahlen, auszudrücken. Wir haben in diesem Manual darauf verzichtet, die einzelnen Kurselemente mit einer jugendtypischen Sprache zu versehen, weil sprachliche Gepflogenheiten unter Jugendlichen stark nach Subgruppen variieren und schnell wechselnden Modeströmungen unterworfen sind. Es hat sich darum bewährt, mit einer kleinen Steuergruppe von interessierten Jugendlichen die Kursinhalte vorab zu besprechen und zusammen mit ihnen die wichtigsten Kurselemente und Formulierungen zu entwickeln, die zur jeweiligen Gruppe passen.

Die Gruppe gezielt als Ressource nutzen

Ein wesentlicher Vorteil aus sozialisationstheoretischer Sicht liegt in der Arbeit mit Schulklassen in der Gruppe. Es ist erfreulich, dass sich in den bisherigen Kursen auch der Zusammenhalt in der Klasse und das gegenseitige Vertrauen durch den Kurs vergrößert hat. Je nach bereits bestehender Gruppendynamik in der Klasse sehen sich die KurstrainerInnen unterschiedlichen Anforderungen gegenüber. Darum hat sich in der bisherigen Arbeit mit Jugendlichen das Mediatoren-Konzept, bei dem speziell dafür ausgebildete Jugendliche Coachingaufgaben in der Gruppe übernehmen, bewährt. Es ist durchaus beabsichtigt, dass die Jugendlichen, die darin instruiert werden, ihre Peers während des Trainings zu coachen, ihren hohen Status in der Gruppe nutzen, um die anderen Gruppenmitglieder positiv zu beeinflussen und deren Motivation für den Kurs zu verstärken. Auch das Buddy-Team, in dem sich die Jugendlichen zu zweit überlegen, worauf sie sich in der Umsetzung ihrer Ziele speziell konzentrieren möchten und gemeinsam Aktionen planen, um sich gegenseitig an ihre Ressourcen zu erinnern, stellt eine wichtige soziale Ressource zur Zielerreichung dar. Der Ressourceneinsatz selber kann auch auf die Klassenebene geholt werden: Wenn beispielsweise darüber nachgedacht wird, was man in der Klasse tun kann, um sich gegenseitig an den Einsatz ihrer Ressourcen zu erinnern. So trafen die Jugendlichen in einem Kurs die Vereinbarung, dass ein Schüler der Lehrerin Y jeden Montagmorgen eine Blume auf ihr Pult stellt.

→ Die Gruppe als hilfreiches Agens 1.2.3.5

→ Transfer 2 und 3 2.6.2
Soziales Priming 1.2.3.5

Lehrkräfte gezielt als Ressource einsetzen

Ob Lehrkräfte im Kurs selber eingesetzt werden sollten, hängt von den Voraussetzungen vor Ort ab. Einerseits bietet eine Teilnahme der Lehrperson (die optimalerweise bereits in ihrer Lehrerfortbildung einen ZRM-Kurs erlebt hat) den Vorteil, dass sie «ihre» Klasse kennt, Störungen und Probleme vorbeugen und als wirkungsvolle Kursassistentin eingesetzt werden kann. Andererseits kann es schwierig werden für Jugendliche, die sich durch die Anwesenheit ihrer Lehrkraft in ihrer Individualität gestört und beobachtet fühlen. Im Zuge eines Selbstmanagementtrainings, das sich wie das ZRM als Teil einer Persönlichkeitsentwicklung versteht, werden früher oder später zwangsläufig auch sehr private, teils auch intime, Vertraulichkeit erfordernde Themen berührt. Es lässt sich daher leicht vorstellen, dass sich nicht alle Jugendlichen im Beisein ihrer Lehrkräfte über intime Ziele aus unterschiedlichen Lebensbereichen unterhalten wollen. Daher muss die Frage der Teilnahme der Lehrkraft individuell geklärt werden.

Von großer Bedeutung ist jedoch auf jeden Fall der Beitrag der Lehrpersonen bei der Kursorganisation und beim Ressourceneinsatz auf Klassenebene. Beispielsweise hängt der Erfolg des Kurses auch davon ab, ob Lehrkräfte Pinnwänden mit den Bildern und Zielen der Jugendlichen im Schulzimmer (im Sinne eines Dauerprimings) sowie Aktionen und Erinnerungshilfen der Jugendlichen positiv gegenüber stehen oder nicht. Lehrpersonen können den Persönlichkeitsentwicklungsprozess ihrer SchülerInnen insofern wesentlich unterstützen, als sie gewährleisten, dass das im Kurs Gelernte im Schulalltag präsent bleibt.

Einen privaten und einen öffentlichen Bereich vorsehen

Wie in den Erwachsenenkursen ist es auch in der Arbeit mit Jugendlichen so, dass früher oder später auch teils intime Themen berührt werden. Beim ZRM-Training wird großer Wert darauf gelegt, dass die individuelle Entwicklung ganz von der jeweiligen Eigenart der einzelnen Person getragen wird. Trotzdem sprechen Argumente wie das «Commitment» (erhöhte Selbstverpflichtung, das Ziel umzusetzen), das «Modelllernen» (Adaption von Ideen und Maßnahmen der Peers), der «social-support» (weiterer Kontakt und Unterstützung durch Peers auch nach dem Kurs) und das Üben von Selbstreflexion und Selbstäußerungen vor der Gruppe dafür, einen Teil der Ergebnisse in die Öffentlichkeit der Trainingsgruppe zu bringen. Weil wir im ZRM-Training eine doppelte Zielsetzung verfolgen (Bestärkung/Förderung der jeweiligen Einzigartigkeit jeder/jedes Jugendlichen einerseits und Nutzung der Gruppe als Ressource andererseits), sind während der Kursarbeit zwei getrennte Bereiche vorgesehen: ein individueller, privater und geschützter Innenraum sowie ein allen Teilnehmenden zugänglicher öffentlicher Raum. Die Vorgabe dieser beiden getrennten Bereiche wird durch folgendes didaktische Arrangement unterstützt: Der individuelle Raum ist durch die im Trainingsverlauf immer wieder erfolgenden persönlichen Arbeitsphasen und Reflexionen und materiell durch das persönliche Handbuch (die Arbeitsblätter) gegeben. Der öffentliche Raum ist gegeben durch Austausch in Plenumrunden, in Teilplena und durch die «Ergebnisgalerie», wo die Ergebnisse im Verlauf des Trainings nach und nach auf Moderationskarten an Pinnwänden präsentiert werden.

Ganzheitliches Lernen

Erzähl mir und ich vergesse.
Zeig mir und ich erinnere.
Lass es mich tun, und ich verstehe.

Konfizius

Lernen wird durch den Gebrauch aller Sinne und verschiedener Lernkanäle gefördert. Aus der Lernpsychologie wissen wir, dass die Behaltensquote vom Ansprechen verschiedener sensorischer Kanäle abhängt. Lerninhalte müssen multicodiert werden. Deshalb ist im ZRM-Training darauf zu achten, möglichst alle Sinne anzusprechen, auditive, visuelle und taktil-kinästhetische. Weil Lernen ein aktiver Prozess ist, muss ein Training die Möglichkeit bieten, die Lerninhalte auf verschiedenen Ebenen zu verarbeiten und zu vertiefen.

➡ Ressourcenaufbau 1.2.1

Die Inhalte der Impulsreferate werden mit Flipchartdokumentationen visualisiert, die im Raum in chronologischer Folge aufgehängt werden und die einzelnen Trainingsschritte dokumentieren. Aufnahmephasen wechseln mit Anwendungsphasen, die aktive Mitarbeit der Jugendlichen wird während des Trainings immer wieder gefordert, sowohl in gesprächsorientierten Gruppen- und Einzelarbeiten als auch in handlungsorientierten kreativen Phasen wie zum Beispiel dem Malen der körperlichen Ressourcen (siehe Arbeitsblatt 8 · Ja), der Gestaltung eines individuellen Ressourcenpools oder dem Erproben neuer Handlungsweisen im Rollenspiel.

Im Sinne des ganzheitlichen Lernens ist ein Punkt besonders hervorzuheben: die Förderung der Eigenwahrnehmung. Das ZRM basiert auf einem Menschenbild, das dem Individuum größtmögliche Kompetenz darüber zuschreibt, selbst zu wissen, was nötig ist, um sich gut zu entwickeln. Entsprechend ist auch das ganze Training teilnehmerorientiert und konsequent individuell ausgerichtet. Ein wesentlicher Bestandteil ist es, den Jugendlichen selbst-

Selbstkongruenzdiagnostik 1.2.1

kongruente Entscheidungen über ihre Ziele zu ermöglichen. Um zu erreichen, dass sie in der Lage sind, zuverlässig zu diagnostizieren, was sie selbst wirklich wollen, wird unter anderem auf neurowissenschaftliche Theoriebildung zurückgegriffen. Hierbei spielt das Konzept der «somatischen Marker» eine zentrale Rolle. Im Zürcher Ressourcen Modell wird davon ausgegangen, dass die Selbstkongruenz von Entscheidungen über körperliche und/oder emotionale Signale erkannt werden. Jungen Menschen fällt die Eigenwahrnehmung ihrer körperlichen und/oder emotionalen Signale im Normalfall eher leichter als Erwachsenen. Dennoch gibt es auch unter den Jugendlichen solche, denen dies nicht so leicht gelingt. Zu Beginn des Trainings oder bei der Pausengestaltung kann die Eigenwahrnehmung gefördert werden. Welcherlei Übungen hierzu ausgewählt werden, kann die Leitung nach ihren persönlichen Vorlieben und Kenntnissen entscheiden. Qi Gong, Yoga oder autogenes Training erfüllen diesen Zweck genauso wie Gymnastikübungen oder allgemeine Tanzeinlagen mit Hip-Hop-Elementen. Es hat sich auch als nützlich erwiesen, «besinnliche» Elemente mit «ausgelassen-fröhlichen» und «sportlichen» zu kombinieren, um den Interessen und Vorlieben möglichst vieler Jugendlicher gerecht zu werden. Nicht zuletzt richtet sich die Auswahl der Übungen zur Eigenwahrnehmung auch nach der Zusammensetzung der Gruppe und ihrer aktuellen Verfassung.

Elterninformation

Im Sinne der Transparenz und weil die gezielte Arbeit an personalen Kompetenzen vielerorts noch nicht ebenso selbstverständlich zum Curriculum gehört wie Mathematik- oder Sprachunterricht, sollten die Eltern von der Lehrkraft und der Trainingsleitung über den Inhalt des Kurses informiert werden. Ein Beispielbrief ist im Anhang zu finden.

Ja-Version: Manual für Jugendliche in der mittleren/späten Adoleszenz

1.1 Vorkurs: Trainingsvereinbarungen und Situationssammlung

Der Einstieg ist ein wichtiger Moment im gesamten Training. Sorgfältige Planung und Vorbereitung zahlen sich hier ganz besonders aus! Im Vorkurs werden zwei Ziele verfolgt: Zum einen geht es darum, Orientierung zu bieten und mit den Jugendlichen in Kontakt zu treten. Die Jugendlichen erhalten eine Übersicht zum Kurs, erste Informationen über die Trainingsziele und erstellen gemeinsam mit der Leitung eine Kursvereinbarung. Zum anderen erfolgt hier der erste Schritt in die inhaltliche Arbeit: Mittels Themenspeicher werden die Jugendliche für Situationen sensibilisiert, in denen sie unter Druck geraten, sich überfordert fühlen und gerne alternative Handlungsweisen entwickeln würden.

Lernziel: Mittels Themenspeicher stellen die Jugendlichen ihren aktuellen Veränderungsbedarf fest.

1.1.1 Der Einstieg

In Zusammenarbeit mit den Lehrkräften beziehungsweise den Bezugspersonen der Jugendlichen bereiten die TrainerInnen sich auf die ZRM-Arbeit vor. Es werden die Teilnahmebedingungen abgeklärt und die gruppendynamischen Voraussetzungen im Hinblick auf das Training gelegt. Dieses Vorgehen vermittelt individuelle Sicherheit und legt den Grundstein für eine arbeitsfähige Gruppenstruktur und eine vertrauensvolles, offenes Gruppenklima.

1.1.1.1 Mittels Vorstellungsrunde ressourcenorientierte Aussagen üben

Nach einer kurzen Begrüßung soll eine Vorstellungsrunde gewählt werden, die den Voraussetzungen der Jugendlichen vor Ort entspricht. Wenn sich die Gruppe gegenseitig schon gut kennt, ist davon auszugehen, dass eine Vorstellungsrunde die Jugendlichen eher anspricht und fordert, bei der sie sich nicht selbst, sondern ihren Nachbarn/ihre Nachbarin vorstellen. Anhand eines Balles, der einander zugespielt wird, und eines Vorstellungsleitfadens in der Art «Ich heiße…, rechts von mir sitzt x, sie kann gut…/sie ist gut im…» üben die Jugendlichen, positive Eigenschaften ihrer Peers zu entdecken und diese auch zu formulieren. Dieses Vorgehen soll die Arbeit in Trainingsphase 1 vorbereiten, bei der die Jugendlichen aufgefordert werden, anhand des ersten Ideenkorbes positive Assoziationen zu den Bildern zu äußern (siehe Kap. 2.2.5).

1.1.1.2 Standpunkte

Diese Übung kann von Trainer und Trainerin eingesetzt werden, um die Gruppe besser kennen zu lernen und um sich einige Hinweise zur Gruppendynamik zu verschaffen. Außerdem werden die Jugendlichen durch diese Übung für die eigene Meinung und den eigenen Standpunkt sensibilisiert. Sie werden aufgefordert, sich zu überlegen, wo sie sich auf einer sechsstufigen Prozent-Skala, die von der Kursleitung auf dem Boden visualisiert wird, bezüglich der vorgegebenen Themen einstufen würden (von 0 % für «trifft nicht auf mich zu/stimme dem nicht zu» bis 100 % für «trifft auf mich voll zu/stimme dem voll zu»). Aufgrund einer ersten Aussage der Kursleitung überlegen sich die Jugendlichen zuerst mental für sich alleine, wo sie sich bezüglich dieser Aussage auf der Prozent-Skala positionieren würden. Geht es beispielsweise um die Aussage: «Ich bin mutig…», so siedeln sich besonders mutige KursteilnehmerInnen nahe bei der 100-Prozent-Marke an, eher ängstliche wohl näher bei der 40-Prozent-Marke und jene, die von sich behaupten über viel Angst zu verfügen, nahe bei der Null-Prozent-Marke. Auf die nachfolgende Aufforderung steuern sie dann auch real im Raum ihre Marke an. Danach erhalten alle Zeit und Gelegenheit um zu schauen, wo sich welche Personen positioniert haben beziehungsweise wo sie bezüglich der gemachten Aussage «stehen» (daher der Name «Standpunkte»). Dann geht die Kursleitung zum nächsten Thema über. Interessierte ZRM-Coaches finden hier eine Auswahl möglicher Aussagen:

- KollegInnen zu haben ist mir äußerst wichtig…/KollegInnen zu haben ist mir nicht besonders wichtig…
- Köpfchen muss man haben, um das Leben gut zu meistern…/ Köpfchen allein ist nicht so wichtig, wenn man im Leben bestehen will, braucht es auch andere Qualitäten, nämlich wie man mit sich selbst und mit anderen umgeht…
- Teamworking ist wichtig, miteinander geht's besser…/Ich komme gut allein klar, verlass mich lieber auf mich selbst…
- Ich bin zufrieden mit mir, so wie ich bin…/Ich mag mich nicht, so wie ich bin…
- Es fällt mir, leicht gegen den Strom zu schwimmen…/Ich passe mich lieber an…
- Mich trifft es, wenn andere über mich lachen…/Mich stört das überhaupt nicht, wenn andere über mich lachen…
- Ich trage gern, was Mode ist…/Es ist mir egal, was gerade «in» ist…
- Jetzt, in diesem Moment, fühle ich mich gut…/Jetzt, in diesem Moment, fühle ich mich nicht besonders gut…
- Die Schule ist wichtig für mich, ich lerne hier wichtige Dinge für die Zukunft…/Schule ist für mich Nebensache…
- Ich fühle mich oft allein beziehungsweise unverstanden…/Ich habe gute Kontakte und Beziehungen…
- Manchmal macht es mit mir einfach…/Ich stehe mit beiden Füssen fest auf dem Boden, nichts kann mir was anhaben…
- Ich bin gespannt, was im ZRM-Kurs auf mich zukommt und freue mich darauf, mich selbst besser kennen zu lernen…/Mich lässt das kommende Training völlig kalt und darum lasse ich mich mal überraschen, was da kommt…

Weil die Selbstwahrnehmung der Jugendlichen mit Skalierungsfragen bestens gefördert werden kann, empfiehlt es sich, auf dem Boden des Kursraumes mit Klebstreifen eine feste Skala zu befestigen, die auch während des Trainings immer wieder benutzt werden kann.

1.1.1.3 Informationen zum Training

Die Jugendlichen werden mit den Grundideen des ZRM vertraut gemacht, es werden ihnen der Ressourcenbegriff und der Nutzen des Kurses erklärt. Es folgt ein erstes Impulsreferat.

Das Referat thematisiert:

- Den Nutzen des Trainings: Das Training geht davon aus, dass alle Menschen die Kräfte, die sie für die Umsetzung ihrer Ziele benötigen, bereits in sich selbst haben («la source» bedeutet Quelle, Ursprung). Darum werden Fähigkeiten und Schätze entdeckt und entwickelt, die in den Jugendlichen schlummern. Dies lenkt den Blickwinkel weg von den Schwächen hin zu den Fähigkeiten. Nachdem mittels Themenspeicher herausgefunden wurde, welche unerwünschten Verhaltensweisen verändert werden sollen, legen die Jugendlichen das Augenmerk darauf, was bereits in ihrer Schatzkammer vorhanden ist. Dazu benötigen sie ein motivierendes Ziel, das sie in Taten umsetzen können. Um die Wahrscheinlichkeit der Umsetzung dieses Zieles zu erhöhen, erstellen sie einen Ressourcenpool, der alles beinhaltet, was das erwünschte neuronale Netz aktiviert. Die Ressourcen stehen also immer in Bezug zum erwünschten Ziel!
- Das Training ist mit einem Werkzeug vergleichbar, das Menschen auf dem Weg, ihre Ziele in Taten umzusetzen, unterstützt. Da es ein Werkzeug ist, hilft es den Jugendlichen nicht nur bei ihrem im Kurs gesetzten Ziel. Auch später können sie sich beliebig etwas vornehmen und ein neues Ziel auf ähnliche Weise in Taten umsetzen. Konkret geht es darum, das Ziel im Kopf, gefühlsmäßig und im Körper zu verankern, so dass der junge Mensch auch in schwierigen Situationen handlungsfähig und selbstbestimmt bleibt. Welche Ressourcen er dabei einsetzt, ist sehr individuell.
- Es geht darum, unerwünschte Verhaltensweisen zu verändern. Jemand kann sich beispielsweise nicht wehren und für sich einsetzen. Solche unerwünschten Verhaltensweisen haben wir alle in unserem Leben und sie werden in Stresssituation automatisch hervorgerufen. Das Training hilft nun, positive Veränderungen herbeizuführen. Die Jugendlichen lernen also, gerade in Stresssituationen auf ihre Stärken zurückzugreifen. Als Beispiel: Anstatt man sich etwas Ungerechtes gefallen lässt, lernt man zu sagen, was man denkt.

- Es geht im Kurs um jede(n) Einzelne/Einzelnen: Jede und jeder setzt sich sein/ihr Ziel selber. Wichtig ist dabei auch, dass die LeiterInnen die Jugendlichen nicht beurteilen und bewerten, sondern begleiten und unterstützen. Die Aktiven sind die Jugendlichen. Dies bedingt auch, dass die Kursleitung keine Verhaltenstipps abgibt, sondern die Jugendlichen bestimmen, woran sie während des Kurses arbeiten wollen.

Für TrainerInnen-Interventionen gilt immer der Grundsatz: *Nur so viel Coaching wie unbedingt nötig und so wenig wie möglich.* Unser Training ist im Sinne des Selbstmanagementgedankens als Hilfe zur Selbsthilfe angelegt, und oft genügen kleine Impulse von Seiten der TrainerInnen, um eine Kleingruppe auf eine neue Spur zu bringen und sie damit wieder autonom und arbeitsfähig zu machen. !

Unser Manual besteht im Wesentlichen aus vier beziehungsweise fünf Trainingsschritten, die den Jugendlichen anhand von **Flip 1 · Ja** beschrieben werden:

Flip 1 /Ja

Trainingsschritte

Vorkurs: Trainingsvereinbarungen & Situationssammlung

1. Mein Thema klären
2. Vom Thema zu meinem Ziel
3. Vom Ziel zu meinem Ressourcenpool
4. Mit meinen Ressourcen zielgerichtet handeln
5. Mein Weg im Kurs & Umsetzung des Zieles im Alltag

Follow-up

Im Folgenden werden die Spielregeln für die Dauer des Trainings (siehe **Flip 2 · Ja**) besprochen, welche – neben den bekannten Kommunikationsregeln für die Arbeit mit Gruppen – Erläuterungen zu den ZRM-spezifischen Regeln umfassen. Die «Trennung von privatem und öffentlichem Bereich» (siehe didaktische Empfehlungen) bedeutet einerseits, dass die Jugendlichen allein über den Inhalt ihres Ordners verfügen und auch dafür verantwortlich sind, dass niemand Einblick in ihre privaten Notizen erhält. Andererseits wird ihnen hier das Konzept der «Fremdgehirne» nähergebracht, das besagt, dass die Jugendlichen in dem Training immer wieder Anregungen von fremden Gehirnen bekommen, die sie dann für sich auswerten und nutzen können. Aus diesem Grund werden die

Flip 2 /Ja

Spielregeln

- Jede(r) bestimmt selbst, was er von sich erzählen will.
- Zu Drittpersonen sprechen wir nur über unsere eigenen Erlebnisse.
- „Ich" statt „man"!
- Mein Ordner gehört mir ganz allein.
- "Fremdgehirn"-Prinzip: um viele verschiedene Ideen zu erhalten, arbeiten wir immer wieder in anderen Gruppen und sitzen immer wieder neben anderen. Plätze und Gruppeneinteilungen werden ausgelost.
- *Wir vertrauen und unterstützen einander!*
- *Wir respektieren die Meinung der anderen!*
- *Wir sind ehrlich miteinander.*

.
.

Gruppen (abgesehen vom Buddy-Team bei der Transfersicherung 2, siehe Kap. 2.6.2) stets nach dem Zufallsprinzip eingeteilt. Ferner empfehlen wir auch, die Plätze mit Nummern zu versehen und die Sitznachbarn immer wieder von Neuem auszulosen, was – als positiven Nebeneffekt – auch gruppendynamischen Störprozessen vorzubeugen vermag. Neben den vorgegebenen Regeln soll den Jugendlichen die Gelegenheit eingeräumt werden, ihre eigenen Vorstellungen und Regeln für eine gute Trainingskultur zusätzlich einzubringen. In Kleingruppen diskutieren die Jugendlichen ihre Anliegen und einigen sich auf zwei bis drei Regeln, die sie im Plenum vorstellen möchten. Gemäss unserer bisherigen Erfahrungen handelt es sich um folgende Themen: Ehrlichkeit, Vertrauen, Respekt vor der Meinung anderer, Lösungsfindung im gemeinsamen Austausch. Die Regeln werden nach der Veröffentlichung im Plenum mit Klebepunkten bewertet und jene mit den meisten Punkten auf Flip 2 · Ja festgehalten. Die gemeinsame Vereinbarung kann dann von allen Beteiligten zum Beispiel mit farbigem Fingerabdruck besiegelt oder unterschrieben werden, was aufgrund des symbolischen Charakters das Commitment, die Selbstverpflichtung für die zentralen Trainingsregeln verstärkt.

1.1.2 Öffnen des Themenspeichers und Situationssammlung mittels Logbuch

Siehe Comic 3 im Anhang

Diskrepanz wahrnehmen und Veränderungsmotivation erzeugen 1.2.3.1

Im Unterschied zur Arbeit mit Erwachsenen zeigte sich, dass Jugendliche, die das Training im Rahmen eines obligatorischen Settings machen, zu Beginn selten genau wissen, an welchen unerwünschten Verhaltensweisen sie arbeiten möchten. Darum hat es sich in der Arbeit mit diesen Jugendlichen als hilfreich erwiesen, bereits im Vorkurs aktuelle Lebensthemen beziehungsweise Situationen zu sammeln, in denen sie unter Druck geraten und mit ihrem Verhalten nicht zufrieden sind. Konkret geht es um unerwünschte Verhaltensweisen, die gute Beziehungen zwischen Menschen zerstören, Erfolge im Leben verhindern und dafür sorgen, dass wir unzufrieden sind. Die Ideen, die im Themenspeicher gesammelt werden, können in etwa lauten: «Ich vergesse immer meine Hausübungen», «Bei Vorträgen werden meine Hände ganz feucht und ich beginne zu stammeln...», «Meine Freundin versetzte mich gestern bereits zum dritten Mal...», «Wenn mich ein Junge beachtet, werde ich immer ganz rot und bringe kein Wort heraus...», «Wenn meine Eltern wegen meiner Klamotten herumnörgeln, schreie ich sie immer an, was mir hinterher leid tut…» usw.. Für diese Situationssammlung nimmt sich die Klasse/Gruppe zwei bis vier Wochen Zeit. Unter der Fragestellung, ob es in ihrem Leben Situationen gibt, in denen die Jugendlichen gerne anders gehandelt hätten, sammelt die Gruppe auf einem Plakat erste Situationen, die für die Jugendlichen von Bedeutung sind und in denen sie immer mit denselben unerwünschten, automatisch ablaufenden Verhaltensweisen reagieren. Eine Liste mit unerwünschten Verhaltensweisen kann das Finden solcher Themen unterstützen (in Anlehnung an Demont, 1998, S. 31; siehe Anhang). Nach unserer Erfahrung nennen Jugendliche hauptsächlich Themen aus den Bereichen Selbstbehauptung und Durchsetzungsvermögen, Kontaktfähigkeit (Zuwendung zu Gleichaltrigen und Hinwendung zum anderen Geschlecht), Selbstakzeptanz, Schule (z. B. Umgang mit Belastungssituationen, mit Prüfungsangst) oder Autonomie und Ablösung vom Zuhause (Ausgang, Freiheiten, eigene Gestaltungs- und Spielräume). Für die weitere Themensuche empfiehlt sich ein Briefkasten, in dem anonym weitere Situationen gesammelt werden. Dabei kann es sich sowohl um Verhaltensweisen handeln, welche die Jugendlichen gerne bei sich selbst verändern wollen, als auch um unerwünschte Verhaltensweisen, die sie – ohne jedoch deren Namen zu nennen! – an ihren Peers beobachten. Bei Jugendlichen, die im Rahmen eines jugendpsychiatrischen oder sozialpädagogischen Settings am ZRM-Training teilnehmen, kann dieser Themenspeicher auch weggelassen werden. Voraussetzung für den Verzicht auf den Themenspeicher ist, dass die Jugendlichen bei sich aktuellen Veränderungsbedarf festgestellt haben.

Um die Trainingszeit optimal zu nutzen, hat sich das Führen eines Logbuches in der Zeit zwischen dem Vorkurs und Trainingsbeginn (etwa zwei Wochen) bewährt. Aufgrund täglicher Notizen machen sich die Jugendlichen Gedanken darüber, in welchen Situationen sie mit ihrem Verhalten unzufrieden sind, welche Gefühle es bei ihnen ausgelöst hat, wie sie die Intensität dieses Gefühls auf einer Skala einschätzen und welche Handlungswünsche sie für ihr Selbstmanagement gerne erarbeiten würden. Ein Logbuch-Vorschlag und ein Brief, der den Jugendlichen im Vorkurs als Anleitung zum Führen dieses Logbuches abgegeben werden kann, sind im Anhang zu finden. Falls eine Steuergruppe gebildet wurde, empfiehlt es sich, den Brief vorab mit ihr zu besprechen. Damit ist gewährleistet, dass die Beispiele im Brief die Lebenssituation der Jugendlichen auch adäquat treffen.

2.2 Trainingsphase 1: Mein Thema klären

Indem an die erste inhaltliche Arbeit des Vorkurses angeknüpft wird, wählen die Jugendlichen Situationen aus dem Themenspeicher oder sie bringen persönliche Themen ein. Mit einer Bildkartei werden, zusätzlich zum bewusst vorhandenen Wissen der Jugendlichen über ihre aktuellen Lebensthemen, auch unbewusste Bedürfnisse ermittelt, um diese dann in die weitere Arbeit mit einzubeziehen.

Lernziel: Die Jugendlichen kennen das Konzept der somatischen Marker.

2.2.1 Themenwahl

Ziel dieses ersten Trainingsschrittes ist, einen intensiven Reflexionsprozess zu ermöglichen. Hierbei soll den Jugendlichen klar werden, welches Thema in ihrer aktuellen Lebensphase im Vordergrund steht. Aus dem Themenspeicher wählt jeder/jede TeilnehmerIn eine Situation beziehungsweise eine persönliche Thematik, in der sie sich wiedererkennen und zu der sie neue Handlungsabsichten formulieren. Falls ein/e Jugendliche(r) ein neues Thema bearbeiten möchte, das bisher im Themenspeicher noch nicht aufgetaucht ist, wird dies selbstverständlich gestattet. In den nachfolgenden Kursphasen werden dann die individuellen Ressourcen der Teilnehmenden zu dieser selbstgewählten Thematik schrittweise erarbeitet.

2.2.2 «Chill-out»: Gemeinsam und entspannt starten

Nach der Themenwahl bietet die Leitung eine geführte Entspannung an, jugend- und zeitgemäß ausgedrückt nennen wir diese im Training momentan «Chill-out». Ein wesentliches Element des ZRM kommt damit erstmals zum Tragen: die Ressourcenorientierung. Die Jugendlichen werden im Verlauf dieser Entspannung mit ihren Stärken (Ressourcen) in Kontakt gebracht, die Leitung thematisiert den Ankommensprozess, fördert das Wohlbefinden der Jugendlichen und schafft eine lockere, entspannte Atmosphäre. Zugleich wird damit eine wichtige Voraussetzung für den unmittelbar anschließenden ersten Arbeitsschritt – die Auswahl eines Bildes in einem möglichst entspannten, introvertierten Zustand – geschaffen. Jugendgerechte Entspannungsübungen finden sich beispielsweise bei Vopel (2003).

Ruhige Instrumentalklänge oder Naturgeräusche fördern die innere Ruhe, weshalb dieselbe Musik die Teilnehmenden auch bei der folgenden Bilderwahl begleiten sollte. Falls die Gruppe an geführte Entspannungen nicht gewöhnt ist und die Gefahr besteht, dass eine alberne Stimmung entsteht, kann zum Beispiel einfach die Anweisung gegeben werden, die Augen kurz zu schließen und zehnmal tief in den Bauch zu atmen.

2.2.3 Mit Bildern das persönliche Thema präzisieren

Siehe Comic 6 im Anhang

Auch dieser Trainingsschritt ist ressourcenorientiert. Nachdem die Jugendlichen ihr Thema gewählt haben, erhalten sie mittels Bildkartei Hinweise darüber, was ihnen bei der Realisierung ihrer Thematik helfen könnte. Denn bei der entspannten und «absichtslosen» Auswahl des Bildes, «das mich anspricht» oder die Jugendlichen förmlich «anspringt» treten weitere unbewusste Anteile in Erscheinung, die für die Präzisierung der Themen nützlich sein werden. Eine Anweisung könnte in etwa lauten:

> «Ihr seht hier auf dem Boden verteilt verschiedene Bilder. Zur Musik könnt ihr nachher durch diese Bildergalerie hindurchschlendern und euch alles genau anschauen. Stellt euch vor, dass ein Bild dabei sein wird, dass euch bei eurem Thema unterstützen kann. Jede(r) von euch achtet dabei darauf, welches Bild sie/ihn besonders anzieht, das heißt eine *gutes Gefühl* bei ihr/ihm auslöst. Für dieses Bild entscheidet ihr euch dann. Ihr merkt es euch und setzt euch dann wieder in den Stuhlkreis.»

Eine Bildkartei besteht aus einem Satz von etwa 30 bis 80 Bildern mit unterschiedlichen Motiven. Vom Umfang her sollten etwa zwei bis drei Bilder pro Teilnehmende(n) zur Verfügung stehen. Eine solche Bildkartei lässt sich gut selber herstellen. Bilder können Zeitschriften, Kalendern oder Bildbänden jeglicher Art entnommen werden. Hauptkriterium für die Auswahl ist die Vielfalt: Bildmotiv, Thema, Länder, Mann/Frau, abstrakt/konkret, belebte/unbelebte Natur, Menschen, Tiere, Pflanzen, Landschaften, Bauwerke, Begegnungen zwischen Menschen, zwischen Tieren, zwischen Menschen und Tieren. Auch stilistisch und technisch ist Vielfalt wünschenswert: schwarz-weiß, bunt, Fotografien, Gemälde (von Kindern oder bekannten Meistern). Ein weiteres Kriterium ist die Ressourcenorientierung: Bei der Auswahl der Bilder ist darauf achten, dass sie sich potenziell als Ressourcen eignen und imstande sind, starke positive Emotionen hervorzurufen.

Als Format eignen sich Bilder im A-5- bis A-4-Bereich. Um eine zweckmäßige und dauerhafte Nutzung der Bildkartei zu gewährleisten, empfiehlt es sich, jedes Bild auf einen Karton zu kleben oder es zu laminieren.

Die Bilder dieser Sammlung werden auf dem Boden lose und beliebig ausgelegt. Die Leitung fordert sodann die Jugendlichen auf, in aller Ruhe zwischen den ausgelegten Bildern umherzuwandern, sie auf sich wirken zu lassen und bei sich zu beobachten, welches Bild sie positiv anspricht. Falls sich jemand von zwei Bildern gleich angezogen fühlt, bittet ihn/sie die Kursleitung, sich klar darüber zu werden, welches das stärkere gute Gefühl auslöst und sich für jenes Bild zu entscheiden. Die Jugendlichen werden aufgefordert, sich ihr Bild zu merken, es also erst nur im Stillen zu wählen, es hingegen noch nicht an sich zu nehmen. Als Zeichen dafür, dass die Bilderwahl erfolgt ist, nimmt jede/jeder Jugendliche wieder in der Stuhlrunde Platz. Erst wenn der/die letzte dort wieder angelangt ist, gibt die Leitung den Teilnehmenden die Anweisung sich «ihr» Bild zu holen. Wenn zwei dasselbe Bild gewählt haben, besorgt die Leitung eine Kopie. Solche «Zwillinge» sind üblich, sogar «Drillinge» (ein Bild wird von drei Jugendlichen gewählt) sind keine Seltenheit. An die Bilderwahl schließt sich eine strukturierte Vorstellungsrunde an (siehe **Flip 3 · Ja**). Die Jugendlichen werden aufgefordert, sich nochmals vorzustellen, mit Name, Hobbies sowie Erläuterungen zu ihrem Bild. Sie werden gebeten, der Gruppe anhand ihres Bildes zu erläutern, weshalb es sie anspricht, wieso es ihnen gefällt und was es ihnen bedeutet. Die Leitung kann erklären, dass es kein Zufall war,

Flip 3 /Ja

Vorstellungsrunde

- Mein Name ist ...
- Meine Hobbies/Freizeitbeschäftigungen sind ...
- Das gefällt mir an meinem Bild besonders ...

dass der/die einzelne Person gerade dieses Bild wählte und darauf hinweisen, dass dazu gleich weitere Erklärungen folgen werden (siehe Impuls «unbewusste Anteile», Kap. 2.2.4). Um den Jugendlichen den Einstieg zu erleichtern, sollte die Leitung selbst mit der Vorstellungsrunde beginnen.

2.2.4 Warum wir mit somatischen Markern arbeiten

Siehe Comic 8

und 9 im Anhang

Es soll bereits hier auf das Konzept der «somatischen Marker» nach Damasio (1994) verwiesen werden, da es nicht nur bei der Zielformulierung eine wesentliche Rolle spielt, sondern auch bei der Bilderwahl ein eindeutiges Diagnostikum für Selbstkongruenz darstellt.

Wir haben im Folgenden vier Varianten zusammengestellt, mit denen das Konzept der somatischen Marker eingeführt werden kann. Die Varianten beziehen sich jeweils auf Jugendliche in unterschiedlichen Stufen der kognitiven und emotionalen Kompetenz.

Variante 1:
Bei der ersten Variante handelt es sich um ein *ausführliches Impulsreferat,* das sich an Jugendliche wendet, die von ihrer Persönlichkeitsentwicklung und ihrer Auffassungsgabe her schon weiter fortgeschritten sind. Es wird thematisiert:

- dass es parallel zu unserem bewussten Erleben weitere, weniger bewusste bis unbewusste Anteile in unserer Persönlichkeit gibt,
- dass unbewusste Anteile unter anderem bei der Arbeit mit Bildern in Erscheinung treten und dass die Teilnehmenden ihr Bild darum nicht zufällig ausgewählt haben. Ziel der Arbeit mit der Bildkartei ist es, den weniger bewussten Anteilen in der Psyche, die bei der Auswahl des jeweiligen Bildes mit eine Rolle spielten, ein Stück weit auf die Spur zu kommen.
- dass unbewusste Anteile eine wesentliche Rolle bei der Bewertung unserer Umwelt und somit auch beim Treffen von Entscheidungen spielen können,
- und dass unbewusst verlaufende Bewertungen und Entscheidungen anhand von «somatischen Markern» beobachtet werden können. Als somatische Marker bezeichnet Damasio (1994) ein biologisches Bewertungssystem, das durch Erfahrung entsteht und über Körpersignale und/oder emotionale Signale verläuft. Somatische Marker steuern das Annäherungs- und Vermeidungsverhalten. Jede Situation oder jeder Person, mit denen die Jugendlichen Erfahrungen gesammelt haben, hinterlassen einen somatischen Marker, der eine Bewertung dieser Begegnung speichert. Die Bewertung findet nach einem ganz einfachen «schwarz-weiß»-Prinzip statt: «☺ Gut gewesen, wieder aufsuchen» oder «☹ Schlecht gewesen, das nächste Mal lieber meiden». Wenn wir uns später wieder in einer entsprechenden Situation befinden (oder wir uns in einem vorausschauenden Planungsprozess darüber Gedanken machen müssen, wie wir mit einer bestimmten Situation umgehen sollen) erfahren wir über somatische Marker blitzschnell, was zu dieser Thematik bisher an Erfahrungen gesammelt wurde. Natürlich ist die Vernunft bei einem Entscheidungsprozess immer auch beteiligt, aber sie kommt erst zum Einsatz, nachdem die somatischen Marker schon lange tätig waren. Wenn wir also bei der Bilderwahl oder bei der späteren Zielformulierung einen positiven somatischer Marker wahrnehmen beziehungsweise wenn unser «Smile» ☺ (wie der positive somatische Marker von Jugendlichen eines Kurses im Rahmen der Vorbereitungsrunde benannt wurde) sagt: «Gut gewesen, ja das ist es!», können wir davon ausgehen, dass wir die richtige Entscheidung getroffen haben, wir selbstkongruent handeln.

Variante 2:

Die Trainingsleitung kann auch mit folgendem *Kurzreferat* zu den somatischen Markern anhand von **Flip 4 · Ja** einsteigen.

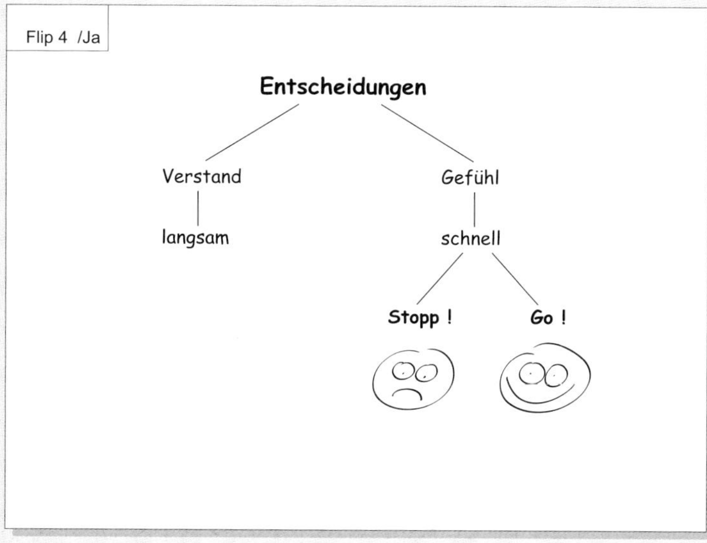

Die Kursleitung erläutert das Konzept der somatischen Marker (siehe Impuls oben), und erklärt, dass Gefühl und Verstand entweder übereinstimmen oder sich widersprechen können. Dieser Sachverhalt kann den Jugendlichen erläutert werden, indem sie sich aufgrund verschiedener Stichworte überlegen müssen, was denn hier wohl der Verstand und was das Gefühl sagen würde. Beispielsweise weckt das Stichwort «Hausaufgaben» bei einigen Jugendlichen auf der Stelle ein eher unangenehmes Gefühl, wobei der (etwas langsamer verarbeitende) Verstand sagt, dass es gut ist für den Lernerfolg, gewisse Inhalte zu Hause zu festigen. Anhand von Bildern und weiteren Aufstellungen (siehe Standpunkte im Vorkurs) kann die Wahrnehmung der Jugendlichen für somatische Marker als Körperempfindung geschärft werden. Die Kursleitung kann dafür eigene Bilder oder auch Zeichnungen positiver und negativer somatische Marker verwenden, die von Storch (2003) bereits publiziert wurden. Anhand vergrößerter, auf dem Boden liegender Zeichnungen kann veranschaulicht werden, dass sich ein positiver somatischer Marker durch ein «angenehmes Gefühl im Bauch», ein «Freiheitsgefühl in der Brust», ein «helles Wetterleuchten im Kopf», eine «Sonnenblume im Bauch» äußern können. Negative somatische Marker hingegen, die eher zur Vorsicht gemahnen und als Alarmsignalzu verstehen sind, äußern sich etwa durch ein «Zittern oder ein instabiles Gefühl in den Beinen», einen «schweren Stein im Bauch», ein «Engegefühl in der Brust» oder eine «große Last im Nacken». Nach den Erklärungen einigt sich die Gruppe darauf, wie sie das biologische Bewertungssystem der somatischen Marker nennen will (siehe «Kurssprache» unter «Didaktische Empfehlungen»): zum Beispiel Smile, Stopp-and-Go-Prinzip, mein Körpersignal, mein innerer Richter etc. Anhand weiterer Stichworte (z. B. Hausaufgaben, Mädchen, Kinobesuch, Zimmer aufräumen, mit Freundin einkaufen gehen usw.) werden die Jugendlichen dann aufgefordert, sich gemäss ihrem Körpergefühl zu den entsprechenden Bildern zu stellen. Auf diese anschauliche Weise lernen die Teilnehmenden, ihre Körperwahrnehmung als Entscheidungsinstanz wahrzunehmen.

Variante 3:

Die Trainingsleitung kann zur Verdeutlichung der Existenz des Unbewussten mit einem Beispiel für eine *«Freud'sche» Fehlleistung* einsteigen. Oder man könnte die Frage in den Raum stellen und in Murmelgruppen diskutieren lassen, woher denn wohl die *Träume* kommen und auf den Vermutungen der Jugendlichen basierend über die Existenz des Unbewussten diskutieren.

Variante 4:

Das Prinzip der somatischen Marker kann den Jugendlichen auch anhand eines *Spiels* veranschaulicht werden: Sechs TeilnehmerInnen sitzen an einem Tisch, in dessen Mitte allerlei Leckereien (Biskuits, Schokolade etc.) stehen. Verdeckt liegt ein Bild vor den Jugendlichen, dass sie sich merken sollen. Auf einem Würfel sind dieselben Bilder aufgeklebt. Ziel ist es nun, sich möglichst viele Naschereien zu erwürfeln: Der/die TeilnehmerIn, die ihr Bild gewürfelt hat, darf so lange essen, bis jemand anders sein/ihr Bild würfelt. Was die spielenden Jugendlichen nicht wissen: Die NichtspielerInnen haben von der Kursleitung den Auftrag erhalten, eine/n SpielteilnehmerIn zu beobachten, insbesondere die Reaktion, wenn sie sich ihr/sein Bild erwürfelt. Selbstredend, dass die Jugendlichen zu strahlen beginnen, wenn sie mit Essen an der Reihe sind. Mit diesem Spiel können die Jugendlichen dafür sensibilisiert werden, dass der SMILE ☺ als sichtbares Zeichen von Zufriedenheit sehr zuverlässig beobachtet werden kann.

Selbstkongruenzdiagnostik 1.2.1

Die Kursleitung sollte – unter Umständen mit Hilfe einer Steuergruppe – die Variante wählen, die dem Alter beziehungsweise der Auffassungsgabe der Teilnehmenden angepasst ist.

Der Impuls über das tiefenpsychologische Persönlichkeitsmodell kann in der Arbeit mit ganz jungen Jugendlichen auch weggelassen werden.

2.2.5 Die Ressourcen der Gruppe nutzen im Ideenkorb

Ausgehend von dem Thema, das die Jugendlichen aufgrund der Situationssammlung gewählt haben oder selbst eingebracht haben, wurde mit der Bilderwahl auch unbewussten Themen Gelegenheit gegeben in Erscheinung zu treten. Im nächsten Schritt sollen die Themen mittels eines ersten Ideenkorbes bearbeitet werden, um aus dem Bildmaterial bewusst verfügbare Information zu generieren. Das Verfahren, mit dem im ZRM-Training der angestrebte Selbstwahrnehmungs- und Selbstreflexionsprozess angeregt wird, bezeichnen wir als «Ideenkorb». Dies ist ein wichtiges Verfahren, das im weiteren Verlauf mehrfach Anwendung findet und somit den Jugendlichen sorgfältig erläutert werden sollte. In der Durchführung werden sie im Mediatoren-Konzept von Peers unterstützt, die das Ideenkorb-Verfahren bereits kennen und in der Lage sind, die einzelnen Gruppenmitglieder gut zu coachen. Falls keine Mediatoren eingewiesen wurden, kontrolliert die Kursleitung die Arbeit der Kleingruppen. Je nach Reifstand und sozialer Kompetenz kann das Coaching mehr oder weniger direktiv ausfallen **(3)**. Ziel des Ideenkorbes ist es, ressourcenorientierte Assoziationen zu den gewählten Bildern zu sammeln, das momentane Thema der einzelnen Teilnehmenden zu präzisieren und die nächste Trainingsphase, in der es darum geht, aufgrund des Themas ein Ziel zu formulieren, vorzubereiten. Dabei können die Jugendlichen von den Assoziationen der Gruppe profitieren.

Siehe Comic 7 im Anhang

Das Ideenkorb-Verfahren wird anhand eines Flips veranschaulicht (siehe **Flip 5 · Ja**). Es beinhaltet eine Kleingruppenarbeit zu dritt, bei der sich zwei Jugendliche als Hilfspersonen einer dritten, der Hauptperson, zur Verfügung stellen. Die Aufgabenstellung ist mit der eines Brainstormings zu vergleichen: zu einem bestimmten Thema – hier das Bild der Hauptperson – sammeln die Hilfspersonen positive Assoziationen und deponieren sie in einem imaginären

Fremdgehirnprinzip 1.2.3.5

Flip 5 /Ja

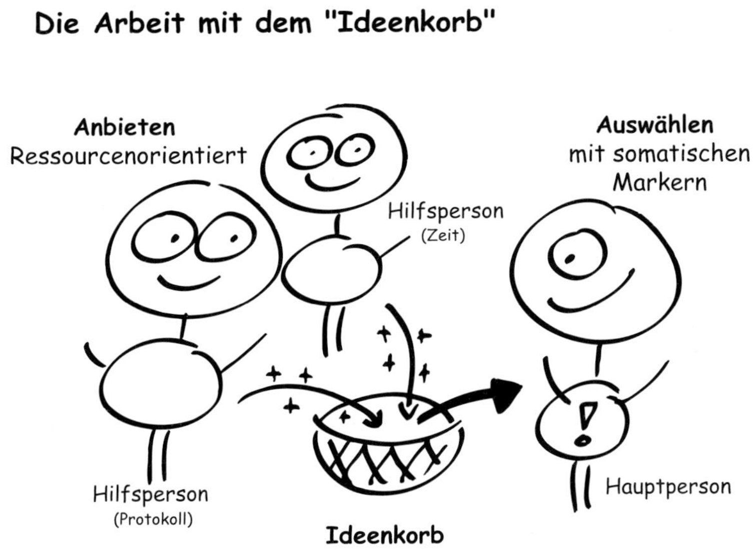

Korb. Die Hauptperson legt ihr Bild vor sich hin, so dass die Hilfspersonen ihre Assoziationen äußern können. Die/der BesitzerIn des Bildes hört aufmerksam zu und eine Hilfsperson, der/die ProtokollführerIn, notiert alle Ideen ungefiltert auf einem Ideenkorb-Blatt (Blanko-Ideenkorb-Vorlagen sind im Anhang zu finden). So füllt sich ein ganzer Ideenkorb. Es ist wichtig, dass die beiden Hilfspersonen völlig frei äußern, was ihnen zum Bild in den Sinn kommt, seien dies Beobachtungen, Farben, Ideen, Fantasien oder Gefühle. Mit einer Einschränkung: Alle Einfälle, die in den Ideenkorb wandern, müssen ressourcenorientiert sein. Denn es ist zu berücksichtigen, dass das Bild für die Hauptperson ganz wichtig und wertvoll ist und eine Quelle von Möglichkeiten, Chancen, Stärken, Energien, kurz, von Ressourcen darstellt. Insbesondere gilt es die Jugendlichen dafür zu sensibilisieren, dass das Bild für den/die jeweilige(n) EigentümerIn eine Kostbarkeit darstellt. Es versteht sich daher von selbst, dass während des Ideenkorbes keine flotten Sprüche oder Scherze gemacht werden dürfen. Um dies zu verdeutlichen, ist eine Demonstration des Vorgehens anhand eines Bildbeispieles auf jeden Fall empfehlenswert. Auch liegen bei Gruppenarbeiten immer ausreichend Blanko-Blätter für Notizen auf, so dass die Teilnehmenden nicht gezwungen sind, ihre eigenen Arbeitsblätter mit ihren persönlichen Überlegungen weiterzureichen.

Aufgabe der Hauptperson, der Bildbesitzerin, ist es, sorgfältig darauf zu achten, ob und wenn ja, welche Angebote bei ihr positive somatische Marker auslösen. Spürt sie ein besonderes Kribbeln im Bauch oder ein inneres Aha-Erlebnis bei einem bestimmten Begriff? Ein solches oder ein anderes Gefühl hilft der Hauptperson – verbunden mit den eigenen Ideen und Vorstellungen – eine reichere und tiefergehende Vorstellung davon zu entwickeln, worin ihr persönliches Thema besteht. Nachdem alle Ideen gesammelt und auf Arbeitsblatt 2 · Ja festgehalten worden sind, nennt die/der BesitzerIn des Bildes zusätzlich die eigenen Gedanken zum Bild, welche ebenfalls aufgeschrieben werden. Die gesammelten Notizen werden anschließend der Hauptperson übergeben. Dann kommt die nächste Person dran. Wenn alle Ideenkörbe gefüllt sind, folgen weitere Anweisungen.

Die Instruktionen für die Kleingruppenarbeit beinhalten folgendes:

- Raumzuteilung für die Gruppen
- Jeweils eine Hilfsperson übernimmt Protokoll- und Zeitwächterfunktion,
- Rollentausch nach 15 Minuten,
- Festhalten der Ergebnisse, für den Privatbereich (Arbeitsblatt).

In der Arbeit mit jüngeren oder sozial noch lernbedürftigen Jugendlichen ist es von wesentlicher Bedeutung, dass die Kleingruppen in dieser Phase intensiv gecoacht werden, um Abwertungen der Bilder durch geringschätzige Bemerkungen zu verhindern. Die KursleiterInnen und MediatorInnen achten darauf, dass die Assoziationen der Hilfspersonen ressourcenorientiert bleiben und geben, wenn nötig, eigene Assoziationen in die Runde ein.

Nach dieser Kleingruppenarbeit wählen die Jugendlichen aus ihrem Ideenkorb ihre Lieblingsideen aus. Auf Flip 3 · Ja notieren sich jene Assoziationen, bei denen sie einen positiven somatischen Marker wahrnahmen. Die Kursleitung sollte darauf hinweisen, dass es darum geht, sein Thema zu präzisieren und den nächsten Schritt, vom Thema zum Ziel vorzubereiten. Eine Impuls hierfür könnte beispielsweise lauten:

«Ihr werdet gleich die Gelegenheit erhalten, euch aus den gesammelten Ideen diejenigen auszusuchen, die euch am besten gefallen, euch angesprochen oder förmlich ‹angesprungen› haben. Nehmt euch Zeit dazu, geht die Liste durch und unterstreicht die Ideen, die zu eurem Thema aus der Situationssammlung passen beziehungsweise die euch sagen, in welche Richtung ihr euch bewegen wollt, damit ihr unerwünschte Verhaltensweisen verändern könnt. Ihr merkt nun: Weil die Begriffe, die ihr von den anderen ‹Fremdgehirnen› im Ideenkorb erhalten habt, mit positiven Assoziationen verbunden sind beziehungsweise ressourcenorientiert sind, wird allmählich deutlich, wohin ihr eure Aufmerksamkeit lenken könnt. Wie möchtet ihr euch entwickeln? Wovon hättet ich gerne mehr in meinem Leben? Gibt es vielleicht Situationen, in denen euch gewisse Eigenschaften des Bildes besonders unterstützen könnten? Im ZRM-Training geht es darum, mit den Stärken zu arbeiten, die ihr in euch habt. Es geht darum, eure Fähigkeiten zu entdecken. Ihr wechselt den Blickwinkel weg von den Schwächen hin zu euren Stärken. Darauf aufbauend entwickelt ihr dann ein Ziel und setzt dieses in Taten um. Konkret bedeutet das nun, dass ihr die Ideen aus dem Bild beziehungsweise aus dem Ideenkorb festhalten sollst, nämlich das, was ihr gerne anstelle des alten Verhaltens machen würdet».

Die Kursleitung soll diesen Sachverhalt, nämlich den Prozess von der Situationssammlung im Themenspeicher, dem Erkennen unerwünschter Verhaltensweisen hin zur ressourcenorientierten Sichtweise dieses Themas anhand eines Beispiels unbedingt noch verdeutlichen. Fühlt sich eine Jugendliche laut Themenspeicher von ihrer Mutter eingeengt, so können in der Bilderwahl und im Ideenkorb zum Beispiel folgende Stichworte und Aussagen als Ressourcen wichtig werden: «Freiheit», «himmelblau», «Vögel fliegen davon».

Nach der Einzelarbeit versammeln sich alle wieder im Stuhlkreis vor der Ergebnisgalerie. Nacheinander treten die Jugendlichen nach vorn und heften das von ihnen gewählte Bild und das – auf einer Moderationskarte formulierte – Thema an die Pinnwände. Die Jugendlichen erzählen sich in der Runde, auf welches Thema sie gestoßen sind beziehungsweise in welche Richtung sich ihre unerwünschten Verhaltensweisen verändern könnten. In der Arbeit mit Jugendlichen ist darauf zu achten, dass auch eher zurückhaltende oder leise Beiträge von allen Teilnehmenden verstanden werden, dass sie lernen, sich vor einer Gruppe zu äußern und ihre Meinung zu vertreten. Bei schüchternen oder sprachlich nicht so ausdrucksfähigen Teilnehmenden ist es wichtig, dass die Kursleitung ermutigt und bei Bedarf auch paraphrasiert **(4)**. Behutsam aber beharrlich solle sie die Jugendlichen darin unterstützen, Gefühle bei sich wahrzunehmen und diese in Sprache zu fassen. Bei großen Gruppen und mehreren Coaches empfiehlt es sich, die Ergebnisgalerie zur Beschleunigung im Teilplena durchzuführen. Ferner ist darauf zu achten, dass die Äußerungen der Jugendlichen nicht kommentiert oder gar bewertet werden. Es dürfen aber Applaus und weitere Ideenkörbe gespendet werden.

Die Teilnehmenden erhalten als kleine Hausübung ihr «momentanes Thema» bis zur nächsten Sitzung noch mindestens einmal gut anzuschauen und allfällige Ergänzungen/Veränderungen aufzuschreiben. Die Leitung macht an dieser Stelle das Angebot, für die Interessierten die gewählten Bilder zu kopieren.

Je nach Gruppe, Zeit, Stimmung und Bedarf eigenen sich zum Abschluss einer Kursphase unterschiedliche Formen, wobei hier exemplarisch ein paar Möglichkeiten aufgerührt werden sollen:

- Eine offene Befindlichkeitsrunde, bei der jeder/jede sich zur ersten Kursphase und zur aktuellen Befindlichkeit äußert.
- Der Kurs kann durch Einspielen einer «Kursende-CD» oder durch ein anderes Abschlussritual beendet werden.
- Alle Teilnehmenden notieren namentlich ihre wichtigsten Erkenntnisse des Kurstages auf einem Zettel und legen sie in eine Tüte. Jede(r) zieht darauf einen Zettel und liest vor. Auf diese Weise werden die Jugendlichen zur Selbstreflexion angehalten beziehungsweise unerwünschte Nachahmungseffekte (im Sinne dass ein jede(r) die Idee der/des anderen aufgreift) verhindert.

2.3 Trainingsphase 2: Vom Thema zu meinem Ziel

Siehe Comic 10 im Anhang

In der zweiten Sitzung geht es darum, dass die Jugendlichen auf der Grundlage des Themas, das sie in der ersten Trainingsphase präzisiert haben ein Ziel entwickeln beziehungsweise ihr Thema in ein Ziel umwandeln und weiterentwickeln. Mittels eines Umweltverträglichkeits-Tests soll dieses Ziel dann systemisch optimiert werden, indem nämlich geprüft wird, ob das Ziel mit dem sozialen Netz der Jugendlichen im Einklang steht.

Lernziel:
Die Jugendlichen kennen die drei Kernkriterien für der Zielformulierung.

2.3.1 An die erste Kursphase anknüpfen – Bilderaustausch

Um an die erste Kursphase anzuknüpfen kann diese Sitzung mit einem «Bilderaustausch» begonnen werden. Dabei zieht jede(r) Jugendliche eines der in der ersten Sitzung gewählten Bilder, welche mit der Bildfläche nach unten auf dem Boden liegen. Die KameradInnen erhalten nun den Auftrag, herauszufinden, welches Bild von wem in der ersten Sitzung gewählt wurde. Ferner sollen sie versuchen sich zu erinnern, welche Assoziationen der/die Bildbesitzerin mit dem Bild verband und welches Thema sie daraus abgeleitet hat. Die Jugendlichen erhalten einige Minuten Bedenkzeit, gehen dann zur betreffenden Person hin und sprechen über das Bild. Falls jemand nicht mehr weiss, wem das Bild gehört, so ist das nicht weiter schlimm – sie oder er kann die Runde um Hilfe bitten.

2.3.2 Ziele handlungswirksam formulieren

In der dritten Trainingsphase soll das meist recht allgemeine und noch ungenau umrissene Thema in ein Ziel umformuliert werden. Da das ZRM-Training neue, befriedigendere Handlungen anstrebt, muss dieses Ziel so gestaltet sein, dass es sowohl Leitlinie (Richtung) als auch Motivation (Antrieb) liefert, um es in zielrealisierendes Handeln umzusetzen. Zudem sollte es den Jugendlichen erlauben, klare Ursache-Wirkungs-Attributionen aufzubauen und sich Erfolge eindeutig selbst zuzuschreiben. Die somit verstärkte Kontrollüberzeugung kann wiederum den Kreislauf von Erfolg und Ermutigung verstärken und den Veränderungsprozess zusätzlich unterstützen. Ein ausführliches Impulsreferat erläutert die drei zentralen Kriterien, die ein Ziel erfüllen muss, damit es auch in Taten umgesetzt wird.

2.3.2.1 Die drei Kernkriterien der Handlungswirksamkeit

Die Leitung erläutert anhand von **Flip 6 · Ja** die drei Kernkriterien. as Impulsreferat thematisiert:

Flip 6 /Ja

Ziele handlungswirksam formulieren

- Annäherungsziel
- eigene Kontrolle 100%
-  go !

- dass sich die Jugendlichen in der ersten Kursphase von ihren Gefühlen leiten ließen, indem sie ein Bild auswählten, dass ihnen besonders gut gefallen, bei ihnen eine positiven somatischen Marker ausgelöst hat. Aufgrund dieses Bildes konnten sie ihr Thema präzisieren. Nun geht es darum, dass die KursteilnehmerInnen aus diesem für sie momentan wichtigen Thema ein Ziel formulieren. Dabei spielt auch das Denken eine wichtige Rolle.
- dass es sich beim Ziel erstens um ein Annäherungsziel handeln muss. Die Unterscheidung von Annäherungs- und Vermeidungszielen ist Ausgangspunkt für das Verständnis dieses Kriteriums. Es fordert, dass die Zielformulierung die Richtung, den gewünschten Soll-Zustand, dem sich die Person annähern möchte, benennt. Vermeidungsaspekte – direkt formuliert oder versteckt enthalten – haben demgegenüber in der Zielformulierung keinen Platz. Beispiele von Annäherungszielen: «Ich bin ruhig und gelassen» oder «Ich nutze die Schulzeit optimal und schaffe mir dadurch Freiräume in meiner Freizeit». Vermeidungsziele und somit nicht zulässige Formulierungen könnten so lauten: «Ich bin nicht ängstlich» oder, als Beispiel eines verdeckt geäußerten Vermeidungsziels: «Ich gehe unbekümmert meinen Weg».

Kernkriterium 1: Annäherungsziel 1.2.3.2

- dass das Ziel zweitens ausschließlich unter eigener Kontrolle steht, was bedeutet, dass die Zielerreichung allein durch die betreffende Person bewerkstelligt werden muss. Walter & Peller (1994, S. 78) umschreiben es so: «Das Ziel kann nicht davon abhängig sein, dass irgend etwas anderes oder irgend jemand anderer sich ändert oder zuerst ändert». Dieses Kriterium ist von besonderer Bedeutung und sollte daher gut erläutert und begründet werden und in seiner Einhaltung sorgfältig gecoacht werden. Das Kriterium gewährleistet Kontrollerleben. Die Erfahrung, selbst etwas verändern und bewirken zu können, ist für das Wohlbefinden eines Menschen grundlegend (siehe ZRM-Forschung, Beitrag von Astrid Riedener, S. 241 ff. Eine angemessene Verantwortungsübernahme erlaubt zudem eine klare Erfolgskontrolle und kann somit die Zielhandlung nachhaltig verstärken.

Kernkriterium 2: Kontrollerleben 1.2.3.2

!

- dass das Ziel den Jugendlichen/die Jugendliche *motivieren, inspirieren und Freude bereiten* soll. Zentraler Gedanke bei diesem Kriterium ist das Konzept der somatischen Marker von Damasio (1994), das die Jugendlichen bereits kennen. Die Kursleitung macht sie lediglich darauf aufmerksam, dass sie sich bei der Zielformulierung das zweite, parallel zum bewussten, verstandesgesteuerten Bewerungsapparat wirkende Entscheidungssystem aus dem Unbewussten zunutze machen. Ermöglicht wird das dadurch, dass spontane Kör-

Kernkriterium 2: eindeutig positiver somatischer Marker 1.2.3.2

perreaktionen beobachtbar sind. Voraussetzung hierfür ist allerdings, das Konzept der somatischen Marker zu kennen und seine visuelle und auditive Aufmerksamkeit sensibel und fokussiert auf das Auftauchen einer solchen Reaktion auszurichten. Konkret kann ein somatischer Marker ganz verschiedene Formen annehmen. Der einfachste, deutlichste Fall ist zugleich einer der häufigsten: Bei der Nennung eines im soeben beschriebenen Sinne «attraktiven» Ziels tritt bei der betreffenden Person ein spontanes, plötzlich hervorbrechendes Lächeln auf; wir nennen es in den Kursen mit Jugendlichen SMILE ☺. Selbstverständlich ist seine Erscheinungsform je nach persönlichkeitsbedingtem Ausdrucksstil mehr oder weniger ausgeprägt. Verbunden mit diesem Ausdruck, jedoch auch unabhängig davon, können weitere Symptome einzeln oder kombiniert auftreten: Erröten, feucht werdende Augen, ein Aufatmen, deutliches Aufrichten, Veränderung im Klang der Stimme, Veränderungen des Blickverhaltens, der sichtbaren Gesichtsdurchblutung, der gesamten Körperhaltung und anderes mehr.

Kernkriterium 2: Allgemeine Haltungsziele 1.2.3.2

Über die drei bisher genannten Kernkriterien hinaus haben die Ziele, so wie sie im ZRM-Training erarbeitet werden, noch ein viertes wichtiges Merkmal, das sie sehr handlungswirksam macht. Dieses Merkmal muss jedoch im Training im Zuge der Erläuterungen zu den Kernkriterien handlungswirksamer Ziele meistens gar nicht erwähnt werden, weil die Jugendlichen ihre Ziele ganz von selbst entsprechend in Sprache fassen, wenn sie nicht anderweitig instruiert werden. Im ZRM-Training wird mit einer speziellen Art von Zielen gearbeitet, nämlich nicht mit konkreten, sondern mit allgemeinen Zielen. Die Absicht, selbstbewusster aufzutreten, würde sich, konkret formuliert, zum Beispiel in einem Ziel äußern: «Beim nächsten Vortrag rede ich klar und laut». Dieselbe Absicht, allgemein formuliert, könnte so aussehen: «Ich vertraue auf meine Kräfte und zeige, was ich kann.» Allgemeine Ziele werden stärker als zum eigenen Selbst gehörend erlebt als abstrakt formulierte Ziele.

!

Die Kursleitung sollte in der Phase der Zielformulierung darauf achten, dass in Phase 2 des Trainings die Ziel als allgemeine Haltungsziele und nicht als konkrete Verhaltensziele formuliert werden. Die konkrete Verhaltensebene wird erst in Phase 4 bearbeitet (siehe «Umweltverträglichkeitstest», Kap. 2.3.2.4).

2.3.2.2 Die Zielformulierung in Kleingruppen erarbeiten

Erfahrungsgemäss stellt die anstehende Arbeit der Zielformulierung einer der anspruchsvollsten Phasen des gesamten Trainings dar. Sie bedarf daher guter Vorbereitung, ausführlicher Anleitung und – nicht nur in der Arbeit mit Jugendlichen – eines intensiven Coachings während der anschließenden Gruppenarbeit. Zunächst erarbeiten sich die Jugendlichen auf Arbeitsblatt 3 · Ja in *Einzelarbeit* eine spontane erste Formulierung ihres Themas gemäss den drei Kernkriterien. Eine *Plenums-Demonstration* liefert dann das Modell für das Vorgehen in der anschließenden Kleingruppenarbeit. Die Demonstration erfolgt mit Hilfe eines/einer freiwilligen Jugendlichen, der/die diesen Vorgang durchlaufen möchte und einer weiteren Hilfsperson aus dem Teilnehmerkreis. Eine Hilfsperson – in der Plenums-Demonstration eine Leitungsperson, in der Gruppenarbeit ein(e) Teilnehmende(r) – leitet dabei das Gespräch, die zweite Hilfsperson protokolliert die im Prozess auftauchenden Formulierungsvorschläge der Hauptperson und achtet auf die Zeiteinhaltung. Die Hilfspersonen achten ausschließlich auf die Einhaltung der drei Kernkriterien. Auf Wunsch der Hauptperson können beide Hilfspersonen mittels eines Ideenkorbes Formulierungsalternativen anbieten. Diese werden dann wiederum auf einem Blanko-Ideenkorb-Arbeitsblatt notiert (siehe Anhang). Dabei ist streng auf inhaltliche Abstinenz zu achten, das heißt darauf, dass diese Vorschläge sich so eng wie möglich an den wahrgenommenen Interessen der Hauptperson und den von ihr benutzten Begriffen und Bildern anlehnen. Eine Korrektur und Optimierung ist ausschließlich im Sinne der drei Kriterien beabsichtigt. Es entspricht der Gesamtphilosophie des ZRM, dass die jeweilige Hauptperson alleinige und unbestrittene entscheidende Instanz darüber ist, welche Formulierungsvariante sie letztendlich wählt – immer vorausgesetzt, natürlich, dass die drei Kriterien erfüllt sind. Das vorläufige Endergebnis dieses Trainingsschrittes, das handlungswirksame Ziel, notiert jede(r) in das Handbuch (Arbeitsblatt 4a · Ja). Arbeitsblatt 4b · Ja kann den Coaches beziehungsweise den Mediatoren und interessierten Jugendlichen bei der Zielformulierung als Orientierung dienen. Da der Zeitaufwand von Person zu Person sehr unterschiedlich ausfallen kann, sind Arbeitszeiten eher großzügig zu kalkulieren (15 bis 25 Minuten pro Person). Anschließende Pausen können hierbei als Pufferzeiten hilfreich sein.

Von zentraler Bedeutung dafür, dass die Zielformulierung tatsächlich Handlungswirksamkeit entfaltet, ist die Umsetzung des dritten Kriteriums: «erkennbar(!) motivierende Wirkung». Für die Hilfspersonen bedeutet dies, über bloßes Fragen danach, ob das formulierte Ziel für die/den betreffenden Jugendliche(n) wirklich motivierend sei, hinauszugehen. Es gilt vielmehr, spontane, der bewussten Selbststeuerung entzogene nonverbale Reaktionen – das heißt die positiven somatischen Marker J – wahrzunehmen. Sie geben Hinweise darauf, dass das Ziel in der persönlich Fassung der Hauptperson tatsächlich motivierende Gefühle und Körperwahrnehmungen auszulösen vermag. Als Motiv für zielrealisierendes Handeln reichen nämlich Formulierungen, die bloß kognitiven und vernünftigen Standards entsprechen, oft nicht aus. Im Gegensatz zu Neujahrsvorsätzen führen Ziele, die motivierend und selbstkongruent sind, zu intrinsischer Motivation und daher bedeutend häufiger zum Erfolg. Aufgrund der hohen «face validity» der somatischen Marker sind die Jugendlichen sehr schnell in der Lage, deren Vorhandensein beziehungsweise deren Fehlen zuverlässig zu diagnostizieren. Auf diese Weise lernen sie, ihre eigenen Ziele solange zu bearbeiten, bis bei ihnen ein für sie selbst und für andere deutlich wahrnehmbarer somatischer Marker auftaucht. Hierdurch erhalten sie ein leicht erlernbares und eindeutig umsetzbares Kriterium für Selbstkongruenz.

Nachdem allfällige Vorgehensfragen aus der Plenums-Demonstration geklärt sind, teilt die Leitung die Jugendlichen gemäss Zufallsprinzip in Dreier- beziehungsweise in *Kleingruppen* ein. Im Mediatoren-Prinzip werden die Hilfscoaches den einzelnen Gruppen zugewiesen. Die drei Personen rotieren in der nachfolgenden Kleingruppenarbeit in ihren Rollen, so dass jede ihr Ziel formulieren kann.

2.3.2.3 Öffentlichkeit herstellen und Kriterienerfüllung sichern

Die Entwicklung eines handlungsleitenden und handlungsmotivierenden Ziels nimmt im gesamten Training eine wichtige Schlüsselstellung ein. Denn die Wirksamkeit aller nachfolgenden Schritte steht in hohem Zusammenhang mit der Qualität der Ziele. Daher folgt nach der Gruppenarbeit noch ein weiterer Schritt zur «Qualitätssicherung». Im Kreis veröffentlicht jede(r) Jugendliche die Aspekte der Zielformulierung, die er/sie für die Öffentlichkeit freigeben möchte. Dieser Vorgang schärft noch einmal das Verständnis der Jugendlichen für die drei Kernkriterien der Handlungswirksamkeit von Zielen und erlaubt einen öffentlichen Austausch. Der Kursleitung dient der Schritt dazu, Gewissheit zu erlangen, dass sich die Jugendlichen eine tragfähige Basis für den weiteren Trainingsverlauf erarbeitet haben. Die Jugendlichen selbst lernen, auch öffentlich zu ihren Zielen zu stehen.

2.3.2.4 Umweltverträglichkeitstest – das Ziel systemisch optimieren

Nun erhalten die Jugendlichen Gelegenheit, weitere Kriterien an ihre Ziele anzulegen. Dies betrifft Kriterien, die meist ohnehin schon im vorangegangenen Schritt hie und da aufschienen, dort aber – mit Rücksicht auf die Konzentration auf die drei Kernkriterien – ausdrücklich hintangestellt wurden. Anhand der Methode des Kugellagers überprüfen die Jugendlichen jeweils zu zweit eine Reihe weiterer Kriterien, insbesondere, inwiefern sich das formulierte Ziel mit ihrer Umgebung verträgt. Beim Kugellager sitzen die Jugendlichen einander zugewandt in einem Innen- und in einem Außenkreis. Die jeweils sich gegenübersitzenden Personen unterhalten sich zu einem von der Kursleitung vorgegebenen Thema. Nach begrenzter Zeit (in diesem Fall nach etwa drei Minuten) bewegt sich der Innenkreis in eine Richtung. So erhält jede(r) Jugendliche(r) jeweils für den neuen Gesprächspunkt ein neues Gegenüber. Drei Fragebereiche werden im Kugellager miteinander besprochen (siehe **Flip 7 · Ja**), die selbstverständlich – je nach Interessenlage – beliebig ausgebaut werden können:

1. Dein Ziel und die anderen

- Wann und wo möchtest du das Ziel gebrauchen? In der Schule/Lehre, in deinem Privatleben?
- Mit wem und wie oft möchtest du das Ziel gebrauchen?
- Verträgt sich das Ziel mit deiner Umgebung?

2. Dein Ziel und die Konsequenzen

- Woran erkennst du, dass du dein Ziel erreichst?
- Was wird sich in deinem Leben ändern (Situationen, Beziehungen)?
- Was wird dein Gewinn sein und wie äußert er sich?

Flip 7 /Ja

Umweltverträglichkeitstest

- Dein Ziel und die Anderen
- Dein Ziel und die Konsequenzen
- Zielkorrektur?

3. Zielkorrektur?

- Gibt es Bedenken?
- Möchtest du eine Korrektur beziehungsweise eine Verbesserung deines Ziels vornehmen? Wenn ja, wie könnte das verbesserte Ziel lauten?

Der systemische Aspekt wird beim Umweltverträglichkeitstest insofern berücksichtigt, als die voraussichtlichen Auswirkungen der Zielerreichung auf die Lebenssituation und auf das Sozialgefüge der betreffenden Person angesprochen werden. Unter dem Gesichtspunkt des Selbstmanagements bedeutsam ist die Frage, woran die Person erkennen wird, dass sie ihr Ziel erreicht hat. Kritisch beleuchtet wird das Ziel auch dahingehend, dass die zu erwartenden «Kosten» und «Gewinne» erfragt und miteinander verglichen werden. Jede dieser vorwegnehmenden Überlegungen kann zu einer erneuten Überarbeitung des Ziels führen.

Ein kurzer Plenumsaustausch über allenfalls vorgenommene Zielmodifikationen verschafft Überblick und gibt nochmals Sicherheit, auf dem rechten Weg zu sein. Wenn ein/eine Jugendliche(r) den Eindruck hat, die drei Kernkriterien der Zielformulierung noch nicht ganz zu erfüllen, kann er/sie auch hier die Gruppe als Ressource nutzen, indem er/sie um einen weiteren Ideenkorb aus dem Plenum bittet.

2.4 Trainingsphase 3: Vom Ziel zu meinem Ressourcenpool

Siehe Comic 22 im Anhang

Ausgehend vom in der letzten Kursphase entwickelten persönlichen Ziel geht es in dieser Trainingsphase darum, die zur Erreichung des Ziels verfügbaren persönlichen Ressourcen zu entwickeln. Diese bewusst sehr vielfältig angelegten Ressourcen werden Schritt für Schritt in einem «Ressourcenpool» zusammengetragen.

Lernziel: Die Jugendlichen kennen das Prinzip der neuronalen Plastizität.

2.4.1 Ressourcen und Ressourcenpool

Im Rahmen eines Impulses erklärt die Leitung, was im ZRM unter «Ressourcen» und «Ressourcenpool» verstanden wird. Der Impuls könnte beispielsweise wie folgt lauten:

> «Im Kurs geht es darum, Fähigkeiten, Schätze, die in euch schlummern, zu entdecken. Nachdem ihr mittels Themenspeicher herausgefunden habt, welche unerwünschten Verhaltensweisen ihr verändern wollt, wurde das Augenmerk darauf gelegt, was bereits in eurer Schatzkammer vorhanden ist. Dazu wurde von euch ein positiv formuliertes, motivierendes Ziel entwickelt, auf das ihr hinarbeiten, das ihr in Taten umsetzen könnt. Um nun die Wahrscheinlichkeit der Umsetzung dieses Zieles zu erhöhen, werdet ihr einen persönlichen Ressourcenpool erstellen, der alles beinhaltet, was euer erwünschtes neuronales Netz bahnt. Denn eure Ressourcen stehen immer in Bezug zu eurem Ziel.»

Für den Aufbau des Ressourcenpools im ZRM-Training stehen persönliche Ressourcen im Vordergrund, Ressourcen, die in der Person angesiedelt sind. Dabei wird das in Trainingsphase 2 entwickelte

Multicodierung 1.2.2
Präaktionale Vorbereitung 1.2.3.3

Ziel als neues neuronales Netz betrachtet und alles, was die Aktivierung dieses Netzes unterstützen kann, als Ressource. Gedächtnispsychologisch ausgedrückt wird das neue neuronale Netz, welches das Ziel repräsentiert, in der nun anstehenden Trainingsphase auf möglichst vielen Informationsebenen gespeichert, es wird multicodiert. Welche Art der persönlichen Ressourcen jede(r) Jugendliche zur Erreichung des gesteckten Ziel schließlich nutzt, ist – wie die Rückmeldungen der Teilnehmenden zeigen – sehr unterschiedlich beziehungsweise hoch individuell. Daher bieten wir im ZRM-Training bewusst eine möglichst breite Palette von Möglichkeiten an, damit jede/r für sich das Optimale herausfinden kann. Das Gesamt an möglichen Ressourcen wird «Ressourcenpool» genannt. Die Palette ist groß, so stellten beispielsweise in den bisherigen Trainings folgende Dinge Ressourcen der Jugendlichen dar: Das handlungswirksam formulierte Ziel, Erinnerungshilfen und Auslöser wie das selbstgewählte Bild aus der Kartei, Schlüsselanhänger, zwei Nägel als Glücksbringer, das Hören eines besonderen Songs, das Dampfablassen mittels Schlagzeug, die Uhr eines verstorbenen Verwandten und schließlich die körperlichen Ressourcen.

Dieser Ressourcenpool wird nun in der Folge nach und nach aufgebaut und ergänzt. Dazu legt die Leitung ein Flip (siehe weiter unten, Flip 8 · Ja) an, auf dem die einzelnen Ressourcen-Arten fortwährend ergänzt werden. Die Dokumentation der konkreten Ressourcen die jede/r Teilnehmende für sich als relevant entdeckt, erfolgt wiederum auf den beiden Ebenen: «privat-vertraulich» im eigenen Handbuch sowie «öffentlich» in eingeschobenen Austausch-Runden und auf den PinnwändePinnwänden der «Ergebnis-Galerie». Die Wiederholung des Begriffs «Ressourcen» und die Einführung des Gefäßes «Ressourcenpool» gibt das Startsignal für den schrittweisen Aufbau der für die Zielerreichung erforderlichen Ressourcen.

2.4.2 Ressourcenaufbau 1: Ein handlungswirksames Ziel formulieren

Der Ressourcenaufbau beginnt mit einem Hinweis der Trainingsleitung auf das soeben entwickelte Ziel: Die Befragung ehemaliger Teilnehmerinnen und Teilnehmer nach den Ressourcen, die sie vor allem zur Erreichung ihres Zieles einsetzen, ergab, dass etliche von ihnen ausschließlich mit ihrem Ziel arbeiten. Das heißt, das Ziel in

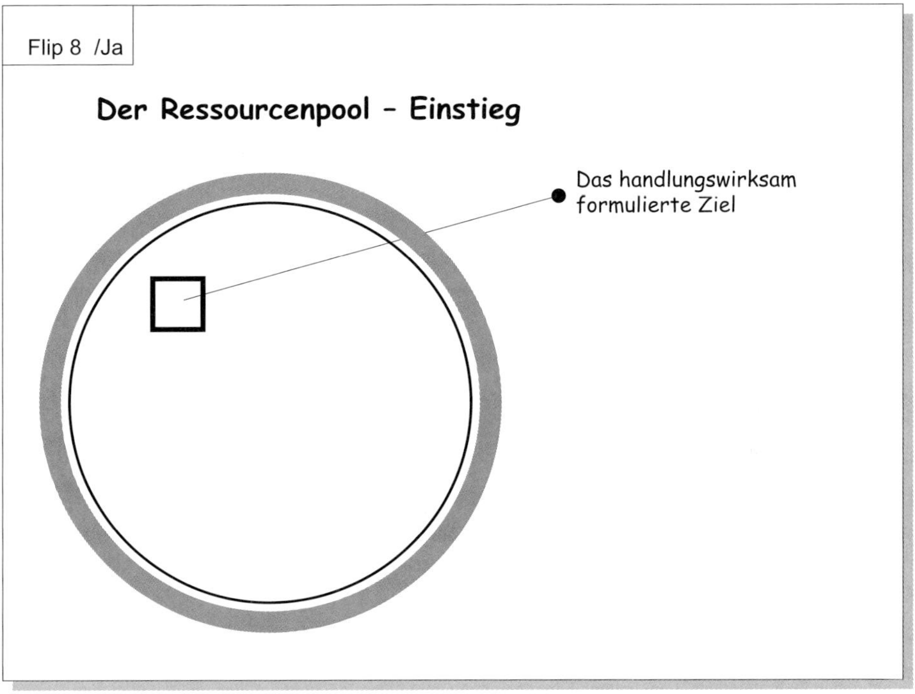

seiner spezifischen handlungsorientierten Fassung ist für sie bereits hinreichendes Mittel, um das Geplante zu verwirklichen. Offenbar erfüllen bei diesem Personenkreis die drei Kernkriterien, die bei der Zielentwicklung berücksichtig wurden in Kombination mit der Formulierung auf der Haltungsebene, die theoretischen Erwartungen völlig. Fazit: Bereits das handlungswirksam formulierte Ziel ist als eine zentrale, potenziell hochwirksame Ressource anzusehen. Im Anschluss an diesen Hinweis wird das handlungswirksam formulierte Ziel als erste Ressource in den Pool eingetragen. Dies geschieht sowohl in dem von der Leitung angefertigten **Flip 8 · Ja** als auch im individuellen Ressourcenpool der Jugendlichen (Arbeitsblatt 5 · Ja).

2.4.3 Ressourcenaufbau 2: Erinnerungshilfen, Zielauslöser und Primes entwickeln

2.4.3.1 Neuronale Plastizität oder: «Mein selbstbestimmtes Gehirn»

Als Einstieg in die Arbeit mit Erinnerungshilfen und Zielauslösern dient ein Impulsreferat über neuere einschlägige Befunde aus den Neurowissenschaften:

> ! Das menschliche Gehirn ist zeitlebens veränderbar und lernfähig und ist bis ins hohe Alter hinein zu wesentlichen, auch strukturellen Veränderungen, in der Lage ist. Erfolgreiche Hirnverbindungen werden hierbei verstärkt, mit dem Ergebnis, dass sie bei künftigen Entscheidungs- und Handlungsabläufen mit erhöhter Wahrscheinlichkeit genutzt werden. Weniger erfolgreiche oder mit Misserfolg gekoppelte neuronale Bahnen verkümmern hingegen und verlieren entsprechend an «Attraktivität». Bildlich wird diese Stärkung von Hirnverbindungen durch oft benutzte Nervenbahnen mit Arbeitsblatt 6 · Ja verdeutlicht. Die Frage ist nun, wie diese neue und erst rudimentär ausgebildete Verbindung gestärkt werden kann. Denn nur dann hat das Ziel eine reelle Chance, alternativ zu den in Jahren herausgebildeten, meist automatisch ablaufenden Routine-Reaktionen, das Handeln mitzusteuern. Bildhaft gesprochen geht es darum, «aus schmalen neuronalen Trampelpfaden breite Autobahnen entstehen zu lassen». Dies geschieht dadurch, dass die Jugendlichen ihr neues neuronales Netz häufig benutzen und ihm dabei Erfolge ermöglichen. Denn neben der häufigen Aktivierung von neuronalen Netzen ist ihre erfolgreiche Nutzung eine wichtige Bedingung für deren Bahnung und Stärkung.

2.4.3.2 Die Umsetzung im Training – Zielauslöser und Primes

Was Lernprozesse angeht, gilt nach wie vor der Grundsatz: Übung macht den Meister! Um dem neuen Ziel und den mit ihm verknüpften emotionalen und motivationalen Prozessen gute Realisierungschancen zu verschaffen, sollte es möglichst häufig aktiviert werden. Diese Aktivierung des Zieles und der mit ihm zusammen hängenden Potenziale kann auf verschiedene Weisen erfolgen: Zum einen findet sie dann statt, wenn die zugehörige Handlungssequenz real durchlaufen wird. Dieses Thema ist Gegenstand von Trainingsphase 4, wenn die Jugendlichen den Einsatz ihrer Ressourcen im Rollenspiel üben. Eine Aktivierung im Hirn findet zum anderen jedoch auch dann statt, wenn die entsprechenden neuronalen Verknüpfungen lediglich angestoßen und mental durchlaufen werden. Dazu genügt ein In-Erinnerung-Rufen des Ziels oder irgendeines mit ihm verknüpften Elements. Dieses Erinnern muss nicht einmal auf der bewussten Ebene geschehen, auch durch unbewusstes Aktivieren eines neuronalen Netzes (Priming) kann dasselbe gebahnt werden.

Priming 1.2.3.3.1

Der Ressourcenpool wird nun von der Leitung um die Erinnerungshilfen erweitert. Erfahrungsgemäss stellt das Bild eine zentrale Erinnerungshilfe dar, welche die Jugendlichen entsprechen nutzen sollten, aber auch ein besonderer Song, der die Zielvorstellung auslöst, Symbole, ein Parfüm, ein besonderer Schmuck, Pflanzen, andere Bilder, Kleider, Farben etc. sind geeignete Zielauslöser. Bei der Auswahl der persönlichen Erinnerungshilfen ist dringend zu beachten, dass sie in Zusammenhang mit dem zu realisierenden Ziel stehen beziehungsweise in der Lage sind, das Ziel zu aktivieren. Es genügt nicht, sich ein lustiges Maskottchen zu kaufen, oder abends etwas Rap-Musik zu hören, weil man davon sowieso so viele CDs hat. Die Erinnerungshilfen sollen das neue Netz ganz spezifisch stimulieren. Ein Mensch wird also für ein Ziel, das mit einer Aktivitätsthematik zu tun hat, eine andere Musik als Erinnerungshilfe wählen, als für ein Ziel, das mit einer Entspannungs- und Gelassenheitsthematik zu tun hat. Die Jugendlichen werden dazu angeregt, ihr Umfeld systematisch mit Erinnerungshilfen auszustatten, die dafür sorgen, dass das neue neuronale Netz dauernd benutzt wird, auch wenn ihre bewusste Aufmerksamkeit sich mit anderen Dingen beschäftigt.

Im Plenum werden von der Kursleitung ein paar mögliche Erinnerungshilfen auf einem Tuch oder einem Tisch ausgebreitet und deren Zusammenhang zum Ziel anhand eines persönlichen Beispiels erklärt. Diese Erinnerungshilfen besitzen, in Termini der Verhaltenstheorie, den Charakter von Hinweisreizen oder Auslösern. Sie können, bewusst angewandt, dazu dienen, das neuronale Netz gezielt situativ zu aktivieren. Außerdem können sie im Sinne des Priming herangezogen werden, um unbewusstes Lernen zu ermöglichen. Gerade Jugendliche, die bereits auf eine lange Lerngeschichte zurückblicken können, haben mit Sicherheit schon erlebt, dass (bewusstes) Lernen mitunter trocken, langweilig und anstrengend sein kann. Darum kann es für Jugendliche motivierend wirken, dass

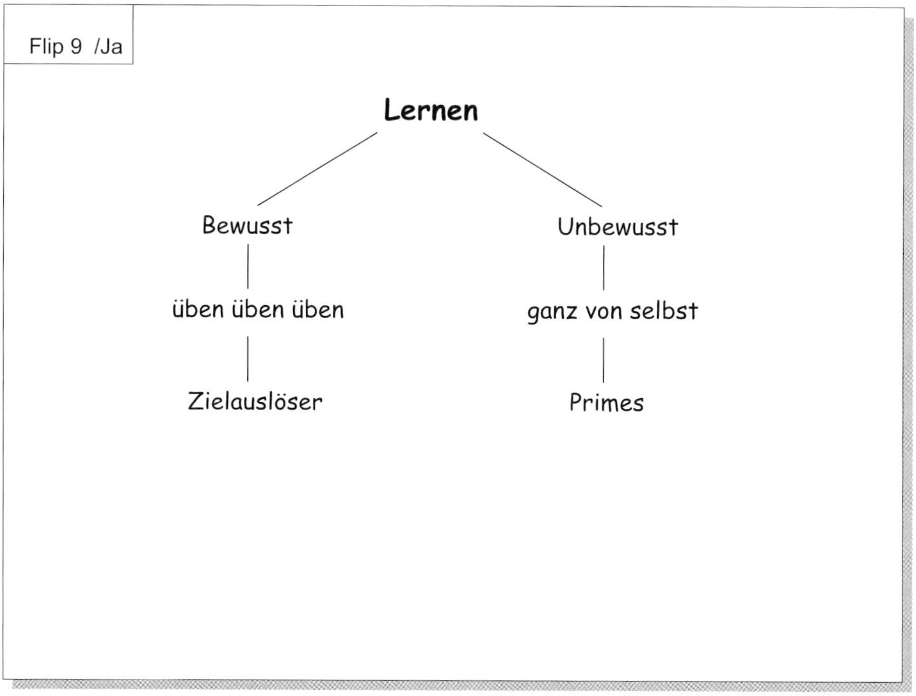

im ZRM-Training auch unbewusst, also ohne unser aktives Tun, gelernt werden kann. Allerdings nur, wenn wir unsere Umgebung systematisch mit Erinnerungshilfen ausstatten. Die Jugendlichen werden darum aufgefordert, sich in Einzelarbeit je fünf mobile (solche, die man mit sich tragen kann) und stationäre (solche, die an einem bestimmten Ort bleiben) Erinnerungshilfen zu suchen, die in der Lage sind, ihr neuronales Netz bewusst und unbewusst zu aktivieren und die zu ihrem persönlichen Ziel passen. **Flip 9 · Ja** verdeutlicht den Gedanken des unbewussten Lernens im ZRM.

2.4.3.3 «Tauschbörse» – Entdecken und Austausch von Erinnerungshilfen

Nachdem die Arbeitsblätter in Einzelarbeit ausgefüllt wurden, erfolgt im Plenum eine «Tauschbörsen-Runde». Hierbei äußern die Jugendlichen – wie immer freiwillig – einige ihrer Erinnerungshilfen und Zielauslöser und regen sich so gegenseitig zu weiteren «Entdeckungen» an.

Um den Jugendlichen das Konzept des Primings zu verdeutlichen, werden die genannten Erinnerungshilfen auf einem Flipchart (siehe **Flip 10 · Ja**) den beiden Bereichen «bewusster Einsatz» und «unbewusstes Lernen» zugeordnet.

Dabei kann es durchaus vorkommen, dass ein- und dieselbe Erinnerungshilfe auf beide Arten einsetzbar ist. Ein Ressourcen-T-Shirt mit einem Bären-Print kann den ganzen Tag durch als Prime seine Wirkung entfalten. Es kann aber auch gezielt das neue neuronale Bären-Netz aktivieren, wenn der Schüler an die Tafel gerufen wird und er vorher auf seinen Bären-Print schaut. Die in der «Tauschbörsen-Runde» genannten Erinnerungshilfen können von den Jugendlichen nun den beiden Bereichen «bewusster Einsatz» und «unbewusstes Lernen» zugeordnet werden.

Zur Ergänzung ihres individuellen Ressourcenpools notieren sich die Teilnehmenden ihre Erinnerungshilfen auf Arbeitsblatt 5 · Ja. Es kann auch gezeichnet werden, der Fantasie der Jugendlichen sollen beim Anlegen ihres individuellen Ressourcenpools keine Grenzen gesetzt werden. Als Hausaufgabe werden die Jugendlichen ange-

Flip 10 /Ja

Erinnerungshilfen

Zielauslöser für bewussten Einsatz	**Primes** für unbewusstes Lernen
.	.
.	.
.	.

halten, nach weiteren persönlichen Erinnerungshilfen zu suchen. Um die Ideenvielfalt zu erhöhen beziehungsweise um von weiteren «Fremdgehirnen» zu profitieren, hat sich folgendes Vorgehen sehr bewährt: Jede(r) schreibt seinen Namen auf zwei Zettel, worauf dann alle Zettel in einen Sack getan werden. Daraus zieht jede(r) den Namen zweier TeilnehmerInnen und wird nun aufgefordert, für diese beiden je eine Erinnerungshilfe zu suchen, die dann am nächsten Kurstag präsentiert werden. Die Jugendlichen sollen darum Gelegenheit erhalten, sich an der Ergebnisgalerie oder bei den Peers persönlich über deren Ziel zu informieren. Es ist empfehlenswert, für die zu schenkende Erinnerungshilfe eine Kostendeckung festzulegen. Zwei Euro beziehungsweise drei Franken sollten nicht überstiegen werden.

Gruppe als hilfreiches Agens: Primes schenken 1.2.3.5

2.4.4 Ressourcenaufbau 3: Das Ziel in den Körper bringen

Siehe Comic 10 im Anhang

Im folgenden Trainingsschritt geht es darum, eine weitere, sehr wirksame Ressource für die Aktivierung des neuen neuronalen Netzes nutzbar zu machen, unseren Körper.

2.4.4.1 Multicodierung – die Speicherung des Zieles auf mehreren Ebenen

Ein Impulsreferat, visuell unterstützt durch ein **Flip 11 · Ja**, legt zunächst dar, wie wir uns im ZRM das Zustandekommen von (Ziel-) Handlungen erklären und was unser Körper zur Zielerreichung wesentlich beitragen kann:

Multicodierung 1.2.2

- Das soeben entwickelte Ziel ist als ein neu generiertes neuronales Netz zu verstehen.
- Neuronale Netze und somit auch Ziele können im Organismus auf mehreren Ebenen gespeichert, «multicodiert» werden. Je besser ein neuronales Netz multi-codiert ist, desto besser und schneller ist es aktivierbar.
- Die «Multicodierung des Ziels» erfolgt im ZRM auf drei Ebenen: auf der verstandesmäßigen, auf der gefühlsmäßigen und auf der körperlichen Ebene. Zielrealisierendes Handeln kann von jeder dieser Ebenen her ausgelöst werden.

- Statt von einfachen Ursache–Wirkungszusammenhängen wird im ZRM von einer Vernetztheit zwischen den drei genannten Ebenen ausgegangen. So können das Denken und die Gefühle einerseits entsprechende Körperreaktionen hervorrufen. Andererseits können Veränderungen in der körperlichen Verfasstheit (z. B. der Körperhaltung) auch entsprechende Veränderungen auf der Ebene der Gefühle und/oder des Denkens mit sich ziehen.

Der bisherige Aufbau des Ressourcenpools (Zielentwicklung, Erinnerungshilfen und Auslöser) war schwerpunktmäßig auf die kognitive und die emotionale Ebene gerichtet. Im Folgenden geht es nunmehr darum, den Körper als weiteren «Auslöser» und Unterstützer der Zielhandlung in unseren Ressourcenpool mit einzubeziehen. Ein kleines «Haltungs-Experiment» soll das die Auswirkungen der Körperhaltung auf die beiden Ebenen erlebbar machen: Zunächst bittet die Trainingsleitung die Jugendlichen, sich möglichst unbe-

Flip 11 /Ja

Multicodierung

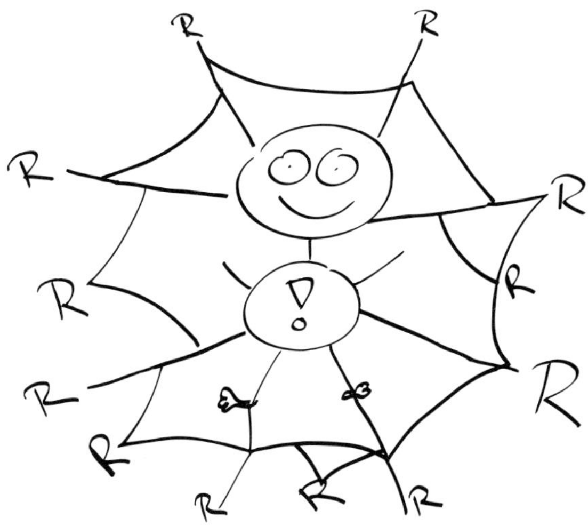

quem, eingefallen, mit gesenktem Blick und flacher Atmung hinzusetzen. Mit der Anweisung, dieses Körperverfassung beizubehalten werden die Jugendlichen sodann aufgefordert, sich glücklich, selbstbewusst und voller Tatendrang zu fühlen. Das Ergebnis ist klar: Die Aufgabe ist kaum lösbar. Auch das umkehrte Arrangement, aufrechter Sitz oder Stand, gehobener Blick, volle Atmung, und die Anweisung, sich unglücklich, handlungsunfähig, ohnmächtig, minderwertig zu fühlen, stellt die Jugendlichen vor eine kaum lösbare Aufgabe. Fazit: Die Körperverfassung hat einen deutlichen Einfluss auf innere Vorgänge wie Gefühle, Gedanken, Selbstwertempfindungen, Aktivierungsniveau, Handlungsbereitschaft. Die Aufgabe, die sich hieraus stellt, ist klar: Es gilt herauszufinden, welche spezifische Körperverfassung mit dem jeweils angestrebten Ziel korrespondiert, um so die Zielhandlung zu unterstützen.

In zwei Teilschritten erfolgt nun der Ressourcenaufbau auf der körperlichen Ebene: Zunächst erfolgt er in mentaler Weise, virtuell. Ziel ist es, ein mentales Vorstellungsbild davon entstehen zu lassen, wie der eigene Körper bei der Zielerreichung hilfreich mitwirken kann. Zudem geht es darum, die Selbstwahrnehmung für die eigene körperliche Verfassung zu intensivieren. In einem zweiten Teilschritt erarbeitet sodann jede(r) Jugendliche, unter realer Mitwirkung seines/ihres Körpers jene Komponenten der Körperverfassung, die speziell zu seinem/ihrem Ziel «passen».

← Körperarbeit 1.2.3.3.2

2.4.4.2 Den Ressourcenaufbau mental bahnen

Ein weiteres Experiment soll die Wirksamkeit des mentalen Trainings verdeutlichen und Neugier und Motivation wecken für die sich anschließende Fantasiereise. Mit dieser Vorgabe und der Einladung, sich überraschen zu lassen, führt die Leitung mit den Jugendlichen im Plenum das so genannte «Armdreh-Experiment», eine Feldenkrais-Übung, durch: Die Teilnehmenden verteilen sich stehend so, dass sie sich, auch bei ausgestreckten Armen, frei, ohne einander zu berühren, drehen können. Der Stand ist sicher, schulterbreit, der Oberkörper in normaler Haltung, die Arme fallen locker herab. Jede(r) achtet darauf, den Platz auf dem er/sie steht, während des gesamten Experiments exakt beizubehalten. Im ersten Übungsteil erfolgt sodann die Anweisung, den rechten Arm seitlich gestreckt bis in Schulterhöhe anzuheben. Nun drehen die Teilnehmenden mit gleichbleibender Fußstellung den rechten Arm nach rechts hinten, so weit wie es ihnen mit äußerster Anstrengung überhaupt möglich ist. Der Punkt, auf den ihre rechte Hand am äußersten «Anschlag» zeigt, sollen sie sich genau merken. Hiernach gehen die Jugendlichen bei gleichbleibender Fußstellung wieder in ihre Ausgangshaltung (Oberkörper normal, Arme locker herabfallend) zurück. In dieser Ausgangshaltung verbleibend, erleben die Jugendlichen nunmehr den zweiten Übungsteil, der ausschließlich mental vollzogen wird. Sie durchlaufen dabei den soeben noch real durchgeführten Bewegungsablauf, Schritt für Schritt, noch einmal in ihrer Fantasie – mit einem wesentlichen Unterschied: Sobald sie bei ihrer Drehung bei ihrem Anschlagspunkt angelangt sind, teilt ihnen die Leitung mit, dass sie, zu ihrem eigenen Erstaunen, ganz locker und leicht mental ein deutliches Stück über ihre bisherige Marke weiterdrehen können. Danach dürfen die Jugendlichen in ihrer Fantasie wieder in die Ausgangsstellung zurückdrehen. Nach einer kurzen Pause wird dieser Schritt noch einmal wiederholt, mit dem Unterschied, dass die Teilnehmenden nunmehr nicht nur über ihren ersten Anschlagspunkt sondern – locker, spielerisch, leicht und verblüfft – auch noch über ihre zweite Markierung ein erhebliches Stück weit hinausgelangen. Erneut gehen die Jugendlichen mental wieder in ihre Ausgangsstellung zurück. Der mentale Vorgang wird noch zwei weitere Male wiederholt. Der vierte und letzte Übungsteil wird nunmehr wieder real vollzogen. Anweisung und Ablauf sind die selben wie im ersten Übungsteil. Das Ergebnis ist bei nahezu allen Jugendlichen überzeugend: sie können mühelos ein deutliches Stück weiter drehen als bei ihrem ersten, angestrengten Versuch. Mit diesem kleinen Experiment erleben die Jugendlichen «am eigenen Leib» auf überzeugende Weise, dass ihr Körper zu deutlich weitergehenderen Leistungen imstande ist wenn er zuvor durch mentale Bahnung vorbereitet wird.

Die Einstimmung auf die Fantasiereise zum Ziel beginnt mit dem Hinweis auf die weit verbreitete und bewährte Praxis des Mentaltrainings im Leistungssport. Die positiven Auswirkungen von «lediglich» mental vollzogenen Handlungsabläufen auf reales Handeln werden von SportlerInnen, deren TrainerInnen und von SportwissenschafterInnen bestätigt (z. B. Gubelmann 1998). Das kleine «Armdreh-Experiment», das die Jugendlichen soeben erlebt haben, verdeutlicht, dass Ziele und zugehörige Handlungen, die mental vorbereitet werden, deutlich bessere Aussichten haben verwirklicht zu werden, als wenn sie ohne diese Vorkehrung angegangen werden. Diese Einsichten nutzen wir im ZRM-Training, um auch die Zielerreichung und die zugehörigen Handlungen und Begleitumstände mental zu «bahnen». Hierzu folgt eine angeleitete «Fantasiereise zu meinem Ziel», in deren Verlauf die Anwesenden zunächst in eine tiefe Entspannung geführt und dort mit ihrem Ziel in Kontakt gebracht werden. Die Jugendlichen erhalten sodann Anregungen, sich mit Hilfe ihrer Fantasie einen Entwurf von ihrer Zielverwirklichung zu machen, einschließlich der hierzu erforderlichen Handlungen und inneren Prozesse, die damit verbunden sind. Ausführlich lenkt die Leitung die Aufmerksamkeit der Jugendlichen auf ihren Körper. Sie werden aufgefordert, ihn in seiner äußeren Verfasstheit und in seinen inneren Prozessen zu beobachten. Hierbei interessiert die Beschreibung des eigenen Organismus' im Kontakt mit dem Ziel. Bezüglich der äußeren Verfasstheit geht es um Stand, Haltung, sichtbare Bewegungen, Mimik, hörbare Stimme. Die inneren Prozesse betreffen die Atmung, das Temperaturempfinden, den Körpertonus, wahrgenommene Geräusche und Gerüche.

In unmittelbarem Anschluss an die Fantasiereise tauschen die Jugendlichen ihre Erfahrungen aus der Fantasiereise in Partnerarbeit aus. Die Einteilung in Paare geschieht – wie gewohnt – gemäss

Flip 12 /Ja

Fantasiereise zum Ziel – *Gesprächsleitfaden*

- Mein Körper: äusserer Zustand und innere Vorgänge
- Ort, Landschaft
- Jahreszeit, Farben
- Untergrund, Umgebung
- Tageszeit/Temperatur
- Geräusche, Gerüche
- Symbole, Kleider, Tiere
- Anderes

Zufallsprinzip. **Flip 12 · Ja** soll den Paaren eine Orientierung bieten beim Austausch aller erdenklichen Beobachtungen, die für die Jugendlichen anlässlich ihrer «Reise» auftauchten (z. B. Symbole, fantasierte Bilder und Kontextmerkmale wie Beleuchtung, Umgebung, Tiere, Pflanzen sowie Assoziationen jeder Art). Die hierbei gesammelten Informationen liefern wertvolle Bausteine für den nachfolgenden zweiten Teilschritt, der realen Entwicklung einer zieladäquaten körperlichen Verfassung.

2.4.4.3 Die zieladäquate Körperverfassung real entwickeln

Die zieladäquate körperliche Verfassung wird in Gruppen erarbeitet. Falls mehr als eine Kursleiterin/ein Kursleiter beziehungsweise MediatorInnen zur Verfügung stehen, lohnt es sich, die Gruppe bereits für die Demonstration des Vorgehens in Gruppen aufzuteilen. Die Entwicklung einer zieladäquaten Körperverfassung selbst stellt zwar für die Jugendlichen im Allgemeinen kein Problem dar, doch wollen sie sich meist gerade hierbei nicht in großen Gruppen exponieren. Um gewisse Verlegenheitsgefühle und gegenseitige Ablenkungsversuche aufzufangen, soll daher auch die Demonstration in möglichst kleinen Gruppen statt finden. Unter Umständen empfiehlt es sich hier auch, in geschlechtergetrennten Gruppen zu arbeiten. Die Kursleitung wird dabei von zwei Freiwilligen unterstützt, wobei sich eine(r) davon, die Hauptperson, der anstehenden Aufgabe widmet, die zweite Person Hilfsfunktionen übernimmt, indem sie die Aussagen der Hauptperson protokolliert. Die übrigen Jugendlichen erhalten zu Beginn der Demonstration das Arbeitsblatt 7 · Ja, aufgrund dessen sie das Vorgehen der Leitung während der Übung mitvollziehen können. Ziel der Übung ist, dass die jeweilige Hauptperson sich ein möglichst klares Bild davon macht, in welchem Zustand ihr Körper ist, wenn sie sich mental mit ihrem Ziel in Verbindung setzt. Es geht also darum festzustellen, in welcher äußeren Verfassung sich in dem Moment der eigene Körper befindet und welche inneren Prozesse (Gefühle, Bilder, Gedanken) sich dabei abspielen. Weil Jugendliche sich oft genieren, in der konkreten Situation, in der sie ihr Ziel in Handlung umsetzen, allzu auffällige Bewegungen auszuführen, hat sich es sich bewährt, in einer anschließenden Runde nach einer Mini-Bewegung suchen, welche die zuvor erarbeiteten «Wunschkörper»-Bewegungen minimalisiert. Ein Beispiel dazu ist in der nachfolgenden Jj-Version zu finden.

Bei der Demonstration sollte die Leitung vor allem folgende Punkte beachten und deutlich hervorheben:

- Es empfiehlt sich, den Ablauf der Übung in groben Zügen vorweg zu schildern, um den Zuschauern das Mitverfolgen zu erleichtern und der Hauptperson Sicherheit zu geben.
- Die Übung sollte in aller Regel zunächst im Stehen durchgeführt werden, da diese die Selbstwahrnehmung sämtlicher Körperempfindungen erleichtert. Allerdings muss die Körperübung vorbereitet werden, weil es eine Überforderung darstellt, vom sitzenden Zuhören direkt ins stehende Körpergefühl überzugehen. Bestimmte Körperübungen können dabei eine Brücke bauen und den Einstieg in die Körperarbeit erleichtern.
- Ausgangslage während der gesamten Demonstration ist das Ziel der betreffenden Person. Um die mentale Präsenz des Ziels durchgehenden zu gewährleisten, sollte es zu Beginn und auch im späteren Verlauf immer wieder explizit angesprochen werden.
- Erst wenn die Leitung den Eindruck hat, dass die Hauptperson mit dem Ziel mental gut verbunden ist und sich diese Tatsache *auch in konkret wahrnehmbaren körperlichen Veränderungen* zeigt, beginnt die Leitung damit, Schritt für Schritt, die Checkliste im Arbeitsblatt 7 · Ja durchzugehen. Dabei werden äußere und innere Merkmale des Körpererlebens unterschieden und nacheinander alle Sinne angesprochen. Unter äußeren Merkmalen werden sichtbare Veränderungen der Körperhaltung verstanden wie zum Beispiel ein erhobener Kopf, ein gerader Rücken oder ein nach vorne gestellter Fuß. Innere Merkmale betreffen Wahrnehmungen im Körperinneren: veränderte Atmung, ein Wärmegefühl im Bauchraum oder ein Energiestrom in Armen und Händen. Parallel dazu ist flexibel, empathisch und vertiefend auf das einzugehen, was seitens der Hauptperson geäußert wird.
- Das in der Fantasiereise gesammelte Material sollte soweit wie möglich mit einbezogen werden. Um der Hauptperson zu erleichtern, ihre zieladäquate Körperverfassung zu entwickeln, sollte der Coach sich im 90-Grad-Winkel zur Hauptperson aufstellen und die Körperveränderungen der Person doppeln. Der Terminus «Doppeln» stammt aus dem psychodramatischen Methodenrepertoire. Beim Doppeln verhält sich der Coach wie ein Doppelgänger der Hauptperson und vollzieht mit dem eigenen Körper alle Bewegungen der Hauptperson mit. Außer dem Erleichterungseffekt für die Hauptperson hat Doppeln noch einen zweiten

Nutzen: Es ermöglicht dem Coach, sich empathisch in das Erleben der Hauptperson einzufühlen und fördert auf diese Weise dessen Coachingkompetenz.

Nach dieser Demonstration und nach Klärung allfälliger Vorgehensfragen gehen die Teilnehmenden in Dreiergruppen selbstständig an die Arbeit. Beim Mediatoren-Konzept sollen sich die Coaches wiederum in die Gruppen begeben und darauf achten, dass die Hauptpersonen gemäß den oben beschriebenen Punkten begleitet werden.

Es kann vorkommen, das beim Aufbau der zieladäquaten körperlichen Verfassung negative Körpergefühle oder innere Bilder wahrgenommen werden. Dies kann ein Indikator dafür sein, dass das Ziel noch nicht stimmig oder «zu hoch dosiert» ist. In diesem Fall muss das Ziel nochmals überarbeitet werden. Auch ist es gut zu wissen, dass es manchen Leuten Schwierigkeiten bereiten kann, ein zieladäquates Körpergefühl wahrzunehmen. Solche Leute aktivieren ihre Ressourcen eher durch die Repräsentation ihres handlungswirksam formulierten Zieles oder die Verwendung von Symbolen oder Erinnerungshilfen. In diesen Fällen wird die Körperübung unter Verweis auf den Ressourcenpool beendet, ohne weiter zu insistieren. Die Möglichkeiten im Aufbau der zieladäquaten körperlichen Verfassung ZRM-Training variieren je nach Alter und Gruppe. Darum bleibt es der Einschätzung der TrainerInnen überlassen, inwieweit sie die Körperübung mit der ganzen Kursgruppe durchführen oder eventuell lieber durch gezieltes Einzelcoaching ersetzen möchte. So kann das Erarbeiten einer zieladäquaten körperlichen Verfassung beispielsweise einem jungen Mädchen mit Essstörungen, bei dem ein wohlig warmes Gefühl im Bauch entseht und das rote Backen kriegt bei der Vorstellung, Glück einzuatmen, wesentlich leichter fallen als einen raubeinigen jungen Burschen, der sich von den anderen beobachtet fühlt.

2.4.4.4 Die zieladäquate Körperverfassung bildhaft festhalten

Siehe Comic 20 im Anhang

Danach folgt eine Einzelarbeit, in der die bedeutsamsten Ergebnisse der zieladäquaten Körperverfassung in einprägsamer Form festgehalten werden. Aus den in der Gruppenarbeit von der Hilfsperson festgehaltenen Beschreibungen des zielrelevanten Körperzustandes wählt jede Person zunächst die für sie wichtigsten Elemente aus und trägt sie in ihren «Ressourcenpool» ein (Arbeitsblatt 5 · Ja). Um die zieladäquate körperlichen Verfassung noch in einem weiteren, anschaulicheren Modus zu speichern, wird sie bildlich festgehalten: Mit Farbstiften malen die Jugendlichen ein Bild ihres äußeren und inneren Körperzustandes in ein vorgegebenes Körperschema hinein (Arbeitsblatt 8 · Ja). So kann beispielsweise ein warmes Gefühl im Bauch einer Teilnehmerin durch einen roten Kreis in der Bauchmitte des vorgegebenen weiblichen Körperschemas ausgedrückt werden. Bei dieser Arbeit entstehen individuelle, meist bunte und kreative Bilder. Falls Mini-Bewegungen erarbeitet wurden, können auch diese auf Arbeitsblatt 9 · Ja zeichnerisch festgehalten werden.

2.4.5 Den Ressourcenpool aktualisieren

Der Ressourcenaufbau ist nunmehr um ein gutes Stück, konkret um die Gruppe der Erinnerungshilfen sowie um die Gruppe der Körperressourcen, vorangeschritten. Es ist an der Zeit, ihn zu aktualisieren. Der **Flip 13 · Ja** mit dem Ressourcenpool erhält nunmehr folgende Gestalt:

Flip 13 /Ja

Der Ressourcenpool – Zwischenstand

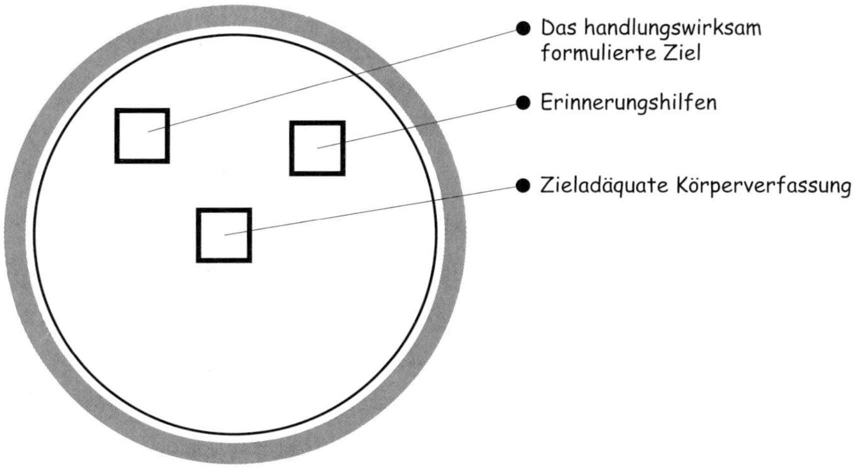

2.5 Trainingsphase 4: Mit meinen Ressourcen zielgerichtet handeln

Dieser vierte Trainingsabschnitt befasst sich mit dem zielgerichteten Einsatz der Ressourcen. Ausgehend von einer eingängigen Typologie von Situationen, planen und üben die Jugendlichen anhand von Rollenspielen, wie sie die von ihnen zuvor entdeckten/entwickelten Ressourcen zielgerichtet aktivieren beziehungsweise einsetzen und somit ihr Ziel verwirklichen können.

Lernziel:
Die Jugendlichen sind in der Lage, den Herausforderungsgrad bei der Zielumsetzung sorgfältig zu wählen.

2.5.1 Die ZRM-Situations-Typologie zur Umsetzung von Zielen in Handlungen

Zu Beginn der fünften Trainingseinheit wird die ZRM-Strategie zur Umsetzung des Zieles angesprochen: Die Jugendlichen lernen zur Vorbereitung des Rollenspiels drei wichtige Situationstypen zu unterscheiden, in denen Ziele und ihre Realisierung aktuell werden können. Denn in dieser Kursphase erhalten die Teilnehmenden die Gelegenheit, ihre Ressourcen im Rollenspiel einzusetzen. Nachdem die Jugendlichen wissen, welches Ziel sie verwirklichen möchten und welche Mittel (Ressourcen) ihnen hierfür zur Verfügung stehen, geht es nun um die Frage, wie die Realisierung ihrer Ziele konkret vonstatten gehen soll. Die ZRM Strategie zur Umsetzung eines Zieles in Handlungen besagt, dass Menschen, die hinsichtlich ihres Zieles in einer optimalen körperlichen, emotionalen und geistigen Verfassung sind, spontan, aus der Situation heraus, die für sie derzeit bestmögliche Lösung anstehender Aufgaben realisieren können. Bezogen auf unser Training heißt das, dass die Jugendlichen keine neuen Fertigkeiten im Sinne eines Verhaltenstrainings erlernen.

→ Intuitive Verhaltenssteuerung 1.2.2

Vielmehr eignen sie sich ein Meta-know-how an, das sie in die Lage versetzt, ihre vorhandenen Potenziale situationsangepasst und zielbezogen einzusetzen und auch in schwierigen Situationen «das Beste aus sich zu machen». Die Aufgabe, die sich somit für die Realisierung des jeweiligen Ziels stellt, besteht also darin, zum rechten Zeitpunkt, am rechten Ort – eben da, wo das Ziel sinnvollerweise verwirklicht werden soll – die zugehörigen Ressourcen zu aktivieren. Das ist das Thema dieses vierten Trainingsabschnittes.

Es hat sich als zweckmäßig erwiesen, **drei Typen von Situationen** zu unterscheiden, in denen Ziele und ihre Realisierung aktuell werden können:

Situationstyp A: Bekannte, vertraute Situationen, in denen es uns nahezu selbstverständlich gelingt, das erstrebte Ziel zu verwirklichen.

Situationstyp B: Vorhersehbare Situationen, in denen wir gern unser Ziel verwirklichen möchten, uns aber bislang dazu nicht imstande sahen.

Situationstyp C: Unvorhersehbare, sich überraschend ergebende Situationen, in denen wir unser Ziel gern verwirklichen würden, auch wenn uns dies zuweilen erst im Nachhinein bewusst wird.

2.5.1.1 Situationstyp A wie Alltag, Aufmerksamkeit und Abend-Applaus

Siehe Comic 11 im Anhang

A-Situationen sind Situationen, bei denen das zielwirksame Handeln einfach gelingt. Von diesem Situationstyp hat üblicherweise jeder/jede Jugendliche schon während des Kurses einige erfolgreiche Beispiele zu berichten. Die Aufgabe der Leitung besteht darin, die Aufmerksamkeit der Jugendlichen darauf zu richten, dass jeder Erfolg im Sinne des Zieles, auch wenn er scheinbar leicht zu erringen war, einen inneren Applaus wert ist. Darum sollen bereits während des Trainings solche Situationen im Plenum ausgetauscht werden. Im Laufe der Zeit mit zunehmender Stärkung des neuen neuronalen Netzes, wird sich die Menge der A-Situationen zunehmend vergrößern. Die Kursleitung kann A-Situationen sammeln, so dass sich auch hier allmählich ein Pool mit bisherigen Erfolgen der Jugendlichen füllt. Im Sinne der Erzeugung von Selbstwirksamkeits- und Kontrollerleben wird den Jugendlichen empfohlen, jeden Abend vor dem Schlafengehen ihren Alltag nach A-Situationen zu durch-

Flip 14 /Ja

ABC-Situationen

A wie: Alltag, Aufmerksamkeit, Abend-Applaus

B wie: Bodybuilding

C wie: Cup-Finale

forsten und sich entsprechend Applaus zu spenden. Mittels einer Streichholzschachtel kann dies sehr gut visualisiert werden: Für jeden Erfolg im Sinne des Zieles, für jede gelungene Abend-Applaussituation darf der/die Jugendliche ein Streichholz oder eine farbige Büroklammer und ähnliches in die Schachtel legen. Im Sinne der Selbstverstärkung soll sie/er sich – wenn die Schachtel jeweils voll ist – selbst belohnen: So kann er/sie sich etwa mit einem warmen Vollbad, einem guten Videofilm, einem Nachmittagsbummel mit einer guten Freundin und anderem mehr verwöhnen und seinen/ihren Erfolg gebührend feiern.

2.5.1.2 Situationstyp B wie Bodybuilding-Situationen

Siehe Comic 12 im Anhang

Die soeben beschriebene Typologie lässt erkennen, dass sich eine Planung des Ressourceneinsatzes für Situationen des Typs A erübrigt. Hingegen ist offensichtlich, dass eine solche Planung für Situationen des Typs B – vertraute, vorhersehbar, bislang aber als «schwierig» eingeschätzte Situationen – Sinn macht. In der vierten Trainingsphase wird von den Jugendlichen eine Situation des Typs B aus ihrem persönlichen Alltag ausgewählt, eine Situation also, die zwar einen deutlichen Trainingseffekt aufweist, also durchaus eine Herausforderung darstellt, die sich aber auf jeden Fall bewältigen lässt und auch Erfolge ermöglichen. Als bildhaftes Beispiel hierfür wird das Body-Building-Studio gewählt. Wenn man seine Oberarme trainieren will, geht man nicht hin und sucht sich als Anfänger gleich dasselbe Gewicht aus wie Arnold Schwarzenegger. Stattdessen sollte man sich ein Gewicht aussuchen, das für die Muskulatur einen zwar deutlichen Trainingseffekt hat, also durchaus eine gewisse Schwierigkeit darstellt, das sich aber auf jeden Fall ohne Verletzungen erfolgreich bewältigen lässt. Genau dasselbe Prinzip gilt für die B-Situationen. Sie werden gezielt ausgesucht, wie die Gewichte im Body-Building-Studio. Und sie werden im Schwierigkeitsgrad gesteigert, parallel zur wachsenden Sicherheit im Umgang mit dem neuen neuronalen Netz. Somit wird der Transfer des Gelernten in die Wege geleitet.

13

2.5.1.3 Situationstyp C wie Cup-Finale

Im Sinne eines möglichst baldigen und gelungenen Transfers ist den Jugendlichen unbedingt zu empfehlen, die Umsetzung ihrer Ziele von ausschließlich vorhersehbaren B-Situationen zu trainieren, den Schwierigkeitsgrad gut anzupassen und sich Situationen des Typ C nicht zum Maßstab für den eigenen Erfolg zu nehmen. Um dies zu verdeutlichen, haben C-Situationen den Titel «Cup-Final». Sie stellen die Meisterschaft dar, die sich nur nach viel Training einstellt. Trotzdem kann schon im Kurs eine gewisse Einsicht in das Geschehen in C-Situationen gegeben werden, die entlastend wirken kann. Ob dieser Situationstyp im Training eingehend besprochen werden soll, bleibt der Leitung überlassen. Nähere Informationen zur Einführung des Cup-Finales sind in Kap. 2.5.4 zu finden.

2.5.2 Auf den angemessenen Herausforderungsgrad achten – Vorbereitung des Rollenspiels

Nachdem die Jugendlichen nun in der Lage sind, ihr Ziel mit einer entsprechenden Körperverfassung in Verbindung zu bringen beziehungsweise sie ihr Ziel «in den Körper gebracht» haben, werden sie von der Kursleitung eingeladen, ihr Ziel in ihrem Alltag anzuwenden. Ferner werden sie in der nächsten Kursphase die Gelegenheit erhalten, ihre Ressourcen einmal im Rollenspiel einzusetzen. Darum bittet die Kursleitung die Jugendlichen, sich anhand des Arbeitsblattes 10 · Ja auf dieses Rollenspiel vorzubereiten und sich zu überlegen, in welcher Situation sie ihr Ziel anwenden möchten. Bei der Wahl der Rollenspielsituation ist unbedingt auf einen angemessenen Herausforderungsgrad zu achten. Darum ist es sinnvoll, vorerst mit einfachen B-Situationen zu arbeiten, die zwar einen deutlichen Trainingseffekt aufweisen, also durchaus eine Herausforderung darstellen, die sich aber auf jeden Fall bewältigen lassen und auch Erfolge ermöglichen. Das Ziel ist noch sehr jung. Darum braucht es Zeit und vor allem Übung, bis aus dem Neuronentrampelpfad eine Neuronenautobahn entsteht und die Umsetzung quasi von allein und ohne unsere bewusste Kontrolle gelingt. Die Jugendlichen achten sorgfältig darauf, ihr neuentwickeltes neuronales Netz zu stärken, indem sie ihm Erfolge ermöglichen. Denn neben der häufigen Aktivierung von neuronalen Netzen ist ihre erfolgreiche Nutzung eine wichtige Bedingung für deren Bahnung und Stärkung.

!

→ Ressourcenaufbau 1.2.1

In unmittelbarem Anschluss an die Festlegung der anvisierten Situation gehen die Jugendlichen – weiterhin in Einzelarbeit – daran, den Ressourceneinsatz für eben diese Situation zu planen. Das Arbeitsblatt 11 · Ja liefert ihnen dazu entsprechende Anregungen: Es geht dabei um das Festlegen und Einrichten einer «Ressourcen-Tankstelle» beziehungsweise einer «Ladestation», um Beschaffung und Platzierung mobiler und stationärer Erinnerungshilfen, den Aufbau der Körper-Ressourcen sowie um Organisation von Unterstützung durch hilfreiche Dritte. Dies ist ein Ort im Raum oder in unmittelbarer Nähe der stattfindenden Handlung, indem sich der/die Betreffende bei Bedarf immer wieder mit seinen/ihren Ressourcen bewusst «auftanken» kann. Im Training kann es sich dabei um eine durch eine Pinnwand abgetrennte Ecke im Kursraum handeln, in der die Jugendlichen ihre Ressourcen – die zieladäquate Körperverfassung, das handlungswirksam formulierte Ziel, die mentale Repräsentation des Bildes – sorgfältig aufbauen können. Sie sollten dabei vom Coach oder den MediatorInnen unterstützt werden, indem er/sie nochmals das Ziel sowie die wichtigsten Punkte der körperlichen Ressourcen nennt und sicherstellt, dass der/die TrainingsteilnehmerIn mit seinen/ihren Ressourcen verbunden ist. Der Zugang zu den persönlichen Ressourcen sollte sichtbar werden, was sich beispielsweise in einer veränderten Körperhaltung oder einer ruhigeren Atmung zeigen kann. Im Alltag kann es sich bei dieser «Ressourcen-Tankstelle» um das eigene Zimmer, den Waschtrog im Klassenzimmer oder einen beliebigen stillen Ort handeln, den die Jugendlichen aufsuchen können, wenn sie ihre Ressourcen bewusst aufbauen wollen.

Die Vorbereitung für das Rollenspiel kann den Jugendlichen auch als Hausübung aufgegeben werden, was den Vorteil hat, dass sie sich im «ruhigen Kämmerchen» mit ihrer Situation auseinander setzen können. Oder die Lehrkraft räumt ihren SchülerInnen während des Unterrichts Zeit ein für die Vorbereitung ihres Rollenspiels beziehungsweise für die Vorbereitung des Transfers des im Kurs Gelernten.

2.5.3 Mein Ziel im Alltag umsetzen – Rollenspiel

Die von den Einzelnen vorgenommenen Planungen und Vorsatzbildungen der Zielumsetzung und des Ressourceneinsatzes sind erfahrungsgemäss sehr vielfältig. Die Leitung gibt darum im Plenum Gelegenheit für einen Ideenaustausch. Im Sinne des Commitment, einer erhöhten Selbstverpflichtung, präsentieren die Jugendlichen ihre Situation. Die Kursleitung entscheidet dann, welche Situationen sich für das Rollenspiel eignen, also darstellbar sind, und notiert sich diese auf Zettel. So kann dann die Reihenfolge der Rollenspiele ausgelost werden.

Weil ein Ziel dann die besten Erfolgsaussichten hat, wenn es häufig aktiviert wird, erhalten die Jugendlichen in der vierten Trainingsphase die Gelegenheit, den Einsatz ihrer Ressourcen im Rollenspiel zu üben. Das Lernen am Modell stellt hier ein wichtiges Element dar: Im geschützten Rahmen der Gruppe können die Jugendlichen nicht nur erste Erfahrungen darin sammeln, wie sie ihre Ressourcen zielgerichtet einsetzen können, sondern lernen auch anhand der Erfahrungen ihrer Peers (geeignet Erscheinendes darf ungeniert «geklaut» beziehungsweise adaptiert werden!). Weil es sich lohnt, sich für diese Situationen genügend Zeit zu nehmen, widmen wir uns in Trainingsphase 4 ganz dem rollenspielerischen Einsatz der Ressourcen anhand konkreter Situationen aus dem Alltag der Jugendlichen.

Die Konzeption unseres Rollenspiels basiert auf theoretischen Grundannahmen von Moreno (1989). Der Begründer des Psychodramas hat zur Thematik von Kreativität und Spontaneität im Umkreis seines «Spontaneitätstrainings» konkrete Überlegungen angestellt und mit verschiedenen Techniken des Psychodrama auch eine elaborierte Methode vorgelegt, wie Menschen trainieren können, aus dem Stegreif heraus neue Handlungsweisen zu entwickeln, die in Bezug auf die jeweils neue Situation, in der sie entstehen, eine optimale «Passung» aufweisen. Interessierte LeserInnen, die sich näher mit dem Einsatz von Psychodrama im Zürcher Ressourcen Modell befassen möchten, seien hier auf Salzmann & Wehrli (1999) verwiesen.

Zur Orientierung wird den Jugendlichen anhand des bereits bekannten Flip-Chart 1 · Ja aufgezeigt, wo sie sich im Trainingsprozess befinden und nochmals Bezug auf die vorangegangenen Schritte des ZRM-Trainings genommen. Eine kurze Einführung legt zunächst den Ablauf des Rollenspiels dar, alles Weitere wird dann während den Rollenspielen gecoacht. Während beim klassischen Psychodrama drei Phasen (Erwärmung, Bühnenphase, Gruppenintegrationsphase) unterschieden werden, wurde der Ablauf des ZRM-Rollenspiels in neun Teilschritte gegliedert:

1. Schilderung der Situation

Zunächst schildert die Hauptperson die Situation möglichst genau und in Anlehnung an Arbeitsblatt 10 · Ja. Die Kursleitung legt spezielles Augenmerk auf das bisherige Befinden der Hauptperson in dieser für sie schwierigen Situation und darauf, was sich ihrem Ziel entsprechend ändern soll. Auch ist es Aufgabe der Leitung, die Hauptperson zu begleiten, zu unterstützen und Unklarheiten bezüglich der Situation durch gezielte Fragen zu klären.

2. Bühnenaufbau und Rolleneinführung

Die Hauptperson bestimmt in der Mitte der Gruppe eine Bühne für die Durchführung des Rollenspiels. Sie richtet die Bühne entsprechend ein, indem sie überlegt, welche Gegenstände (Stuhl, Telefon, Türen etc.) dazu notwendig sind. Ferner wählt sie die nötigen MitspielerInnen aus, gibt ihnen einen Namen und instruiert sie, wie sie sich verhalten sollen. Dazu gehört beispielsweise die Stimmlage, der Ton, die Gestik, welche von der Hauptperson auch demonstriert werden kann. Ihre Rolle soll möglichst detailliert beschrieben werden. Dieses Vorgehen, bei dem die Hauptperson zwecks Darstellung selbst in die Rolle der MitspielerInnen schlüpft, heißt im Psychodrama «Rollentausch». Das Ziel besteht darin, die charakterisierte Person so lebendig wie möglich werden zu lassen. Darum können die MitspielerInnen auch nachfragen, wenn ihnen etwas unklar ist. Umgekehrt kann auch die Hauptperson das Spielverhalten ihrer HelferInnen beziehungsweise der MitspielerInnen korrigieren, wenn sie es für nötig hält. Es ist wichtig, die Rollen sorgfältig einzuführen beziehungsweise die Mitspielerinnen sauber «einzurollen». Nur dadurch kann eine zweite Realität entstehen, die Besitz von der Protagonistin/vom Protagonisten nehmen kann und er/sie auch folgerichtig aus der Rolle heraus handeln kann.

3. Rollenspiel ohne Ressourceneinsatzs
Im Folgenden wird die Situation ein erstes Mal durchgespielt, ohne dass die Hauptperson ihre Ressourcen einsetzt. Nach dem Rollenspiel soll sie kurz schildern, wie es ihr im Spiel ging und wie sie ihren Körper wahrgenommen hat. Mit Unterstützung der Kursleitung soll die Hauptperson danach gründlich «entrollt» werden bis ihr Körper sich wieder in einer neutralen Verfassung befindet.

4. Das «Entrollen» der Hauptperson
Die Leitung unterstützt die Hauptperson dabei, aus ihrer Rolle herauszutreten, indem sie diese auffordert, ihre Rolle wie ein Overall abzustreifen, zu zerknüllen und aus dem Fenster zu werfen. Dies ist insbesondere dann wichtig, wenn sich die Hauptperson im ersten Rollenspiel ohne ihre Ressourcen nicht wohl gefühlt hat. Beim nächsten Rollenspiel unter Einsatz der zielbezogenen Ressourcen kann es durchaus Sinn machen, die Hauptperson in ihrem Wohlbefindenszustand zu belassen, sie dann nicht zu entrollen.

5. Aufbau der persönlichen zielbezogenen Ressourcen
Als Vorbereitung für das zweite Rollenspiel wird die Hauptperson aufgefordert, sich im Raum einen geeigneten Ort aufzusuchen, der ihre Ressourcen-Tankstelle sein soll. Dort werden die Ressourcen – die zieladäquate Körperverfassung, das handlungswirksam formulierte Ziel, die mentale Repräsentation des Bildes – sorgfältig aufgebaut. Wenn nötig, kann die Hauptperson von der Kursleitung unterstützt werden, indem diese nochmals das Ziel sowie die wichtigsten Punkte der körperlichen Ressourcen nennt.

6. Rollenspiel mit Ressourceneinsatz
Die Jugendlichen, die am Rollenspiel nicht beteiligt sind, erhalten den Auftrag, das Rollenspiel gut zu beobachten und in der anschließenden Feedbackrunde zu berichten, wie sie die Hauptperson erlebt

haben. Die Hauptperson kann das Spiel jederzeit unterbrechen, um neue Ressourcen tanken zu gehen. Die Kursleitung darf hier ruhig auch direktiv vorgehen, wenn sie während des Rollenspiels den Eindruck erhält, dass der/die Jugendliche ihrer Ressourcen im Rollenspiel gerade nicht voll ausschöpft. Ihre Aufforderung, einen erneuten Durchgang zu versuchen, könnte etwa so lauten: «Was meinst du, könntest du das noch eine Spur deutlicher hinbringen?».

7. «Entrollen» der MitspielerInnen
Nach dem Rollenspiel ist es wichtig, dass die MitspielerInnen ihre Rollen gründlich abstreifen, sich «entrollen». Nachdem sie ihre «Rollenhaut» symbolisch ausgezogen und weggeworfen haben, werden sie von der Kursleitung mit ihrem richtigen Namen und mit Handschlag begrüßt. Falls diese Art von «Entrollen» den Jugendlichen komisch vorkommt, kann die Leitung alternativ zur «Entrollung» von jedem Gruppenmitglied drei Eigenschaften nennen zu lassen, die den Menschen von der Rolle unterscheiden.

8. Rollen-Feedback
Die Hauptperson schildert ihre Erlebnisse, Eindrücke und Gefühle, nämlich wahrgenommene Veränderungen bei sich selbst zwischen dem ersten Rollenspiel ohne speziellen Ressourceneinsatz und dem zweiten Rollenspiel, bei dem sie ihre Ressourcen einsetzte. Danach kommen die MitspielerInnen zu Wort und erzählen, welche Veränderungen sie bei der Hauptperson erlebt haben und welchen Einfluss das Handeln der Hauptperson auf das Verhalten der MitspielerInnen hatte. Zum Schluss berichten die BeobachterInnen und die Kursleitung darüber, was sie an Veränderungen wahrgenommen haben, wie die Hauptperson auf sie gewirkt hat und ob sie Unterschiede in deren verbalem und nonverbalem Verhalten feststellen konnten.

9. Sharing-Runde
Zweck dieser Runde ist, bei der Hauptperson, die im Spiel viel von sich Preis gegeben hat, Gefühle des Ausgestelltseins zu mindern, indem die anderen Teilnehmenden von ähnlichen Situationen aus ihrem eigenen Leben erzählen. Bei diesem Austausch sollen keine Tipps aus dem eigenen Leben zum Besten gegeben werden, sondern es soll von vergleichbaren Situationen erzählt werden, so dass die Hauptperson erfährt, dass es anderen ganz ähnlich ergeht. Es hat sich in der Arbeit mit Jugendlichen bewährt, dass die Kursleitung

gleich selbst mit einem Beispiel beginnt und dass diese darauf achtet, dass alle Gruppenmitglieder etwas von sich Preis geben. Die Hauptperson hat sich beim Rollenspiel «entblößt», zeigte sich offen. Das Sharing ist die Anerkennung dieser Offenheit, ein Geschenk sozusagen dafür. Falls das Sharing für Jugendliche erhebliche Mühe bereitet – etwa, weil die Situation für sie nur sehr schwer nachzuvollziehen ist, weil sie überhaupt nicht ihrem Erleben und ihrer Erfahrung entspricht – sollte es genügen, wenn die damit verbundenen Gefühle nachempfinden und dies der Hauptperson gegenüber zum Ausdruck gebracht werden kann. Die Kursleitung soll behutsam aber bestimmt darauf achten, dass von den Jugendlichen das Rollen-Feedback nicht mit dem Sharing vermischt wird, dass beim Sharing keine Ratschläge erteilt werden und dass *alle* Jugendlichen Sharing geben.

Es versteht sich von selbst, dass sich nicht alle Situationen gleichermaßen für ein Rollenspiel eignen. Darum wurden zu Beginn der vierten Trainingsphase im Plenum alle Situationen geschildert, auch jene, die entweder aus inhaltlichen Gründen oder mangels Zeit nicht im Rollenspiel erprobt werden konnten. Die Leitung soll aber darauf achten, dass möglichst alle Jugendlichen, die es wünschen, die Gelegenheit erhalten, ihr Ziel im Rollenspiel in Handlung umzusetzen. Dazu können die Jugendlichen nach der Demonstration des Vorgehens im Plenum auch in kleinere Gruppen aufgeteilt werden.

2.5.4 Das «Cup-Finale»

Im Sinne eines möglichst baldigen und gelungenen Transfers haben die Jugendlichen im Rollenspiel die Umsetzung ihrer Ziele von ausschließlich vorhersehbaren Situationen trainiert, den Schwierigkeitsgrad gut angepasst. Um zu verdeutlichen, dass sich die Teilnehmenden Situationen des Typ C nicht zum Maßstab für den eigenen Erfolg zu nehmen brauchen, haben C-Situationen den Titel «Cup-Final». Sie stellen die Meisterschaft dar, die sich nur nach viel Training einstellt. Bei Gruppen von Jugendlichen die über reife Selbstreflexionen oder eine größere Grundmotivation verfügen, kann der Umgang mit C-Situationen durchaus thematisiert werden. Hingegen ist es der Kursleitung überlassen, das Cup-Finale wegzulassen, wenn sie merkt, dass der Herausforderungsgrad in B-Situationen für die Jugendlichen anspruchsvoll genug ist.

2.5.4.1 Warnsignale und Stopp-Befehle oder: «Mein Frühwarnsystem entdecken»

Den Jugendlichen soll anhand des nachfolgenden Impulses veranschaulicht werden, was in sogenannten C-Situationen im Menschen abläuft und wie sie konkret mit solchen Situationen umgehen können. Unser theoretisches Konzepte ist angeregt durch das klassische Modell der Stressbewältigung von Lazarus (1981) und Ideen aus dem Stressbewältigungstraining von Schlottke & Wahl (1983). Interessierte Leser, die sich detaillierter mit dem ZRM-Ablaufmodell für den Umgang mit unvorhersehbaren Situationen beschäftigen möchten, seien auf das Buch von Storch & Krause (2002) verwiesen. Denn im Vergleich zur Arbeit mit Erwachsenen wird im ZRM-Kurs mit Jugendlichen der Impuls über den Einsatz der Ressourcen in C-Situationen kurz gehalten.

Das Referat beinhaltet:

- dass wir in unvorhersehbaren Situationen viel schneller von unserem Ziel abgebracht werden können als in vorhersehbaren Situationen. Anstatt so zu reagieren, wie wir es uns dem Ziel entsprechend vorgenommen haben, neigen wir in Situationen, in denen wir überrascht werden, zu zwei Arten von unerwünschten Reaktionen: Dem «Aus-der-Haut-Fahren», «An die Decke gehen» oder in der Sprache der Jugend «Ausflippen», «Ausrasten» einerseits und andererseits zum «Rückzug in unser Schneckenhaus». Mit beiden Formen verlieren wir die Kontrolle über unser Handeln.
- dass wir davon ausgehen, dass es bei C-Situationen gewisse Warnsignale gibt, die uns sagen, dass wir im Begriff sind, nun «auszurasten» beziehungsweise «uns in unser Schneckenhaus zurückzuziehen». Unser Frühwarnsystem kann sich auf körperlicher, gedanklicher und gefühlsmäßiger Ebene bemerkbar machen, als Klumpen im Hals, heiß-roten Kopf, nach unten gerichteten Blick, stockenden Atem, in Form bestimmter Äußerungen (wie z. B. dem typischen «Ja, aber...» bei Menschen, die dazu neigen, sich schnell persönlich angegriffen zu fühlen) oder auch durch Gefühle (wie z. B. das Aufsteigen des Gefühls ungerecht behandelt zu werden).
- dass wir, wenn wir unser persönliches Frühwarnsystem kennen, unsere beide Arten von unerwünschten Reaktionen mit «Stopp-Befehlen» (Schlottke & Wahl, 1983) unterbrechen können. Dies kann beispielsweise durch das Wort «Stopp!» oder «Halt!» erfolgen. Der

gleiche Effekt kann auch durch andere Selbstinstruktionen oder selbstinduzierte Bilder erzielt werden, etwa indem die Jugendlichen vor ihrem inneren Auge einen Vorhang mit einem großen Stoppschild niedergehen lassen. Auch Techniken, die es einem ermöglichen Zeit zu gewinnen, eigenen sich hervorragend als Stopp-Befehle: ruhiges und langsames Atmen oder Zählen (21... 22... 23...), sich zurücklehnen und lächeln, Entspannung der Muskeln, Fenster öffnen usw. Ferner können auch angenehme Vorstellungen, die in Gedanken erzeugt werden oder Signalwörter wie «ruhig», «gelassen bleiben» eine Stoppfunktion erfüllen. Wenn die Jugendlichen also lernen, ihre Warnsignale (Wut beziehungsweise Resignation) bei überraschend sich ergebenden C-Situationen rechtzeitig zu erkennen, fällt es ihnen zunehmend leichter, ihre Stopp-Befehle zum richtigen Zeitpunkt gezielt und wirkungsvoll einzusetzen. Aktuelle Belastungen bekommen Menschen am ehesten in den Griff, wenn es ihnen gelingt, diese (körperlichen, gedanklichen und emotionalen) Warnsignale für das Auftreten negativer Empfindungen als Auslöser für die Stoppbefehle und der damit verbundenen Entspannungsreaktion umzudefinieren. Somit wird das ursprünglich mit unangenehmen Gefühlen und Befürchtungen verbundene Ereignis zum Signal, sich zu entspannen.

Falls die C-Situation von der Kursleitung detaillierter beschrieben wird, können im Plenum innere und äußere Warnsignale gesammelt werden. Das Erkennen von Warnsignalen und Stopp-Befehlen kann mit Jugendlichen anhand von **Flip 15 · Ja** erarbeitet werden.

Aufgrund dieser Sammlung erkennen die Teilnehmenden, dass es den anderen ähnlich ergeht und dass es im Leben immer Situationen gibt, in denen wir mit unerwünschten Verhaltensweisen reagieren. Mittels Stopper-Börse (siehe **Flip 16 · Ja)** können gemeinsam sinnvolle Stopp-Befehle erarbeitet werden, die in der Lage sind, diese unerwünschten Reaktionen zu unterbrechen.

An dieser Stelle können auch die Chill-out- und cool-down-Survivaltipps von Oomen (2004) verwendet werden, die mit freundlicher Genehmigung des Klopp-Verlages im Anhang als Arbeitsgrundlage zu finden sind. Bei «Wie überlebe ich mich selbst» handelt es sich um einen überaus empfehlenswerten Selbsthilfe-Roman, der sich zwar in erster Linie an weibliche Jugendliche wendet, von dem sich aber durchaus auch Jungs angesprochen fühlen. Verschiedene Unterbrecher und Stopp-Befehle werden dort in jugend-

Flip 15 /Ja

Frühwarnsystem

Innere Warnsignale	Äussere Warnsignale
stockender Atem	Verspätung
"Es-kotzt-mich-an"-Gefühl	kleiner Bruder schreit
Ärger, Wut	andere schauen zu
.	.
.	.
.	.

gerechter Sprache thematisiert und können im Training aufgegriffen und von den Jugendlichen mit eigenen Ideen ergänzt werden. In interessierten Trainingsgruppen können auch Oomens «Survivaltipps zum Vermeiden von Zoff» besprochen werden, die zu einer weiteren Ressource im Umgang mit potenziellen Konflikten werden können (siehe Oomen, 2004, S. 165ff.).

Flip 16 /Ja

Stopper-Börse

- Atemtechnik
- Einen Schritt zur Seite gehen
- Zählen (z.B. 21, 22, 23 ...)
- Zurücklehnen
- Fenster öffnen

.
.
.

2.5.5 Den Ressourcenpool aktualisieren

Frühwarnsystem und Stopp-Befehle stellen weitere nützliche Selbstmanagement-Ressourcen bei der Meisterung von C-Situationen dar. Darum erweitert die Leitung anhand von **Flip 17 · Ja** den Ressourcenpool.

Zum Abschluss dieser Trainingsphase werden die Jugendliche aufgefordert, ihren persönlichen Ressourcenpool zu aktualisieren.

Flip 17 /Ja

Der Ressourcenpool – Zwischenstand

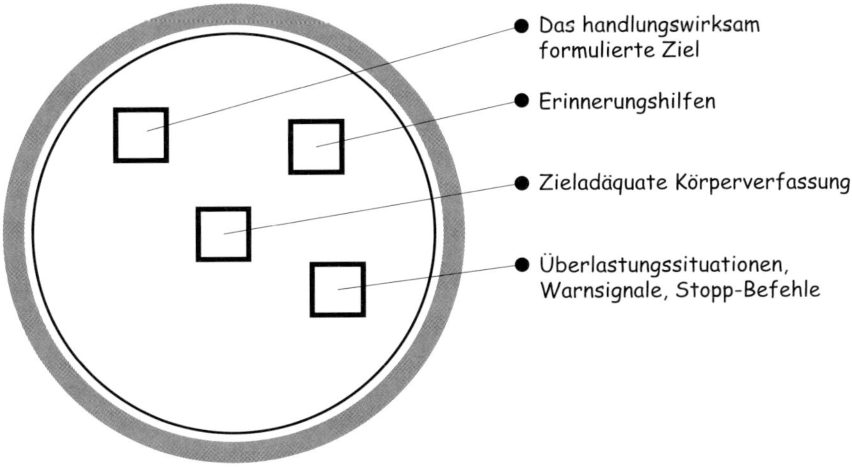

2.6 Trainingsphase 5: Mein Weg im Kurs – Integration, Transfer und Abschluss

In dieser letzten Trainingsphase geht es zunächst darum, den mehrstufigen und komplexen Prozess, den die Jugendlichen durchlaufen haben, in einem sorgfältigen Reflexionsvorgang zu rekapitulieren, die vielen Mosaiksteinchen zu einer Gestalt zusammenzufassen und diese in einem möglichst einprägsamen Modus festzuhalten, zu symbolisieren. Ferner werden in dieser Phase nicht nur die personalen Ressourcen sondern auch jene der gesamten Gruppe aktiviert und genutzt, um die Verwirklichung der von den Jugendlichen entwickelten Ziele weiter abzusichern. Ein kurzer Ausblick und eine Plenumsrunde beschließen das Training.

Lernziel: Die Jugendlichen lassen sich bei der Umsetzung ihres Zieles von ihren Peers unterstützen.

2.6.1 Den Trainingsprozess reflektieren, integrieren und symbolisieren

Zum Abschluss des Trainings erfolgt eine Reflexion des gesamten durchlaufenen Prozesses und die Integration der Ergebnisse. Dies geschieht in zwei Schritten. Den ersten Schritt tun die Jugendlichen in Einzelarbeit. Sie malen dazu ein Bild mit dem Titel «Mein Ziel, meine Ressourcen». Die Leitung ermutigt sie, das Bild völlig frei zu gestalten, gegenständlich oder abstrakt. Wichtig ist allein, dass sie sich beim Malen innerlich mit ihrem Ziel und den zugehörigen Ressourcen mental verbinden und aus diesem Zustand heraus ein wie auch immer beschaffenes Produkt entstehen lassen. Die meisten Jugendlichen empfinden es angenehm und hilfreich, wenn sie bei dieser Arbeit von leiser, entspannender und zeitgemäßer Musik begleitet werden. Material: A-3-Blätter, bunte Kreide und/oder Buntstifte.

In einem zweiten Schritt werden die Jugendlichen mittels Zufall in Zweiergruppen eingeteilt. Diese ziehen sich an einen ruhigen Ort zurück, mit dem Auftrag, sich im Gespräch auszutauschen. Das zu Trainingseingang gewählte Bild und das soeben selbst geschaffene Abschlussbild sind hierbei hilfreiche Bezugspunkte. Das Gesprächsthema lautet «Mein Weg im Kurs». Unterstützt durch das Arbeitsblatt 12 · Ja sollen die Paare folgende Punkte reflektieren:

- Wie bin ich zu Trainingsbeginn gestartet? (dazu das Eingangsbild)
- Welche Veränderungen gab es im Verlauf des Trainings?
- Wo stehe ich jetzt? (dazu das Schlussbild).

Den Jugendlichen wird empfohlen, das Gespräch mit einer klaren Rollenverteilung vorzunehmen, so, dass jeweils nur eine Person ihren Prozess laut reflektiert, während die andere lediglich zuhört, allerdings anteilnehmend und aktiv rückfragend. Bei Halbzeit erfolgt Rollentausch. Weil dieser Austausch häufig relativ intimen Charakter besitzt, erfolgt ausnahmsweise an dieser Stelle kein öffentlicher Austausch im Plenum. Dies wird den Jugendlichen bereits vor ihrem Gespräch angekündigt. Ein kurzer Hinweis der Leitung schließt diesen Reflexions- und Integrationsschritt ab: Das von den Jugendlichen soeben erstellte Bild stellt eine wichtige Ressource dar, die in höchst komprimierter Form den gesamten Trainingsertrag synthetisiert. Somit ist das Bild bestens als Erinnerungshilfe und Auslöser für das Ziel und die daran gekoppelten zielrealisierenden Handlungen geeignet. Entsprechend sorgfältig sollen die Jugendlichen die weitere Verwendung beziehungsweise Platzierung ihres Bildes planen.

2.6.2 Dreistufige Transfersicherung

Ressourcenorientiertes Selbstmanagement und der systematische Einsatz persönlicher Ressourcen erfordern einen Umlernprozess. Es gilt alte, eingeschliffene Verhaltensweisen zu verlassen und neue, noch ungewohnte Handlungsabläufe einzuüben. Der Ausbau der dazugehörigen neuronalen Netze macht eine möglichst häufige und erfolgreiche Nutzung dieser neuen Bahnungen notwendig (siehe Arbeitsblatt 6 · Ja). Um dies zu gewährleisten, bedienen wir uns im ZRM-Training mit Jugendlichen einer dreistufigen Transfersicherung (siehe **Flip 18 · Ja**): Transfer 1 konzentriert sich auf die Umset-

Flip 18 /Ja

Ziele & Taten

- Logbuch
- Buddy
- Aktionen der gesamten Klasse

zung des Zieles auf der personalen Ebene mit Hilfe eines persönlichen Logbuches. Die Umsetzung auf der sozialen Ebene wird mittels Transfer 2 (Vereinbarungen im Buddy-Team) und Transfer 3 (gemeinsame Vereinbarungen und Aktionen der gesamten Klasse) vorbereitet. Erfahrungs-gemäss fällt das Lernen leichter, wenn wir dabei sozial unterstützt werden. Darum legen wir bei der Umsetzung des Zieles großen Wert darauf, dass den einzelnen Kursteilnehmenden dabei von FreundInnen und KlassenkameradInnen geholfen wird.

Transfersicherung 1: Mein Logbuch

Das persönliche Logbuch – dessen Prinzip die Jugendlichen bereits aus ihrer Logbucharbeit vor Beginn des Training kennen – beansprucht nicht viel Zeit, pro Tag werden dafür höchstens fünf Minuten benötigt. Es kann zu Hause, aber auch zu Beginn des Schultages oder zum Abschluss eines Schultages hervorgeholt und aktualisiert werden. Im Logbuch (siehe **Flip 19 · Ja**) wird festgehalten, welchem

Flip 19 /Ja

Mein Logbuch

Situationstyp A B C

Kurzbeschreibung der Situation: -

Schwierigkeitsgrad 0% ——— 50% ——— 100%

Meine Reaktion war von mir kontrollierbar:

überhaupt nicht ———————— voll & ganz

Zufriedenheit mit dem Ergebnis

Situationstyp die von der/dem Jugendlichen erfahrene Situation zugeordnet werden kann (siehe 2.5.1), wie er/sie ihre Reaktion – im Sinne der Zielumsetzung – kontrollieren konnte und wie belastend das Ereignis für sie/ihn war. Während etwa zwei Wochen führen die Kursteilnehmenden täglich ihr Logbuch nach, das dann als Grundlage für einen weiteren Erfahrungsaustausch auf der Buddy-Ebene (Transfer 2) oder auf der Klassenebene (Transfer 3) dient. Jene KursteilnehmerInnen, die gerne Tagebuch führen, können ihre Erfahrungen bei der Umsetzung ihres Zieles auch dort festhalten. Selbstverständlich entscheiden die TagebuchautorInnen selbst, was sie davon in die Gruppe beziehungsweise ins Buddy-Team (siehe Transfer 2) einbringen wollen.

Ein Beispiel dafür, wie ein solches Logbuch inhaltlich aussehen könnte, wird anhand von Flip 19 · Ja veranschaulicht. Allerdings empfiehlt es sich, das Logbuch individuell zu gestalten und darum der Erstellung eines persönlichen Logbuchs genügend Aufmerksamkeit einzuräumen. Beispielsweise kann im Rahmen des Kunstunterrichts mit den Jugendlichen Papier geschöpft und bedruckt werden, oder die Logbücher können in Gruppenarbeit im Rahmen des Informatikunterrichtes mit verschiedenen Grafikprogrammen gestaltet werden. Der Kreativität sind keine Grenzen gesetzt. Der Vorteil eines selbsthergestellten Logbuches liegt auf der Hand: Je mehr Aufmerksamkeit ihm eingeräumt wird desto eher wird die Selbstreflexion und der Transfer von den Jugendlichen mit Wichtigkeit besetzt.

Transfersicherung 2: Buddy-Team

In der Arbeit mit Jugendlichen ist es meist so, dass sich die TeilnehmerInnen des Kurses untereinander kennen und sich zumindest wöchentlich, wenn nicht sogar täglich sehen. Die Jugendlichen finden sich darum in Buddy-Teams zusammen mit der Absicht, sich zielbezogen und lediglich für eine wie auch immer begrenzte Zeit über die Umsetzung des Zieles in Handlung auszutauschen. In Partnerarbeit vereinbaren die Jugendlichen alsdann, worauf sie sich in den folgenden Tagen oder Wochen konkret konzentrieren wollen in der Umsetzung ihres Zieles. Mit Hilfe von Arbeitsblatt 13a · Ja planen die Buddy-Teams gemeinsam Aktionen (z. B. SMS senden mit dem Ziel; gemeinsam eine Musik hören, die zum Ziel eines/einer der beiden Jugendlichen passt etc.), um sich gegenseitig an seine Ressourcen zu erinnern. Die Buddys können für ihre PartnerInnen auch weitere «Krafttrainingselemente» suchen oder basteln, die sich für dafür eignen, deren Gehirn selbstbestimmt zu steuern. Idealerweise wird den Tandems von den Lehrkräften eine bestimmte Zeit im Wochenstundenplan eingeräumt für diesen Austausch. Arbeitsblatt 13b · Ja kann diesen Prozess unterstützen. Dies bringt uns zur nächsten Strategie der gegenseitigen Unterstützung.

→ Soziales Priming 1.2.3.5

Transfersicherung 3: Klassenebene

→ Soziales Priming 1.2.3.5

Auch auf der Ebene der Klasse beziehungsweise der Jugendgruppe kann der Transfer geplant werden. Der Ressourceneinsatz in der Gruppe beinhaltet gemeinsame Vereinbarungen oder Aktionen, die gruppenweise gesammelt werden. Folgende Ideen sind zum Beispiel in Kursen mit Jugendlichen umgesetzt worden:

- an einem bestimmten Tag wird von einer/einem bestimmten Jugendlichen eine Blume auf das Pult der Lehrkraft gestellt
- ein besonderes Spiel/ein von den Jugendlichen erstelltes Quiz (zu den Inhalten des Trainings passend)

Flip 20 /Ja

Unsere Aktionen

	Aktion	Wer?	Wann?	Wer beobachtet?
Gruppe 1	Das Läuten der Schulhausglocke zu unüblicher Zeit	Herr Keller	Dienstag-Nachmittag	Armin
Gruppe 2	Einen sauberen Witz erzählen	Mirjam	Freitags im Klassenrat	Sven
Gruppe 3	Spiel: "Somatische Marker"	Frank	Erster Freitag im Monat	Nicole

- eine Zeichnung/ein Graffiti an der Schulhauswand beziehungsweise an der Wandtafel
- «Erfolgs-Runde» im Rahmen des Klassenrates, bei dem erfolgreiche Zielumsetzungen miteinander ausgetauscht werden etc.

Schließlich werden die beliebtesten Vorschläge mittels Klebepunkten bewertet und umgesetzt. Diese Aktionen werden von einer Schülerin/einem Schüler kontrolliert (siehe **Flip 20 · Ja**). Die Abmachungen werden ebenfalls festgehalten und gut sichtbar im Klassenzimmer/Kursraum aufgehängt.

2.6.3 Elchtest

Mit dem so genannten «Elchtest» kann die Transferarbeit abgeschlossen werden. Den Begriff verwenden wir in Analogie zum ultimativen Fahrtest, den sich ein finnischer Fahrschullehrer ausdachte, um seine FahrschülerInnen besser auf unverhoffte Begegnungen mit

Elchen vorzubereiten. Bei diesem Test erfährt der Lenker hautnah, was es bedeutet, von einer Sekunde zur nächsten mit einem Hindernis – auf einer Teststrecke schießt urplötzlich ein lebensgroßer, computergesteuerter, an einem Laufseil befestigter Elch aus dem Wald hervor und saust über die Fahrbahn – konfrontiert zu werden. Anhand von Arbeitsblatt 14 · Ja überlegen sich die Jugendlichen in Einzelarbeit, was sie denn nun noch von der Umsetzung ihres Wunsches abhalten könnte, welches wohl das Haupthindernis darstellen könnte. In der Plenumrunde wird dann erörtert, welche Maßnahmen dagegen ergriffen werden könnten. Bei Trägheit oder Vergessen könnte zum Beispiel der Buddy-Partner eingesetzt werden, der mittels SMS daran erinnert, sich dem Wunsch gemäss zu verhalten. Falls jemand keine Ideen für «Krafttrainingselemente» hat, kann man sich dazu einen Ideenkorb holen. Wer keinen Internetzugang hat, um passende Bilder zu googeln, verabredet sich mit einem Freund, der ein Modem besitzt.

2.6.4 Der Ressourcenpool: Endstand

Mit der intensiven Kooperation im Verlauf des Trainings haben sich die Jugendlichen eine weitere, diesmal außerhalb ihrer eigenen Person gelegene, wertvolle Ressource geschaffen: die Peers dieses Trainings. Diese soziale Ressource ist es wert, gepflegt und genutzt zu werden. Die Gründung der Tandems und Netzwerke geben hierfür bewährte Gefäße ab. Um dies deutlich zu machen und zu bekräftigen, erweitert die Leitung im Plenum den **Flip 21 · Ja** mit dem Ressourcenpool um diesen Aspekt und schließt ihn damit zugleich auch ab.

→ Soziales Priming 1.2.3.5

2.6.5 Ausblick und Abschluss

Die gesamte Anlage dieser letzten Phase ist auf das Trainingsende und den Übergang in den privaten und beruflichen Alltag der Jugendlichen hin ausgerichtet. Auf die «Zeit danach» zielt auch der folgende Hinweis, in dem die Leitung die Aussicht auf eine mögliche Follow-up-Veranstaltung eröffnet. Dieses Treffen, das ein bis zwei Monate (ein weiteres eventuell ein halbes Jahr) nach dem Kurs stattfindet, bietet die Möglichkeit, die bis dahin gemachten Erfahrungen auszutauschen, Erfolge zu verstärken und den persönlichen Ent-

Flip 21 /Ja

Der Ressourcenpool – Endstand

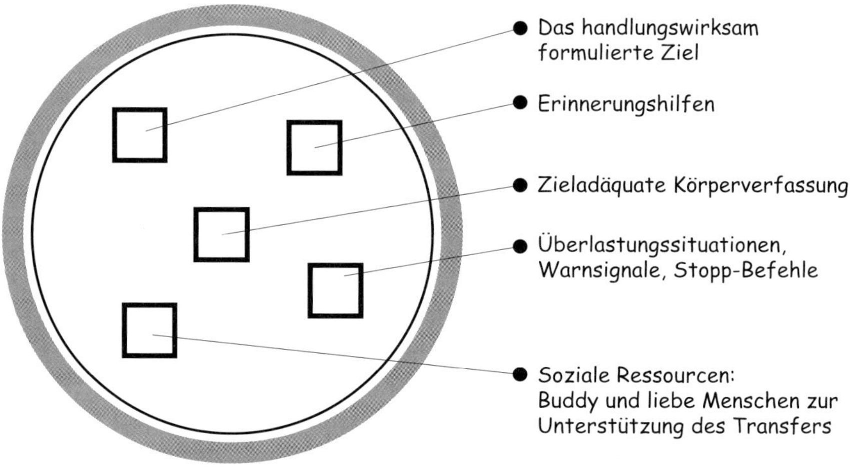

wicklungsprozess zu optimieren. Es hat sich gezeigt, dass bei diesen Follow-up-Veranstaltungen insbesondere folgende Punkte zur Sprache kommen:

- Zielerweiterung und Zielveränderung,
- Erarbeitung zusätzlicher Ziele und zugehöriger Ressourcen,
- Optimierung des Ressourceneinsatzes,
- Theoretischer Klärungsbedarf.

Sodann wird die Abschlusssequenz eingeleitet. Je nach der noch vorhandenen Zeit, dem inzwischen gewachsenen Klima und der aktuellen Stimmung der Gruppe und der Leitung, kann der Abschluss unterschiedlich gestaltet werden. Er kann fröhlich-ausgelassene Formen (z. B. Tanz oder ein anderes spielerisches Abschiedsritual) oder auch eher sachlich-ruhige Formen (zum Beispiel Partner-Gespräche oder eine gemeinsame Trainingsevaluation) annehmen.

Wir schildern hier eine relativ nüchterne, leicht anzuleitende «Standard-Variante» in Form einer «Abschlussrunde im Plenum»:

Flip 22 /Ja

Schlussrunde

Was nehme ich aus dem Training mit?

Möchte ich etwas zurücklassen?

Was ich noch sagen möchte ...

Im Augenblick fühle ich mich ...

Die Leitung präsentiert einige wenige Punkte, welche die Aufmerksamkeit der Jugendlichen auf Wesentliches ausrichtet und dem Ablauf Struktur gibt (siehe **Flip 22 · Ja**).

Bevor die Plenumrunde startet, kann eine mentale Reise vorgeschaltet werden, in deren Verlauf noch einmal die wichtigsten Etappen des Trainings durchlaufen und in Erinnerung gerufen werden. Alternativ zu dieser angeleiteten «Revue» kann die Leitung die Jugendlichen auffordern, das Training anhand der im Raum in chronologischer Reihenfolge aufgehängten Flips noch einmal an sich vorbeiziehen zu lassen. Auf jeden Fall sollten die Jugendlichen einige Minuten still bei sich sein können, bevor sie sich im Plenum äußern. Damit, dass jede Person – die Leitung am Ende – zu den angebotenen Fragen Stellung nimmt und die Leitung jedem/jeder Jugendlichen eine persönliche Kursbestätigung in Form eines Zertifikates aushändigt (siehe Anhang), endet das Training.

Jj-Version: Manual für Jugendliche in der frühen/mittleren Adoleszenz

Im folgenden Teil wird eine etwas vereinfachte Variante unseres Trainings vorgestellt, die sich an Lehrkräfte und Coaches wendet, welche mit zwölf- bis fünfzehnjährigen Jugendlichen beziehungsweise mit eher jüngeren Jugendgruppen arbeiten.

Auch in der Jj-Arbeit müssen zu Beginn des Trainings die Themen generiert werden. Die Situationssammlung kann im Klassenverband, mittels Logbuch oder anhand eines anonymen Briefkastens geschehen. Zu Beginn werden eine Zeit lang unzensiert Situationen und Verhaltensweisen gesammelt, welche die Jugendlichen an sich selbst stören oder die sie an anderen beobachten. Beim Füllen des Themenspeichers wird auch nach Situationen gesucht, in denen Jugendliche unter Druck geraten und mit ihrem Verhalten nicht zufrieden sind. Die im Themenspeicher gesammelten Situationen werden hier noch nicht einer bestimmten Person zugeordnet, zuerst wird bloß gesammelt. Bei der weiteren Themensuche empfiehlt es sich bei jüngeren Jugendlichen, mit verschiedenen Geheimhaltungsstufen zu arbeiten (siehe **Flip 1 · Jj**).

Anhand dieser Dreistufung notieren die Jugendlichen die gesammelten Situationen auf Karten, die farblich den Geheimhaltungsstufen entsprechen: Auf grünen Karten («grüner Bereich») werden die Themen der Geheimhaltungsstufe 1 notiert, die Situationen also, die öffentlich verhandelbar sind und darum ohne Weiteres in der ganzen Gruppe besprochen werden können. Es folgen die Themen von Geheimhaltungsstufe 2, die geschlechtergetrennt besprochen werden sollen und darum auf rosaroten Karten (nur für Girls) und auf hellblauen Karten (nur für Jungs) notiert werden. Üblicherweise handelt es sich um Themen, die in geschlechtergemischten Gruppen verlegenes Gekicher und rote Köpfe auslösen, so zum Beispiel «Ich kann dem tollen Jungen aus der anderen Klasse einfach nicht

Flip 1 /Jj

Geheimhaltungsstufen

- Geheimhaltungsstufe 1: ganze Gruppe
- Geheimhaltungsstufe 2: nur für Mädchen
nur für Jungs
- Geheimhaltungsstufe 3: nur mit Vertrauensperson

zeigen, dass ich ihn mag», «Wie kann ich das nette Girl ansprechen, ohne gleich rot anzulaufen und zu stammeln?», «Wenn mir ein paar Jungs etwas nachrufen, krieg ich immer einen roten Kopf und weiß keine Antwort. Ich möchte gern was Cooles und Schlagfertiges sagen können.» Auf roten Karten («roter Bereich», «Herzenssache») werden die Themen der Geheimhaltungsstufe 3 beschrieben, die nicht im Rahmen dieses Trainings sondern nur mit der besten Freundin beziehungsweise dem besten Freund außerhalb der offiziellen Kurszeit besprochen werden sollen.

Bei der persönlichen Entscheidung, an welchen Themen der/die Einzelne im Training arbeiten will, werden dann ausschließlich Themen gewählt, die «im grünen Bereich» liegen und darum öffentlich diskutierbar sind. Wenn möglich soll immer eine Kurssequenz in getrenntgeschlechtlichen Gruppen vorgesehen werden, in der dann zu einem späteren Zeitpunkt die rosaroten und hellblauen Karten beigezogen werden können. Nachdem die Jugendlichen aufgefordert wurden, sich ein Thema aus dem grünen Bereich auszusuchen und sie dieses auf Arbeitsblatt 1 · Jj festgehalten haben, wird

Flip 2 /Jj

Wunschelemente

- Auto
- Pflanze
- Tier
- Filmfigur, Romanfigur, Märchenfigur, Heldin
- Berühmte Persönlichkeit
- Musik
- Star

anhand von **Flip 2 · Jj** die Frage in den Raum gestellt, was beziehungsweise welche Elemente ihnen bei der Umsetzung ihres Wunsches helfen könnten.

Die Jugendlichen sollen sich vorstellen, mit welchem der Wunschelemente sie die Eigenschaften, die sie gerne erwerben würden am besten beschreiben könnten. Nach unserer Erfahrung können Jungs dies sehr gut mit dem Wunschelement «Auto», während Mädchen eher «Stars» oder «Pflanze» wählen. Das Wunschelement «Tier» wird von beiden Geschlechtern gewählt. Dieses Vorgehen beruht auf dem Rätselspiel «Chinesische Scharade», bei dem eine Person erraten werden soll, indem man fragt: «Was wäre diese Person, wenn sie ein Baum wäre?», «Was wäre diese Person, wenn sie eine Mahlzeit wäre?», «Was wäre diese Person, wenn sie ein Haus wäre?» Dieses Prinzip wird den Jugendlichen erklärt, und wenn die Jugendlichen zusätzliche Ideen haben, wird die Liste der Wunschelemente erweitert. Auch bei dieser Übung hat es sich bewährt, die Jugendlichen auch auf der Metaebene abzuholen, indem die Kursleitung beispielsweise fragt, was neben den auf Flip 2 · Jj erwähnten Vorschlägen auch noch eine Hilfe sein könnte um Wünsche zu identifizieren oder ob der Begriff «Wunschelemente» als passend zur Aufgabe erlebt wird. Jugendliche fühlen sich dadurch nicht nur in ihrer Person ernst genommen sondern unterstützen die Kursleitung auch bei der Umsetzung einer jugendgerechten Lernumgebung und einer an die Gruppe angepassten Kurssprache.

Wenn die Liste der Wunschelemente vollständig ist, sucht sich jeder und jede für sich persönlich die drei wichtigsten Wunschelemente heraus, mit denen er/sie die eigenen Wünsche am besten beschreiben kann. Diese drei Wunschelemente werden auf Arbeitsblatt 2 · Jj notiert. Dann folgt eine Ideenkorbrunde. Hierzu sucht sich die Hauptperson aus ihren dreien ein Wunschelement heraus und erklärt der Gruppe kurz, für welche Situation er beispielsweise seinen roten Ferrari oder sie ihre Löwin benötigt, so dass die IdeengeberInnen ungefähr wissen, worum es bei deren Thema geht. Beim Ideenkorbprinzip mit jüngeren Jugendlichen wird in Kleingruppen von fünf bis sechs Leuten gearbeitet, wobei sich alle im Kreis befinden und der/die NachbarIn, die sich rechts von der Hauptperson befindet, die von der Gruppe genannten Ideen – in leserlicher Schrift! – auf ein Ideenkorb-Arbeitsblatt notiert. Spontan sollen Eigenschaften und Ideen genannt werden, die zum Wunschauto, zum Wunschtier, zur Wunschpflanze, zur (realen oder fiktiven) Wunschfigur oder zur Wunschmusik passen. Kursleitung und MediatorInnen sind dafür besorgt, dass nur «positive» Ideen genannt werden, das heißt sie achten darauf, dass die Assoziationen ressourcenorientiert bleiben. Auch die anderen Kursteilnehmenden erhalten einen Ideenkorb von der Gruppe zu einem ihrer drei Wunschelemente. Weitere Ideenkorb-Runden können im Rahmen des Trainings stattfinden oder als Hausarbeit aufgegeben werden.

Alsdann werden die Jugendlichen aufgefordert, sich in Einzelarbeit ihre Lieblingsideen vom Ideenkorb auszusuchen und auf dem Arbeitsblatt 2 · Jj in die entsprechende Rubrik einzutragen. Anschließend sollen sie, aufbauend auf ihren Lieblingsideen, in ein paar Sätzen notieren, wie sie denn nun gerne sein würden (Arbeitsblatt 3 · Jj). Folgende Aussage könnte beispielsweise von einem scheuen und äußerst zurückhaltenden Mädchen, das sich kaum traut, seine Bedürfnisse einzubringen, gemacht werden: «Ich will sein wie eine Löwin. Sie ist mutig und stark. Und wenn sie etwas will, dann macht sie mit lautem Gebrüll auf sich aufmerksam. Sie ist unabhängig und weiss, wie sie sich wehren kann.» Auf Karten werden die Arbeitsergebnisse dann erstmals veröffentlicht.

Nachdem die Jugendlichen ihr Ziel formuliert haben, geht es darum, ihre Ziele beziehungsweise Wünsche in einem einprägsamen Modus zu verankern und die zielaktivierenden Ressourcen nach und nach aufzubauen. Als Erstes wird die gestalterisch-kreative Seite der TrainingsteilnehmerInnen angesprochen. Je nach Vorliebe gestalten sie ein Motto, ein Logo oder ein Passwort (siehe Arbeitsblatt 4 · Jj), das in der Lage ist, ihr neues neuronales Netz gezielt und situativ zu aktivieren. So nannte ein Mädchen, dass stark, selbstbewusst und selbstbeherrscht sein wollte, ihr Motto «3S» und gestaltete es als Logo. Computerfreaks können vielleicht mehr mit Passwörtern anfangen. Ein Junge, der interessant und lustig sowie ein Comedian sein wollte, nahm sich als Passwort: !WITZ! Ein anderer Junge, der nicht so schnell ausrasten wollte, wenn es Stress mit den Eltern gab, entwickelte das Motto: Be cool!

Die Kursleitung sollte für diese Arbeit genügend Zeit einplanen, denn dieser Arbeitsschritt ist sehr beliebt und setzt enormen Einfallsreichtum frei. Dieser Kursteil kann auch in den Kunstunterricht

Logo

integriert werden, wo beispielsweise T-Shirts bedruckt oder Graffitis kreiert werden können. Der Fantasie sind hier keine Grenzen gesetzt.

Das Prinzip der neuronalen Plastizität wird in der Arbeit mit jüngeren Jugendlichen anhand von Arbeitsblatt 5 · Jj erläutert. Ein kurzes Impulsreferat, das erläutert, dass ihr Wunsch dann Wirklichkeit wird, wenn ihre Nervenbahnen häufig und mit Erfolg benutzt werden, reicht hier völlig. Die bewusste neuronale Aktivierung ihres Zieles beziehungsweise Wunsches überlegen sich die Jugendlichen vorerst einzeln (Arbeitsblatt 6 · Jj), indem sie aufgefordert werden, sich ihre persönlichen Kraftelemente zu suchen beziehungsweise zu kreieren, um ihr Gehirn zu trainieren. Im Plenum und mittels weiterer Ideenkorbrunden können sie auch von den Ideen ihrer Peers profitieren. Die soziale Ressource der Trainingsgruppe wird ferner genutzt beim «Wichteln»: Als Hausarbeit erhalten die Jugendlichen den Auftrag, für zwei ihrer Peers weitere «Krafttrainingselemente» zu suchen oder zu basteln, die deren Wunsch entsprechen und sich dafür eignen, deren Gehirn selbstbestimmt zu steuern. Dazu werden auf Zetteln je zweimal der Name der einzelnen TrainingsteilnehmerInnen und in Stichworten deren Wunsch/Ziel notiert. Dann zieht jede(r) Trainingsteilnehmende zwei Personen, denen «gewichtelt» werden soll. Die Erinnerungshilfen und Zielauslöser der Wichtel sollten selbstgebastelt sein. Kleinere Gegenstände können auch eingekauft werden, denn ein Anhänger, ein kleines Tiermaskottchen oder eine Postkarte können auch wichtige «Krafttrainingselemente» für das Gehirn darstellen. Es empfiehlt sich jedoch, zusammen mit den Jugendlichen eine Kostenbegrenzung von etwa zwei Euro oder drei Franken festzulegen. In der nächsten Trainingsphase werden dann von jedem/jeder Einzelnen zu Beginn die «Wichtelgeschenke» präsentiert und feierlich übergeben.

Die Körperarbeit «Mein Wunschkörper» führen die Mädchen und die Jungen in getrennten Gruppen durch. Die Körperarbeit findet bei den jüngeren Jugendlichen nach der psychodramatischen Playback-Methode, nicht in Einzelarbeit statt. Dazu stehen die Jugendlichen im Kreis, wobei sich die Hauptperson nicht zu exponieren braucht, weil alle Anwesenden die Körperbewegungen mitmachen beziehungsweise eigene Ideen beisteuern. Die Hauptperson kann auf ihrem Platz stehen bleiben, sie soll auch *nicht* einen Schritt hervortreten. Diese Maßnahmen helfen, dieser Übung den Aspekt der Zurschaustellung zu nehmen, auf den jüngere Jugendliche extrem empfindlich reagieren. Zu Beginn nennt die Hauptperson ihren

Wunsch, eventuell auch ihr Logo/Motto/Passwort sowie ihre «Krafttrainingselemente». Wenn alle wissen, wie sie sein will, versucht die gesamte Gruppe auf ein Startsignal der Leitung hin, eine Körperhaltung einzunehmen, die dem Wunsch der Hauptperson entspricht. Die Trainingsleitung fragt beispielsweise, wie es sich denn für die Jungs anfühle, wenn sie entschlossen, mutig und interessant auf Mädchen wirken wollen und welche Körperbewegungen diese Haltung auszudrücken vermögen. Konkret könnte das bedeuten, dass man sich breiter hinstellt, den Kopf etwas höher hält und die Arme in die Hüften stemmt. Die Person, die sich rechts der Hauptperson befindet, notiert sich Äußerungen der Runde, so dass sich allmählich wieder ein ganzer Korb von Ideen füllt. Dabei ist es hilfreich, wenn die Äußerungen von den Coaches paraphrasiert und für die schreibende Person verdeutlicht werden. Weil Jugendliche sich oft genieren, in der konkreten Situation, in der sie ihr Ziel in Handlung umsetzen, allzu auffällige Bewegungen auszuführen, hat es sich bewährt, in einer anschließenden Runde nach einer Mini-Bewegung suchen, welche die zuvor erarbeiteten Wunschkörper-Bewegungen minimalisiert. So könnte beispielsweise ein Jugendlicher, dem die Idee aus der Wunschkörperrunde besonders gefällt, wie er als Spiderman sein Netz nach dem von ihm begehrten Mädchen auswirft, als Mini-Bewegung einfach zwei Finger in seiner Hosentasche spreizen. Solche minimalisierten Bewegungen entlasten die Jugendlichen ungemein. Darum muss *bereits eingangs* der Körperarbeitsphase erwähnt werden, dass man bei der ersten Wunschkörper-Runde bewusst etwas übertreiben, diese Bewegungen dann aber minimalisieren werde, so dass sie für uneingeweihte Personen kaum sichtbar werden. Aus den vielen Ideen kann sich der/die BesitzerIn dann in Einzelarbeit diejenigen Körperelemente heraussuchen, die ihm/ihr entsprechen und auf den Arbeitsblättern «Mein Wunschkörper» (7 · Jj) und «Meine Mini-Bewegung» bildlich festhalten (8 · Jj).

Die Rollenspielrunde wird anhand von Arbeitsblatt 9 · Jj vorbereitet, wobei die Jugendlichen aufgefordert werden, sich ihr Drehbuch dazu zu erstellen und ihre Regieanweisungen dann gemäss diesem Drehbuch an ihre Peers zu richten. Hier besteht die Möglichkeit, nach einer ersten Spielsequenz, bei der Themen aus dem grünen Bereich (also all jene, die in der gesamten Gruppe diskutierbar sind) gespielt wurden, eine zweite Rollenspielphase in getrenntgeschlechtlichen Gruppen durchzuführen. Dort können dann die Themen, welche auf den hellblauen und rosaroten Karten notiert wurden, gespielt werden.

Der «Elchtest» schließt das Training ab. Anhand von Arbeitsblatt 10 · Jj überlegen sich die Jugendlichen in Einzelarbeit, was sie denn nun noch von der Umsetzung ihres Wunsches abhalten könnte, welches wohl das Haupthindernis darstellen könnte. In der Plenumrunde wird dann erörtert, welche Maßnahmen dagegen ergriffen werden könnten. Falls jemand keine Ideen für «Krafttrainingselemente» hat, kann man sich dazu einen Ideenkorb holen.

Anmerkungen

(1) Der Begriff Mäeutik (griech. Hebammenkunst) geht zurück auf die Methode des Sokrates, der durch geschicktes Fragen den Schüler zum richtigen Antworten führte. Seine Kunst unterschied sich jedoch von der Hebamme darin, dass sie den Männern Hilfe leistete und nicht den Frauen, den Seelen und nicht den Körpern. Die Hebammenkunst bestand darin, dass Sokrates mit Hilfe geschickt gestellter Fragen und der erhaltenen Antworten den Gesprächspartner zu wahrem Wissen führte. Im Rahmen des ZRM ist mit mäeutischer Aufgabe das Bestreben der Trainingsleitung gemeint, den Entwicklungsprozess der Jugendlichen zu unterstützen, jedoch mit dem Wissen, dass das Individuum selbst aktiv werden muss, wenn es sich weiter entwickeln möchte. Wir gehen nämlich davon aus, dass der Mensch die meisten Ressourcen, die er zur Lösung seiner Probleme benötigt, selbst in sich trägt. Die Coaches helfen lediglich dabei, diese Ressourcen zu entdekken und zu entwickeln – die «Geburt» selber müssen die Teilnehmenden bewerkstelligen.

(2) Unter Buddy-System verstehen wir das Partnersystem, wie es zum Beispiel beim Sporttauchen angewendet wird. Die Aufgabe des Buddy-Teams besteht darin, sich gegenseitig zu unterstützen, einander Sicherheit zu geben und zu helfen, wenn der Partner/die Partnerin Hilfe benötigt. Im ZRM-Training wird dieses Partnersystem angewandt weil es motivierend ist, sich mit jemanden über sein Ziel, seine Erfolge und Erfahrungen auszutauschen. Zudem erhöht der regelmäßige Austausch im Buddy-Team die Verbindlichkeit und damit die Wahrscheinlichkeit, seine Ziele in Handlung umzusetzen.

(3) Unter direktiver Coachingkompetenz verstehen wir – in Anlehnung an die direktive Beratung und Therapie nach Jay Haley und Milton H. Erickson – die Fähigkeit und die Intention der TrainerInnen, Anweisungen so zu geben, dass sie auch ausgeführt werden beziehungsweise direkte Verhaltensanweisungen so zu geben, dass sie auch umgesetzt werden (Haley, 1993). Auf das Trainingssetting mit Jugendlichen bezogen heißt dass, dass die Gruppenarbeiten intensiv gecoacht werden. Auf diese Weise soll die Einhaltung wichtiger Verfahren, wie sie zum

Beispiel bei der Ideenkorbarbeit bestehen, mit Nachdruck sichergestellt werden.

(4) Mit paraphrasieren meinen wir jene beraterische Grundkompetenz, die zu ermitteln versucht, ob BeraterInnen die Aussagen des Ratsuchenden wirklich verstanden haben. Dabei wiederholt oder umschreibt die Trainingsleitung die Aussagen der Jugendlichen mit ihren eigenen Worten. Der/die Jugendliche kann dann erkennen, wie seine Aussage verstanden wurde. Dadurch können Missverständnisse sofort beseitigt werden.

ZRM-Forschung

Qualitative Untersuchung der Identitätsentwicklung und Alltagsbewältigung von Jugendlichen mittels Leitfaden-Interview

Eveline von Arx und Andrea Szekeres-Haldimann

In diesem Kapitel werden die Ergebnisse zweier aufeinanderfolgenden Forschungsarbeiten dargestellt, die am pädagogischen Institut der Universität Zürich durchgeführt wurden. Die Datenlage basiert auf der Befragung von fünf Jugendlichen, die am Selbstmanagement-Training ZRM-J teilgenommen hatten.

Mit der ersten Untersuchung wurden zwei Ziele verfolgt: Erstens wurde die Wirksamkeit des ZRM-J-Kurses in Bezug auf die Identitätsentwicklung von Jugendlichen überprüft. Zweitens wurde untersucht, inwiefern sich die Teilnahme am ZRM-J-Kurs positiv auf die Alltagsbewältigung von Adoleszenten auswirkt.

Zwei Jahre später untersuchte Astrid Riedener in einer Follow-up-Studie die Langzeiteffekte des ZRM-J-Kurses auf diese Untersuchungsziele.

Im Folgenden werden zuerst die theoretischen Grundlagen bezüglich Identitätsentwicklung und -unterstützung in der Adoleszenz beschrieben. Dabei wird das von Augusto Blasi entwickelte Konzept des unmittelbaren Selbsterlebens in der Identitätsentwicklung erläutert. Zudem wird auf die von ihm eruierten Merkmale von «Sincerity» (Aufrichtigkeit) und «Phoneyness» (Unechtheit) eingegangen. Zwei Themen die für die Identitätsentwicklung in der Adoleszenz ebenfalls von Bedeutung sind. Im Anschluss folgen die Ergebnisse bezüglich der Auswirkungen des ZRM-J-Kurses; es ergeben sich deutliche Hinweise auf die kurz- und langfristige Wirksamkeit des ZRM-J-Trainings.

1 Theoretischer Hintergrund

Augusto Blasi erforschte die bereits von Erikson eruierte phänomenale Komponente von Identität. Er schreibt diesem Aspekt deshalb besondere Wichtigkeit zu, weil dadurch ein vollständigeres Bild des Identitätsgefühls aufgezeigt werden kann. Der phänomenale Aspekt besagt, dass es sich bei Identität um ein spezielles Selbsterleben handelt: Aus der Fähigkeit des Individuums, ein tiefes Einheitserleben herzustellen, wahrzunehmen und zu erleben, resultiert ein Gefühl von Identität, das subjektiv geprägt ist. Zu diesem Identitätserleben gehören auch das Gefühl innerer Einheit, eigener Individualität und Einzigartigkeit, das Empfinden von Wohlergehen, Sinnhaftigkeit und Tatkraft sowie das Gefühl, im eigenen Körper und in der Gesellschaft zu Hause zu sein (vgl. Blasi, 1993, S. 121–122). Es geht um die Frage, wie Menschen sich in ihren Erfahrungen und Handlungen subjektiv erleben. Dieses Gefühl des subjektiven Selbsterlebens nennt Blasi «sense of self» (vgl. Blasi, 1988, S. 228). Er entwickelte vier grundlegende Dimensionen, welche dieses unmittelbare Selbsterleben konstituieren:

- Agency
- Otherness
- Unity
- Identity with oneself

AGENCY bezieht sich auf den Grad, mit der eine Person ihre Handlung – ohne bewusst darüber nachzudenken – als die eigene und sich selber als deren Quelle versteht (vgl. Blasi, 1988, S. 229). Dies vermittelt das Gefühl, Einfluss auf die eigene Identitätsentwicklung nehmen zu können und verantwortlich für sich selber zu sein (vgl. ebd. S. 233–234).

OTHERNESS beschreibt das Erleben von Einzigartigkeit beziehungsweise Andersartigkeit in Bezug auf die anderen Menschen. Dies ist auch für das Hinterfragen der eigenen Kultur sowie für die Abgrenzung von anderen Werthaltungen von Bedeutung.

UNITY meint ein Einheitlichkeitsgefühl des Individuums bezüglich mehrerer verschiedener Handlungen, die gleichzeitig ausgeführt werden. Das heißt, dass sich jemand sowohl als Subjekt als auch als Objekt der eigenen Selbstreflexion wahrnehmen kann. Zudem erlebt die Person ein Gefühl der Kontinuität – auch über verschiedene Situationen hinweg. Als Beispiel: Eine Jugendliche spürt, dass sie heute immer noch dieselbe Person ist wie gestern und vor einem Jahr, auch wenn sie sich entwickelt und verändert hat.

IDENTITY WITH ONESELF. Damit ist die unmittelbare, unreflektierte Erkenntnis der Person gemeint, dass sie als Subjekt, das über sich selber nachdenkt, identisch ist mit dem Objekt der Reflexion (also sie selber). Realisiert das Individuum, dass das erkennende Subjekt und das erkannte Objekt übereinstimmen, hat sie/er die Fähigkeit erworben, über sich selber nachzudenken (vgl. Blasi, 1991, S. 23).

Zwei weitere zentrale Themen für die Identitätsentwicklung in der Adoleszenz sind die von Blasi eruierten Merkmale «Sincerity» (Aufrichtigkeit) und «Phoneyness» (Unechtheit). Blasi wies nach, dass Jugendliche sehr sensibel und oft ablehnend auf Menschen reagieren, die Gefühle vortäuschen oder Meinungen vertreten, welche nicht mit Erfahrungen übereinstimmen. Insbesondere Jugendliche in der mittleren und späten Adoleszenz gaben differenzierte Erklärungen darüber ab, was sie unter Unechtheit verstehen und wieso sie diese ablehnen (vgl. Blasi, 1998, S. 1–7):

- Unecht zu sein bedeutet, Gefühle vorzutäuschen und unehrlich zu sein.
- Auch eigenes unechtes Verhalten löst starke negative Emotionen sich selber gegenüber aus.
- Unechtes Verhalten wird mit der Begründung abgelehnt, dass man unechten Personen nicht wirklich trauen kann, weil diese Person nicht so ist, wie sie zu sein vorgibt.

Zwar tritt in der späten Adoleszenz die intensive Auseinandersetzung mit den Themen Unechtheit und Aufrichtigkeit in den Hintergrund, weil erkannt wird, dass gewisse Situationen unechtes Verhalten erfordern können. Immer noch wird aber Unechtheit mit dem Verleugnen eigener wahrer Gefühle und schließlich der eigenen Persönlichkeit in Zusammenhang gebracht. **Die Fähigkeit, zu den eigenen Gefühlen und Handlungen zu stehen, bedeutet für Jugendliche, ein Selbst-Bewusstsein und somit ein Gefühl für die eigene Identität erworben zu haben.**

Forschungsfragen

Bezogen auf die Effekte, die vom ZRM-J-Training bewirkt werden sollten, formulierten wir zwei Forschungsfragen.

1. Unterstützt der ZRM-J-Kurs identitätsstiftende Prozesse?

Hier geht es um die Veränderungen bezüglich der vier Dimensionen des unmittelbaren Selbsterlebens:

- *Agency:* Erleben sich Jugendliche nach dem Kurs vermehrt als Quelle ihrer Handlungen? Dabei gingen wir davon aus, dass Jugendliche, die sich als Verursacher der eigenen Handling erleben auch vermehrt so handeln, wie sie es für richtig halten.
- *Otherness:* Erleben sich Jugendliche als einzigartig beziehungsweise andersartig?
- *Unity:* Erleben die Jugendlichen ein verstärktes Gefühl bezüglich ihrer eigenen Lebensgeschichte.
- *Identity with oneself:* Gelingt es den Jugendlichen, besser Abstand zu sich zu nehmen, besser über sich nachzudenken und somit mehr Kontrolle über ihr Verhalten zu erlangen?

Zudem wurde erfragt, ob der Kurs die Jugendlichen dabei unterstützt, sich vermehrt so zu zeigen, wie sie wirklich sind und ob sie ein verstärktes Gefühl von Echtheit erlangen.

2. Wie wirkt sich der ZRM-J-Kurs auf die Alltagsbewältigung Jugendlicher aus?

Dabei gingen wir davon aus, dass das im ZRM-J-Kurs entwickelte Ziel einen direkten Einfluss auf das Handeln der Jugendlichen im Alltag hat.

2 Methodik: Stichprobe und Erhebungsverfahren

Die Stichprobe bestand aus fünf weiblichen Jugendlichen im Alter von 17 bis 19 Jahren. Alle jungen Frauen absolvierten zum Zeitpunkt der ersten Erhebung das zweite Lehrjahr der kaufmännischen Ausbildung in Zürich. Die Interviews fanden zwei Monate beziehungsweise zwei Jahre nach dem letzten ZRM-J-Kursabend statt. Beide Untersuchungen basieren auf die Durchführung von fokussierten Leitfaden Interviews.

3 Ergebnisse

3.1 Ergebnisse der ersten Untersuchung: ZRM-J-Kurs mit Jugendlichen

3.1.1 Einfluss des ZRM-J-Kurses auf identitätsstiftende Prozesse

Unmittelbares Selbsterleben

Inwiefern der ZRM-J-Kurs identitätsstiftende Prozesse bei Jugendlichen unterstützte, soll anhand der untersuchten vier Dimensionen des unmittelbaren Selbsterlebens dargestellt werden.

Bei allen fünf Jugendlichen ließen sich Veränderungen des subjektiven Identitätserlebens feststellen. Betrachtet man die in **Tabelle 1** aufgeführten Ergebnisse wird ersichtlich, dass alle jungen Frauen von erworbenen und verbesserten Fähigkeiten berichteten: Sie erlebten sich vermehrt als Quelle ihrer Handlungen, waren sich ihrer Einzig- und Andersartigkeit bewusster geworden, konnten sich besser abgrenzen und stellten Meinungen anderer Menschen vermehrt in Frage. Zudem nahmen ein verstärktes Kohärenzgefühl bezüglich der eigenen Lebensgeschichte wahr und konnten besser über sich nachdenken, beziehungsweise sich selber aus Distanz betrachten.

Tabelle 1: Ergebnisse der vier Dimensionen unmittelbaren Selbsterlebens.

Agency	Alle fünf Jugendlichen handelten öfters so, wie sie es für richtig hielten und erlebten sich vermehrt als Quelle ihrer eigenen Handlung.
Otherness	Allen fünf Jugendlichen wurde es bewusster, dass sie einzig- beziehungsweise andersartig sind. Bei allen nahm die Fähigkeit, sich abzugrenzen, zu. Zwei Jugendliche stellten die Meinung anderer Menschen stärker in Frage.
Unity	Vier Jugendliche nahmen ein Kohärenzgefühl bezüglich der eigenen Biographie wahr.
Identity with oneself	Alle fünf Jugendlichen konnten sich besser aus der Distanz betrachten. Vier Jugendliche konnten besser über sich nachdenken.

Aufrichtigkeit und Unechtheit

Bezüglich der Themen «Aufrichtigkeit» und «Unechtheit» ergab sich, dass sich alle fünf Jugendlichen vermehrt so zeigen konnten, wie sie sich fühlten. Sie lernten sowohl sich selber als auch anderen gegenüber echter und selbstbewusster zu werden. Anhand vieler Beispiele illustrierten sie, dass sie sich in ihren Handlungen vermehrt an sich und weniger an anderen (Peergroup, Eltern, Lehrer, Lehrmeister) orientierten. Sie lernten, sich selber besser zu akzeptieren und zu sich und der eigenen Meinung zu stehen.

3.1.2 Auswirkungen des ZRM-J-Kurses auf die Alltagsbewältigung

Die fünf Jugendlichen berichteten alle, dass sie sich seit dem Kurs verändert hatten. Aus den Interviewanalysen ließ sich ein ziemlich homogenes Bild eruieren:

- Die jungen Frauen gaben an, sicherer und mutiger geworden zu sein, fühlten sich allgemein wohler oder hatten mehr Optimismus und Selbstvertrauen gewonnen. Es zeigte sich, dass es bei allen Jugendlichen ähnliche Veränderungen positiver Art waren. Dabei handelte es sich vor allem um die Themen Selbstvertrauen, Mut und Optimismus.

Die Analyse der geschilderten Beispiele ergab, dass sich wesentliche Veränderungen vor allem in den folgenden Bereichen zeigten:

- Kontakt und Kommunikation mit den Mitmenschen.

Alle fünf Jugendlichen berichteten, dass sie sich im Kontakt mit ihren Mitmenschen (Gleichaltrigen, Erwachsenen, Eltern) anders verhielten. Sie wurden aktiver und gingen vermehrt von sich aus auf andere zu. Sie sagten, was sie dachten, konnten besser zur eigenen Meinung stehen und brachten sich so auch mehr in die Kommunikation ein.

Andere Bereiche, in denen sich bei einzelnen Jugendlichen Veränderungen manifestierten, waren:

- Schul- und Arbeitsbereich
- Freizeit (Ausgang)

Anhand vieler Beispiele, welche die Veränderungen bezüglich dieser zwei Bereiche illustrierten, zeigte sich, dass die betreffenden Jugendlichen sowohl in der Schule und am Arbeitsplatz, als auch in ihrer Freizeit mehr Eigeninitiative und Motivation entwickelten und sich allgemein wohler fühlten.

3.2 Ergebnisse Follow-up-Studie: J-Kurs mit Jugendlichen zwei Jahre später

Zwei Jahre nach der ersten Untersuchung führte Astried Riedener eine Follow-up-Befragung mit dem gleichen Sample durch um die Langzeitwirkung des ZRM-J-Kurs zu untersuchen. Der Fokus lag auf folgenden Fragen:

1. Hielten die identitätsstiftenden Effekte des ZRM-J-Kurses an? Mit dieser Frage untersuchte Riedener, ob sich qualitative Veränderungen bezüglich der vier Dimensionen des unmittelbaren Selbsterlebens auch zwei Jahre später noch nachweisen ließen.
2. Wirkte sich der Kurs nach wie vor generell auf die Alltagsbewältigung der jungen Frauen aus? Wenn ja, inwiefern?

Die Themen Aufrichtigkeit und Unechtheit wurden von Riedener nicht weiter verfolgt.

3.2.1 Identitätsstiftende Prozesse

In **Tabelle 2** werden die qualitativen Veränderungen, die sich bezüglich der vier Dimensionen des unmittelbaren Selbsterlebens aufzeigen ließen, aufgeführt.

In den Interviews berichteten die jungen Frauen, dass sie sich vermehrt oder unverändert gleich als Quelle ihrer Handlungen erlebten. Zudem waren sie sich ihrer Einzig- und Andersartigkeit vermehrt oder unverändert gleich bewusst geblieben. Auch konnten sie sich nach wie vor abgrenzen, stellten teilweise die Meinungen anderer Menschen vermehrt in Frage, empfanden ein ebenso starkes und in einem Falle sogar verstärktes Kohärenzgefühl bezüglich der eigenen Lebensgeschichte und konnten meistens noch immer besser oder ebenso gut über sich nachdenken, beziehungsweise sich selber aus Distanz betrachten. Zusammenfassend kann gesagt werden,

Tabelle 2: Ergebnisse der vier Dimensionen unmittelbaren Selbsterlebens in der Follow-up-Studie.

Agency	Drei junge Frauen hatten vermehrt das Gefühl, Quelle ihrer eigenen Handlung zu sein. Bei den anderen beiden Frauen war dieses Gefühl unverändert geblieben. +++//
Otherness	Zwei jungen Frauen wurde es bewusster, dass sie einzig- beziehungsweise andersartig sind. Zwei junge Frauen waren sich dieses Gefühls noch ebenso bewusst wie vor zwei Jahren. Dasselbe Bild zeigte sich bezüglich der Eigenschaft, die Meinung anderer Menschen stärker in Frage zu stellen als vor zwei Jahren. ++//–
Unity	Vier junge Frauen nahmen ein ebenso starkes Kohärenzgefühl bezüglich der eigenen Biographie wahr wie vor zwei Jahren. Bei einer Frau hatte sich dieses Gefühl sogar verstärkt. +////
Identity with oneself	Die Fähigkeit zur Selbstdistanzierung hatte sich in zwei Fällen verstärkt, bei zwei jungen Frauen war sie unverändert geblieben und in einem Fall hatte sie sich verringert. ++//–

Der Übersicht halber wurden die Ergebnisse auch quantitativ-symbolisch zusammengefasst: + bedeutet «verstärkt», / bedeutet «unverändert gleich», – bedeutet «vermindert».

dass die im ZRM-J-Kurs erreichten positiven identitätsstiftenden Effekte von den Befragten auch zwei Jahre später noch in den meisten Fällen eindeutig erlebt wurden und sich daher eine Langzeitwirkung bezüglich das subjektiven Identitätserlebens feststellen lässt.

3.2.2 Alltagsbewältigung

Alle fünf Befragten berichteten, dass sich das im Kurs entwickelte Ziel noch immer auf ihren Alltag auswirkte. Konkret ging es dabei wiederum um die Themen Selbstsicherheit und die Abgrenzung anderen Menschen gegenüber. Anhand der von den jungen Frauen berichteten Beispielen konnte nachgewiesen werden, dass sie das Gelernte nicht bloß im geschützten Kurssetting sondern auch im Alltag umsetzen konnten.

Die von den fünf jungen Frauen geschilderten Themen waren Selbstbewusstsein und Selbstvertrauen im Kontakt und in der Kommunikation mit ihren Mitmenschen.

4 Diskussion

Bezüglich aller vier Dimensionen des unmittelbaren Selbsterlebens zeigten sich bei den befragten Jugendlichen positive Veränderungen. Die Qualität des subjektiven Identitätserlebens differenzierte sich, was den Schluss zulässt, dass der ZRM-J-Kurs eine förderliche Wirkung auf die Identitätsentwicklung der jungen Frauen hatte: Sie nahmen sich vermehrt als Verursacherinnen ihrer Handlungen wahr, wurden sich ihrer Einzigartigkeit bewusster, erlebten ein verstärktes Kohärenzgefühl und ihre Selbstreflexionsfähigkeit entwickelte sich weiter.

Der ZRM-J-Kurs unterstützte die Jugendlichen dabei, echter zu werden, da sie die Fähigkeit erwarben, sich vermehrt und besser so zu zeigen, wie sie wirklich sind. Sie konnten besser zu sich und ihren Ansichten stehen und diese auch vertreten.

Es gelang allen fünf Jugendlichen, Inhalte, die sie im ZRM-J-Kurs gelernt hatten, auf Situationen in ihrem Leben zu übertragen und die entdeckten Ressourcen für ihre Alltagsbewältigung zu nutzen. Die Teilnahme am ZRM-J-Kurs unterstützte die fünf Befragten dabei, den vielfältigen Herausforderungen des Jugendalters kompetenter zu begegnen.

Riedeners Follow-up-Studie ergab, dass die Teilnahme am ZRM-J-Kurs einen Langzeiteffekt hat. Die positiven Effekte, die zwei Jahren zuvor das subjektive Identitätserleben betreffend erreicht wurden, hatten sich teilweise verstärkt oder waren in den meisten Fällen erhalten geblieben. Auch bezüglich der Alltagsbewältigung war der Einfluss des im Kurs gelernten Ziels nach wie vor positiv spürbar. Es gelang den Befragten auch zwei Jahre später noch entsprechend ihres Zieles zu handeln. Die Themen, welche die Jugendlichen schon im ZRM-J-Kurs beschäftigten, waren die selben geblieben.

Zusammenfassend lässt sich festhalten, dass Jugendliche von der Teilnahme am ZRM-J-Kurs profitieren können. Sie erwerben Kompetenzen, die sie bei der Bewältigung der im Jugendalter anstehenden individuellen (Entwicklungs-) Aufgaben unterstützen können.

Literatur

Blasi, A. (1988). *Identity and the Development of the Self.* In Labpsley, O. K. und Power, F. C. (Eds.). *Self, Ego and Identity.* New York: Springer. S. 226–242.

Blasi, A. (1991). *The Self as Subject in the Study of Personality.* In Ozer, D., Helay, Jr., J. und Stewart, A. (Eds.). *Perspectives in Personality.* London: Jessica Kingsley Publishers. S. 19–37.

Blasi, A. (1993). *Die Entwicklung der Identität und ihre Folgen für moralisches Handeln.* In Edelstein, W., Numer-Winkler, G. und Noam, G. (Hrsg.). Moral und Person. Frankfurt a.M.: Suhrkamp. S. 119–147.

Blasi, A. (1998). *Ego Development and the Adolescent Concern with Sincerety.* Unveröffentlichtes Manuskript. University of Massachuesetts, Boston.

Riedener, A. (2000). Zürcher Ressourcen Modell mit Jugendlichen – Zwei Jahre danach. Seminararbeit am Lehrstuhl für Pädagogische Psychologie I, Universität Zürich.

Von Arx, E. und Szekeres, A. (1999). Zürcher Ressourcen Modell mit Jugendlichen. Theorie, Evaluation und Handbuch zum Kurs. Lizentiatsarbeit am Lehrstuhl für Pädagogisches Psychologie I, Universität Zürich.

Zürcher Ressourcen Modell mit Jugendlichen in der frühen Adoleszenz

Astrid Riedener

Im vorliegenden Text werden die Ergebnisse einer empirischen Untersuchung dargestellt, welche mittels Längsschnitt- und Kontrollgruppendesign zwei Fragekomplexen nachgeht. Mit der Methode des Leitfadeninterviews wird in Fragekomplex 1 die Wirksamkeit des ZRM bei Jugendlichen in der frühen Adoleszenz untersucht. Konkret geht es um Fragen überdauernder Veränderungen, des Transfers und des Ressourceneinsatzes. Fragekomplex 2 untersucht mittels Fragebogen, inwiefern sich Kontrollüberzeugung und Wohlbefinden aufgrund eines ZRM-Trainings bei Jugendlichen in der frühen Adoleszenz verändern. Die Datenlage basiert auf einer fünfmaligen Erhebung im Verlauf eines Jahres bei einer Stichprobe von 24 vierzehnjährigen SchülerInnen (wobei die eine Hälfte die Treatmentgruppe bildete, welche das ZRM-Training absolvierte, und die andere Hälfte die Kontrollgruppe). Die theoretischen Grundlagen von Kontrolle und Wohlbefinden werden in diesem Artikel dargestellt und in Bezug zueinander gestellt. Meine Untersuchungen zeigen, dass das ZRM-Training nicht nur das allgemeine Wohlbefinden sondern auch das Selbstvertrauen der Jugendlichen positiv beeinflusst und sich die Jugendlichen der Kursgruppe weniger abhängig vom Verhalten anderer fühlen als die Jugendlichen aus der Kontrollgruppe. Ferner ergeben sich deutliche Hinweise auf die Wirksamkeit des ZRM-Trainings.

1 Theoretischer Hintergrund

Auf neurowissenschaftlichen Ergebnissen und akademisch-psychologischer Theoriebildung basierend ist das ZRM als Schulen übergreifendes Selbstmanagementmodell konzipiert und stellt eine Intervention zur gezielten Entwicklung von Handlungspotenzialen dar (Storch & Krause, 2002), welche seit geraumer Zeit auch in der

Arbeit mit Jugendlichen ihre Anwendung findet. Die Jugendlichen arbeiten an persönlichen Zielen. Im Austausch mit der Gruppe werden die sozialen Ressourcen der Mitschülerinnen und Mitschüler genutzt. Es werden den Jugendlichen wirksame Methoden vermittelt, um sich selbstkongruente Ziele zu setzen und diese nachhaltig in zielrealisierendes Alltagshandeln überzuführen.

Auswirkungen des Selbstmanagements sind vor allem in zwei Punkten zu erwarten: positive Beeinflussung von Kontrollüberzeugung und Wohlbefinden. Durch konsequentes Selbstmanagement lernen die Jugendlichen, Einfluss auf ihr Gefühlsleben und ihre Handlungen zu nehmen. Von Außenreizen gesteuertes Reagieren wird zunehmend durch zielgerichtetes Handeln ersetzt. Dieser Umstand sollte sich durch höhere Werte im subjektiv empfundenen Kontrollerleben und Wohlbefinden der Treatmentgruppe äußern. Denn die Alltagsbewältigung wird erleichtert durch die Überzeugung, sich selbst und die Umwelt beeinflussen zu können. Je mehr man daran glaubt, über adaptive Handlungsmöglichkeiten zu verfügen, um ein Problem instrumentell lösen zu können, desto mehr wird man motiviert sein, diese Überzeugungen in aktives Handeln umzusetzen (Bandura, 1986).

Kontrollüberzeugungen sind ein zentraler Motivationsfaktor, der darüber mitbestimmt, welche Handlungen man auswählt, wie viel Anstrengung man investiert und wie lange man bei einer Strategie beharrt, bevor man aufgibt. Kontrollüberzeugungen wirken sich darauf aus, wie Menschen fühlen, denken und handeln und bilden sich nach Rotter (1954) aufgrund entsprechender Erfahrungen in bestimmten Situationen. Neben Kontrollüberzeugungen, die sich auf sehr spezielle, eng umschriebene Situationen und sehr konkrete Verhaltensweisen beziehen und deshalb spezifische Erwartungen darstellen, entstehen auch verallgemeinerte oder generalisierte Erwartungen gleichsam als Zusammenfassung einer Vielzahl von Erfahrungen in verschiedenen Situationen für relativ breite Klassen von Verhaltensweisen und Verhaltenskonsequenzen. Es konnte aufgezeigt werden, dass Menschen, die sich wirksam fühlen, nicht nur glücklicher, sondern auch optimistischer sind, was die Zukunft betrifft (Flammer, 1995). Menschen, die glauben, ihr Leben beeinflussen zu können, fühlen sich im Allgemeinen wohler und sind in der Regel gesünder (Flammer, 1990). Voraussetzung für den Erwerb stabiler und konsistenter Kontrollüberzeugungen sind gemäß Silbereisen (1983) erstens die Fähigkeit zur Selbstwahrnehmung (Fähigkeit des Menschen, Schlüsse über ihre eigenen Handlungsmöglichkeiten ziehen), zweitens die Unterscheidung zwischen den Dimensionen Anstrengung und Fähigkeit (damit es ihm gelingt, konsistente Schlussfolgerungen aus ihren Handlungsergebnissen zu ziehen) und drittens die korrekte Beurteilung von Handlungsergebnis-Kontingenzen (Kinder sind oft nicht in der Lage, die Unkontrollierbarkeit von Ereignissen zu erkennen. Statt dessen nehmen sie Zusammenhänge wahr, die nicht bestehen. Sie erliegen einer illusionären Verkennung, aus der inkorrekte Handlungs-Ergebnis-Erwartungen resultieren können). Diese Voraussetzungen für den Erwerb von Kontrollüberzeugungen sind für Jugendliche im Alter von etwa zwölf bis vierzehn Jahren gegeben.

Erst seit wenigen Jahren wird der Versuch unternommen, *Wohlbefinden* zu spezifizieren und zu operationalisieren (Schumacher, 2003). Becker unterscheidet aktuelles von habituellem Wohlbefinden (Becker 1991). Während aktuelles Wohlbefinden kurzzeitige Befindlichkeiten charakterisiert, die positiv getönte Gefühle, Stimmungen und körperliche Empfindungen umfassen, bezeichnet habituelles Wohlbefinden eine relativ stabile und überdauernde Persönlichkeitseigenschaft. Habituelles Wohlbefinden ist das für eine Person typische Wohlbefinden, das sich als Urteil über aggregierte emotionale Erfahrungen bildet. Habituelles Wohlbefinden kommt damit primär durch kognitive Prozesse zustande, die sowohl von Person- als auch von Umwelterfahrungen beeinflusst werden. Eindimensionale Modelle lassen sich von der Grundbefindlichkeit leiten, die sich als einen Begriff versteht, der zwischen einem «state» und einem «trait» angesiedelt ist. Bradburn (1969) konzipiert habituelles Wohlbefinden als zweidimensionales Konzept. Wohlbefinden ergibt sich aus der Bilanz aggregierter positiver und negativer Gefühlszustände, die unabhängige Dimensionen sind. Drei- und höherdimensionale Modelle unterscheiden zwischen psychischem («Ich fühle mich ausgeglichen und kompetent»), physischem («Ich fühle mich gesund und fit») und sozialem Wohlbefinden («Ich fühle mich gebraucht und geliebt») (Perrig-Chiello, 1997). Flammer, Grob & Lüthi, (1992), die eine herausragende Rolle in der Wohlbefindensforschung mit Jugendlichen einnehmen, betrachten die beiden Aspekte Zufriedenheit und Negative Befindlichkeit als unabhängige Dimensionen. Wie Headey, Holmström & Wearing (1984; zitiert nach Flammer, Grob & Lüthi, 1992) konnten sie faktorenanalytisch diese zwei Dimensionen nachweisen und zeigen, dass diese verschiedene Antezedentien haben. Folgende Indikatoren werden von ihnen als relevant und konstitutiv für subjektives Wohlbefinden erachtet (Grob, Lüthi & Flammer, 1986): Erreichung gesellschaftlich definierter Werte, Erreichung selbst- und fremdbestimmter Ziele, auf dem Weg zur Zielerreichung sein, Anpassung an die Umgebung, Befriedigung alltäglicher Bedürfnisse, Umgang mit divergierenden Zielen, Teilnahme an befriedigenden Aktivitäten, Konzentration auf die positiven Aspekte von Ereignissen, sinnvolle Verwendung der Zeit, optimistische Einstellung gegenüber dem Leben, frei sein von Sorgen, guter Gesundheitszustand, sich selbst akzeptieren können. Im Jugendalter liegen wichtige Quellen des Wohlbefindens respektive von Stress hauptsächlich in der Familie, in den Beziehungen zu Altersgleichen und in der Schule (Siddique & D'Arcy, 1984). Nordlohne & Kolip (1994) gingen den subjektiven Definitionen und Vorstellungen Jugendlicher nach und zeigten auf, dass sie – anders als Kinder, welche Gesundheit und Wohlbefinden vornehmlich als Nicht-Krankheit betrachten – Gesundheit multidimensional ausgestalten. Die Ergebnisse zeigen, dass dem subjektiven (Wohl-) Befinden eine herausragende Bedeutung zukommt. Glücklichsein, sich gut fühlen, gute Laune und keine Sorgen haben sind für viele Jugendliche die wichtigsten Merkmale von Gesundheit. Hier spielt eine starke psychische Komponente hinein. Jugendliche, die dazu neigen, negative Gefühle zu verdrängen oder mit Hilfe von Aggressionen zu bewältigen, fühlen sich weniger wohl als Jugendliche, die bei unangenehmen Gefühlen Zerstreuung suchen, diese Gefühle akzeptieren und versuchen, ihre Stimmung durch positive Erinnerungen zu verbessern (Soravia, 2002). Demnach reduziert Vermeidung das Wohlbefinden, funktionale Strategien hingegen beeinflussen das subjektive Wohlbefinden positiv. «Deshalb sollten Kindern und Jugendlichen die verschiedenen Strategien bewusst gemacht werden. In einem weiteren Schritt können dann gezielt die funktionalen Bewältigungsmöglichkeiten trainiert werden.» (Grob & Jaschinski, 2003, S. 132) Inzwischen wurden verschiedene Präventions- und Gesundheitskampagnen beschreiben, die speziell für das Jugendalter konzipiert worden sind (Röhrle, 2002).

Es gibt nicht sehr viele Untersuchungen, die den *Zusammenhang von Kontrolle und Wohlbefinden bei Jugendlichen* untersuchen. Eine ForscherInnengruppe aus Bern hat sich jedoch besonders damit befasst und untersuchte das Ausmaß der Kontrollüberzeugung Schweizerischer Jugendlicher in verschiedenen Lebensbereichen. Dazu hatte sie ein eigenes Erhebungsinstrument entwickelt (Lüthi,

Grob & Flammer, 1989). In der gleichen Untersuchung wurde auch ein Zufriedenheitsfragebogen abgegeben (Grob, 1990). Es zeigte sich, dass die Versuchspersonen generell zufriedener waren, in je mehr Bereichen sie Kontrolle zu haben glaubten. Gemäß Mayring (1988) korrelieren Kontrollüberzeugungen, das heißt das Vertrauen in die eigenen Möglichkeiten, Ziele zu erreichen, positiv mit dem Wohlbefinden. Ihnen werden auch von Perrig-Chiello (1997) und Schwarzer (1996) vielfach motivierende und handlungsfördernde Funktionen zugeschrieben, welche eine adaptive Auseinandersetzung mit der Umwelt – sowie des damit verbundenen Wohlbefindens – begünstigen. Eine hohe Kontrollmeinung wirkt stressprophylaktisch **(1)** via Einstellung und Zufriedenheit und via Verhalten. Sie reduziert Stress durch effizientes Verhalten und Befriedigung über die Erfüllung des Kontrollbedürfnisses (Flammer, 1990). Mayring (1988) beschrieb den Einfluss generalisierter Kontrollüberzeugungen auf das aktuelle Belastungs-Bewältigungs-Geschehen. Dabei wirken sie als protektive Faktoren gegenüber Hilflosigkeit und Identitätsverlust bei einer Bewältigungsaufgabe. Zum Teil werden Bewältigungsversuche nur bei einem bestimmten Ausmaß an Kontrollüberzeugungen begonnen. Menschen mit hohen internalen Kontrollüberzeugungen genesen im Allgemeinen auch rascher als Menschen mit externalem Kontrollüberzeugungen (Flammer, 1990), und sie sind eher in der Lage, Risikoverhaltensweisen abzubauen und Gesundheitsverhalten über längere Zeit aufrechtzuerhalten, sofern sie erst einmal von der Notwendigkeit dazu überzeugt sind und einen festen Entschluss gefasst haben (Bandura, 1986). O'Leary (1985) zeigte, dass eine positive Selbstwirksamkeitserwartung (beziehungsweise Kontrollmeinung) tatsächlich mit Gesundheit einhergeht. Bereits Wortman & Brehm (1975) erwähnten, dass ein Kontroll-Mangel durch Apathie, Antriebslosigkeit und Niedergeschlagenheit gekennzeichnet ist, Symptome, welche auf depressive Tendenzen schließen lassen. Dies zeigt sich auch in neueren Untersuchungen (Weinmann et al., 2001). Menschen mit externalen Kontrollüberzeugungen nehmen ihr Leben als fremdgesteuert (z. B. durch andere Personen oder Zufall) wahr (Grob & Jaschinski, 2003).

Im Kontext des ZRM stehen allgemeine Kontrollüberzeugungen im Vordergrund. Sie stellen eine bedeutende personale Ressource bei der Bewältigung genereller Lebensanforderungen dar und sollten daher das psychische und physische Befinden der Jugendlichen positiv beeinflussen. In der Schule und später in der Berufsausbildung sollen sie den jungen Menschen helfen, schwierige gesellschaftliche Anforderungen zu meistern: Denn wer sich generell zutraut, Anforderungen und Probleme meistern zu können, wird gesellschaftliche Veränderungen und den technologischen Fortschritt eher als Herausforderung annehmen und für sich nutzen. Ziel des Zürcher Ressourcen Modells ist es, die Handlungskompetenzen von Menschen zu erweitern. Als zentrale Annahme wird das menschliche Bestreben unterstellt, über eigenes Handeln Kontrolle zu erfahren, wie es Krampen (1987) beschrieben hat. Im Kontext des ZRM bedeutet dies, dass der/die Jugendliche davon überzeugt ist, dass er/sie selbst das Verhalten erfolgreich ausführen kann, welches die Voraussetzungen für den angestrebten Erfolg bildet. Wichtig ist demnach die Verknüpfung zwischen eigener Anstrengung und erzielten Erfolgen. Im Hintergrund dieser Überlegungen steht die Annahme, dass Menschen bestrebt sind, Probleme rational zu bearbeiten, das heißt dass sie aus ihren gegebenen Möglichkeiten die auswählen, mit denen sie vermuten, einen Erfolg zu erzielen. Hegt ein Jugendlicher/eine Jugendliche Zweifel an seinen Fähigkeiten und ist er/sie besorgt über den Erfolg seiner/ihrer Bemühungen, dann wird er/sie sich selbst in der Problemlösung behindern, da die Aufmerksamkeit von der zu lösenden Aufgabe abgelenkt wird (Schwarzer, 1987). Jugendliche können anhand verschiedener Erlebnis- und Handlungsbereiche Kontrolle erfahren. Zentral ist die Erkenntnis, dass man durch sein verändertes Verhalten etwas bewirkt. Damit ein Ziel handlungswirksam wird, sind Annäherungsziele («Ich bin selbstbewusst») zu überlegen und anzustreben. Denn mit Vermeidungszielen («Ich bin weniger schüchtern») geht eine Beeinträchtigung des Kompetenz- und Kontrollerlebens einher, was negative Auswirkungen auf die zielrelevanten Leistungen und auf das psychische Wohlbefinden haben kann (Storch & Krause, 2002). Es erhöht hingegen die Wahrscheinlichkeit, dass ein Ziel in Handlung umgesetzt wird, wenn es mit starken positiven Emotionen, einem guten Gefühl beziehungsweise einem positiven «somatischen Marker» (Damasio, 1994) verbunden ist. Das Zürcher Ressourcen Modell geht davon aus, dass die Ressourcen, die ein Mensch zur Erlangung seiner Ziele benötigt, ausschließlich in ihm selbst liegen:

> «Wenn es ihm gelingt, das neue neuronale Netz abzurufen, wenn entsprechend gehandelt werden soll, gelingt die Zielrealisierung autonom. Dieses Erleben steigert dann wieder die positiven Kontrollüberzeugungen mit all ihren segens-

reichen Auswirkungen auf das psychische Wohlbefinden.» (Storch & Krause, 2002, S. 101)

Der Stellenwert einer Intervention, wie sie das Zürcher Ressourcen Modell darstellt, liegt darin, die sich in einer kritischen Phase befindenden Selbstreflexionen eines Jugendlichen durch eine ressourcenorientierte Vorgehensweise in eine günstige Richtung zu lenken. Denn im Zentrum des ZRM-Trainings steht das Kennenlernen, Freilegen, Aktivieren und Entwickeln der eigenen Ressourcen. Somit wird nicht nach Defiziten, sondern nach Fähigkeiten gesucht, die nutzbar gemacht werden können.

Bezogen auf die Effekte, die vom ZRM-Training bewirkt werden sollten, sowie geeigneter Operationalisierungsmöglichkeiten, die sich aus erhobenen Daten ergeben, wurden folgende drei Hypothesen formuliert (vgl. Riedener, 2002):

1. Es wird erwartet, dass das ZRM auch bei Jugendlichen in der frühen Adoleszenz wirksam ist, nämlich dass die Jugendlichen der Kursgruppe mehrheitlich der Meinung sind, dass sich in ihrem Alltag durch die Teilnahme am Kurs etwas verändert hat, und dass ihnen der Transfer und der Ressourceneinsatz auch längerfristig gelingt.
2. Zwischen den Mittelwerten der Treatment- und der Kontrollgruppe lassen sich hinsichtlich der verwendeten Skalen Unterschiede feststellen.
3. Hinsichtlich der verwendeten Skalen lassen sich über die Mittelwerte der fünf Erhebungszeitpunkte Unterschiede feststellen.

2 Methodik: Stichprobe und Erhebungsinstrumente

Insgesamt haben 24 Jugendliche an der Untersuchung teilgenommen, 11 Schülerinnen (46 %) und 13 Schüler (54 %). Die Jugendlichen waren bei der Teilnahme am ZRM-Kurs zwischen 14 und 15 Jahre alt und besuchten die integrierte Oberstufe **(2)**. 13 SchülerInnen bildeten die Treatmentgruppe, 11 Jugendliche wurden als Kontrollgruppe befragt. Die Treatmentgruppe absolvierte einen fünfwöchigen ZRM-Kurs sowie zwei Follow-up-Sequenzen, die von

Dr. Eveline von Arx und mir geleitet wurden und eine Modifikation des Zürcher-Ressourcen-Kurses für Erwachsene darstellten, welche Szekeres und von Arx in ihrer Arbeit mit 17- bis 19-Jährigen eingesetzt hatten. Die universitäre Sprache sowie theoretische Erklärungen wurden vereinfacht und die Arbeitsblätter jugendgerecht gestaltet. Die Fragebogenerhebung (Fragekomplex 1) startete einen Monat vor Kursbeginn (Base Line) und dauerte etwa ein Jahr über den Kurs hinaus. Insgesamt fanden fünf Befragungen statt (T1 bis T5), die zwischen 50 und 90 Minuten dauerten. **Abbildung 1** verdeutlicht das Forschungsdesign dieser Längsschnittuntersuchung.

Um die Stichprobe in einer großen Population zu verankern, wurde die *Skala «Zufriedenheit mit sich selbst»* aus den Konstanzer Längsschnittstudien (Fend & Prester, 1986) eingesetzt. Der Vergleich mit der Stichprobe des Konstanzer Längsschnittes zeigt, dass sich die vorliegende Stichprobe zumindest hinsichtlich dieser Skala nicht von sehr großen Jugendpopulationen unterscheidet. Mittels der Fragebogenerhebungen zum ersten und zum zweiten Erhebungszeitpunkt (Base Line-Befragungen, T1 und T2) lassen sich signifikante Stichprobenunterschiede in drei Skalen feststellen: In den Variablengruppen der Erhebungsinstrumente *Fragebogen zu Kompetenz- und Kontrollüberzeugungen* (FKK), im *Berner Fragebogen zum Wohlbefinden Jugendlicher* (BFW/J) und beim *Neo-Fünf-Faktoren Inventar* (NEO-FFI) **(3)**. Zusammenfassend kann aufgrund

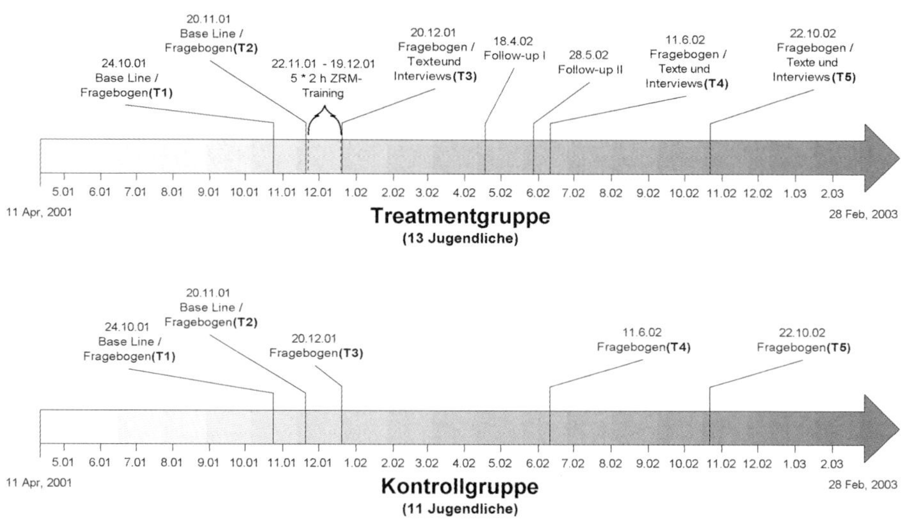

Abbildung 1: Das Forschungsdesign.

der vor Treatmentbeginn erhobenen Base Line-Daten festgestellt werden, dass die internalen Kontrollüberzeugungen bei den Jugendlichen der Treatmentgruppe im Allgemeinen etwas positiver ausgeprägt sind als bei den Mitgliedern der Kontrollgruppe und dass die Kontrollgruppe depressiver und neurotischer gestimmt ist als die Treatmentgruppe. Die Jugendlichen der Treatmentgruppe neigen insgesamt weniger dazu, nervös, ängstlich, traurig, unsicher und verlegen zu sein als die Mitglieder der Kontrollgruppe. Demnach unterscheiden sich die beiden Stichproben in der Art und Weise, wie sie negative Emotionen erleben: Die Kontrollgruppe neigt eher zu unrealistischen Ideen und ist weniger in der Lage, ihre Bedürfnisse zu kontrollieren und auf Stresssituationen angemessen zu reagieren. Eine detaillierte Darstellung der Stichprobenunterschiede ist in Riedener (2002) dargestellt.

Bei der Zusammenstellung der Fragebögen wurden bereits vorhandene und geprüfte Instrumente verwendet. Es wurden geschlossene Fragen mit vorgegebenen Antwortskalen gestellt. Zur Operationalisierung des Fragekomplexes 2 wurden schwerpunktmäßig zwei Fragebogen eingesetzt. Zum einen handelte es sich um Krampens (1991) Fragebogen zu Kompetenz- und Kontrollüberzeugungen *FKK,* dessen Skalen sich auf das generalisierte Selbstkonzept eigener Fähigkeiten und drei Aspekte generalisierter Kontrollüberzeugungen von Jugendlichen ab 14 Jahren beziehen. Zur Anwendung kommen dort vier Primärskalen mit je acht Items zur Erfassung des *generalisierten Selbstkonzepts eigener Fähigkeiten* (KKK-SK), der *generalisierten Internalität* (FKK-I), der *sozialen Externalität* (FKK-P) sowie der *fatalistischen Externalität* (FKK-C), zwei Sekundärskalen zur Erfassung *generalisierter Selbstwirksamkeitsüberzeugungen* (FKK-SKI) und *generalisierter Externalität* (FKK-PC) und eine Tertiärskala zur Erfassung der *generalisierte*n Internalität versus Externalität (FKK-SKI-PC). Zum anderen wurde zur Erfassung des Wohlbefindens der Berner Fragebogen zum Wohlbefinden Jugendlicher *BFW/J* (Grob, 1995) für Jugendliche im Alter von 14 bis 20 Jahren verwendet, der sechs Faktoren enthält: *positive Lebenseinstellung* (beinhaltet eine allgemeine positive Einstellung gegenüber Ereignissen und als Gefühl, sowie die persönliche Überzeugung, ein sinnvolles Leben zu führen), *Problembewusstheit* (erfasst, ob Probanden sensibel auf ihre Umwelt reagieren, in ihrer sozialen und persönlichen Umgebung Probleme erkennen und diese auch eingestehen als Voraussetzung sozusagen zu deren Bewältigung), *körperliche Beschwerden und Reaktionen* (bezogen auf psychische wie auf physische Reaktionen), *Selbstwert* (als Indikator von Zufriedenheit in dem Sinn, dass es nicht genügt, eine positive Einstellung zum Leben zu haben, wichtig ist auch, sich zu akzeptieren, überzeugt zu sein, «Jemand» zu sein, «Etwas» zu können, sich wertvoll zu fühlen und von andern geschätzt zu werden), *depressive Stimmung* (Aussagen über Gefühle von Traurigkeit, Energielosigkeit und sozialem Rückzug) und *Lebensfreude* (als intensive Ausprägung positiver Wertschätzung gegenüber dem Leben). In einer Faktorenanalyse zweiter Ordnung konnten diese sechs Faktoren auf zwei zugrundeliegende Faktoren zurückgeführt werden: Zufriedenheit und Negative Befindlichkeit. *Zufriedenheit* besteht aus den Faktoren Positive Lebenseinstellung, Lebensfreude, Selbstwert und Depressive Stimmung. *Negative Befindlichkeit* besteht aus den Faktoren Problembewusstheit und körperliche Beschwerden und Reaktionen (Flammer, Grob, Lüthi, 1992). Die Autoren gehen davon aus, «dass die Merkmale des subjektiven Wohlbefindens nicht perfekt stabil sind (i. S. von traits), sondern durch neue Erfahrungen verändert werden können (i. S. von states)» (Grob, Lüthi, Flammer et al., 1991, S. 71).

Neben dem Ausfüllen der Fragebögen wurde die Treatmentgruppe unmittelbar nach dem Kurs, sowie ein halbes Jahr und ein Jahr nach dem Training aufgefordert, *schriftlich über persönliche Veränderungen, Transfer und Ressourceneinsatz zu berichten* (Fragekomplex 1). Vier Jugendliche wurden mittels *Leitfadeninterview* einzeln befragt. Da bei der letzten Befragung bereits sechs Jugendliche die Schule verlassen hatten, wurden ihnen die Fragebögen zugesandt. Vier davon wurden retourniert. Die Ergebnisse der letzten Befragung konnten bei zwei Jugendlichen nicht berücksichtigt werden, da sie nicht zur Teilnahme bewegt werden konnten.

3 Ergebnisse

3.1 Analyse der Texte und der Interviews

Im Rahmen dieses Beitrages kann nicht auf die Ergebnisse der Selbsteinschätzung der Jugendlichen aus der Treatmentgruppe bezüglich der Teilnahme am ZRM-Kurs, die Fremdeinschätzung der Kursleiterinnen sowie Fragekomplex 1 eingegangen werden. Die Wirkung des ZRM-Kurses auf die Kategorien *Veränderung*, *Transfer* und *Ressourceneinsatz* werden jedoch im nachfolgenden Diskussionsteil zusammenfassend dargestellt.

3.2 Analyse der Fragebogen

3.2.1 Unterschiede zwischen Treatment- und Kontrollgruppe nach dem ZRM-Kurs (Treatmenteffekte)

Es wurden jene Variablen ermittelt, die nach Treatmentbeginn einen signifikanten Unterschied zwischen den Mittelwerten aufweisen und somit auf Treatment- beziehungsweise Kurseffekte hindeuten (Hypothese 2). Untersucht wurden daher die Daten, welche unmittelbar nach dem Kurs (T1), ein halbes Jahr nach dem Kurs (T4) und ein Jahr nach dem Kurs (T5) erhoben wurden (siehe Abbildung 1).

Mit dem *T-Test* ließen sich 12 Variablen identifizieren, bei denen sich die Mittelwerte der Kontroll- beziehungsweise der Treatmentgruppen signifikant unterscheiden. Anders formuliert: Bei 12 Variablen darf die Nullhypothese mit einer Fehlerwahrscheinlichkeit von $p<.05$ abgelehnt werden. Bei sechs dieser Variablen weist der Mann-Whitney-U-Test ebenfalls Signifikanzen für den Mittelwertsvergleich auf. Die signifikanten Unterschiede konnten in den Variablengruppen der Erhebungsinstrumente *Fragebogen zu Kompetenz- und Kontrollüberzeugungen* (FKK), *Berner Fragebogen zum Wohlbefinden Jugendlicher* (BFW/J) und in der Skala *Zufriedenheit mit sich selbst* identifiziert werden. Im Rahmen dieses Forschungsteils können nur ein paar Unterschiede grafisch dargestellt werden. Im nachfolgenden Diskussionsteil werden hingegen sämtliche Treatmenteffekte dargestellt.

3.2.1.1 Unterschiede in der Einschätzung der Kompetenz- und Kontrollüberzeugungen

Drei Variablen des Fragebogens zur Einschätzung der Kompetenz- und Kontrollüberzeugungen weisen nach dem Kurs (Erhebungszeitpunkte T3, T4 und T5) signifikante Mittelwertsunterschiede auf. Eines ist in **Tabelle 1** exemplarisch dargestellt.

Das Item «Manchmal weiss ich überhaupt nicht, was ich in einer Situation machen soll» erfasst das *Selbstkonzept eigener Fähigkeiten.* Der Mittelwert der Treatmentgruppe liegt hier mit 3.69 signifikant über dem der Kontrollgruppe (2.64). Da es sich hier um ein negativ gepoltes Item handelt, bedeutet dies, dass die Mitglieder der Treatmentgruppe gemäß eigener Einschätzung ein halbes Jahr nach dem ZRM-Kurs eher Handlungsalternativen sehen und über ein höheres Selbstvertrauen verfügen als die Kontrollgruppenmitglieder.

Tabelle 1: «Manchmal weiß ich überhaupt nicht, was ich in einer Situation machen soll.» (FKK, Einzel-Item)

Variable	fk4_24
Zeitpunkt	T4
Mean Treat	3.69
Mean Kontroll	2.64
T-Test, unabhängige STP	.048 *
Mann-Whitney-U-Test	n. s.

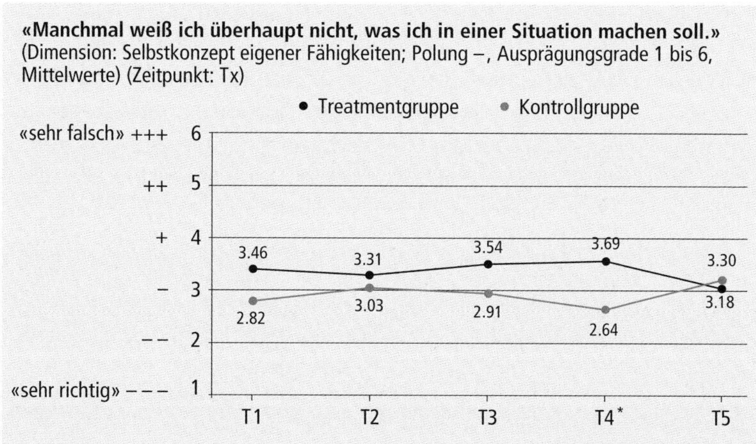

Abbildung 2: Item «Manchmal weiß ich überhaupt nicht, was ich in einer Situation machen soll» im Zeitverlauf (FKK, Variable fk_24).

Betrachtet man dieses Item über die fünf Befragungszeitpunkte hinweg, so zeigt sich bei der Treatmentgruppe unmittelbar nach dem Kurs und ein halbes Jahr nach dem Kurs ein tendenzieller Anstieg darin, Handlungsalternativen zu sehen und über ein höheres Selbstvertrauen zu verfügen. Dieser Effekt ist ein Jahr nach dem Kurs nicht mehr nachzuweisen (siehe **Abb. 2**).

3.2.1.2 Unterschiede in der Einschätzung des Wohlbefindens und der Zufriedenheit mit sich selbst

Beim Fragebogen zur *Einschätzung des Wohlbefindens* weisen nach dem Kurs insgesamt sechs Variablen signifikante Mittelwertsunterschiede auf, wovon hier eine grafisch dargestellt werden soll **(Tab. 2)**.

Tabelle 2: Zufriedenheit (BFW/J, Summenscore).

Variable	bf4_z
Zeitpunkt	T4
Mean Treat	4.86
Mean Kontroll	4.16
T-Test, unabhängige STP	.049 *
Mann-Whitney-U-Test	n. s.

Der Summenscore der Skala zweiter Ordnung *Zufriedenheit* welcher aus den Faktoren Positive Lebenseinstellung, Lebensfreude, Selbstwert und Depressive Stimmung (hier umgepolt) besteht, weist ein halbes Jahr nach dem Kurs einen signifikanten Mittelwertsunterschied auf. Demnach ist die Treatmentgruppe mit einem Mittelwert von 4.86 beim vierten Befragungszeitpunkt insgesamt zufriedener als die Kontrollgruppe, welche eine Mittelwert von 4.16 aufweist.

Abbildung 3 zeigt, dass sich die Zufriedenheit der Treatmentgruppe bereits zur Kurszeit leicht erhöht, während sie bei der Kontrollgruppe etwas sinkt. Der Verlauf über die Zeit zeigt, dass sich die Zufriedenheit der Treatmentgruppe von Kursbeginn bis ein halbes Jahr nach dem Kurs stetig erhöhte, dann wieder ein wenig sank, wobei sie noch immer über den Werten der Base Line-Befragungen lag.

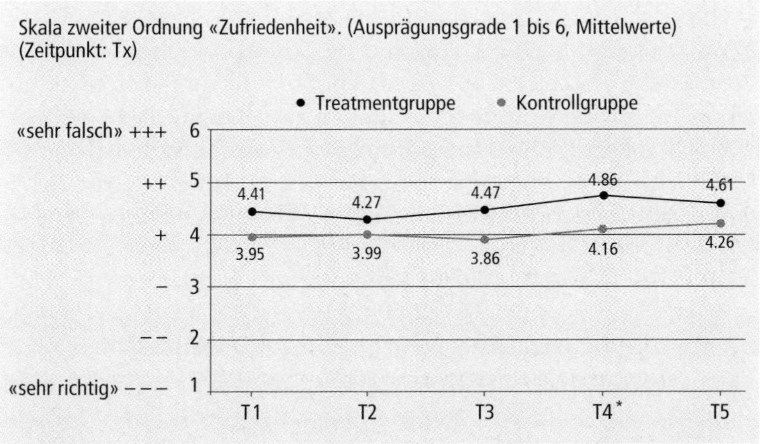

Abbildung 2: Mittelwerte der Skala zweiter Ordnung «Zufriedenheit» (BFW/J, Variable bf_z).

3.2.2 Unterschiede zwischen den fünf Erhebungszeitpunkten

Hypothese 3 postuliert, dass sich bei den Mitgliedern der Treatmentgruppe Unterschiede zwischen den Mittelwerten der fünf Erhebungszeitpunkte feststellen lassen. Dabei wurden *Varianzanalysen mit Messwiederholung* mit Faktor Bedingung (Treatmentgruppe versus Kontrollgruppe) und Faktor Zeit (T1 bis T5) verwendet. Einerseits wurden alle *Summenscores* untersucht, da sie die interessierenden Dimensionen beinhalten. Zudem wurden jene Items, die in den im letzten Kapitel dargestellten Gruppenvergleichen signifikante Mittelwertsunterschiede aufwiesen, als mögliche Kondensationspunkte von Effekten im Sinne der Ziele des ZRM untersucht.

Ergebnisse der Varianzanalyse

Bei vier von den insgesamt 20 untersuchten Summenscores und bei drei der 24 in die Varianzanalyse einbezogenen Items konnten in den multivariaten Tests Signifikanzen bezüglich der Unterschiede zwischen den Erhebungszeitpunkten, respektive in der Interaktion von Treatment und Erhebungszeitpunkt nachgewiesen werden.

Bei der Skala *Zufriedenheit mit sich selbst* konnten keine Signifikanzen bezüglich der Unterschiede zwischen den Erhebungszeitpunkten, respektive in der Interaktion von Treatment und Erhebungszeitpunkt nachgewiesen werden.

Beim *Fragebogen Kompetenz- und Kontrollüberzeugungen (FKK)* wurde das Item «Mein Wohlbefinden hängt in starkem Maße von anderen ab» im Zeitverlauf (Pillai_Spur .034) signifikant. Dieses Item, welches der Dimension *Soziale Externalität* angehört, zeigte bereits beim ersten Erhebungszeitpunkt signifikante Mittelwertsunterschiede zwischen Treatment- und Kontrollgruppe (siehe **Abb. 4**).

Die Tendenz der Treatmentgruppe, ihr Wohlbefinden eher vom Verhalten anderer abhängig zu machen, ist zu den ersten vier Befragungszeitpunkten größer als jene der Kontrollgruppe, nimmt je-

Tabelle 3: Item «Mein Wohlbefinden hängt in starkem Maße von anderen ab.» (FKK, Einzel-Item) (Mittelwerte)

	T1*	T2	T3	T4	T5
Treatmentgruppe	4.81	4.09	4.09	4.00	3.91
Kontrollgruppe	3.80	3.60	3.70	3.60	4.30

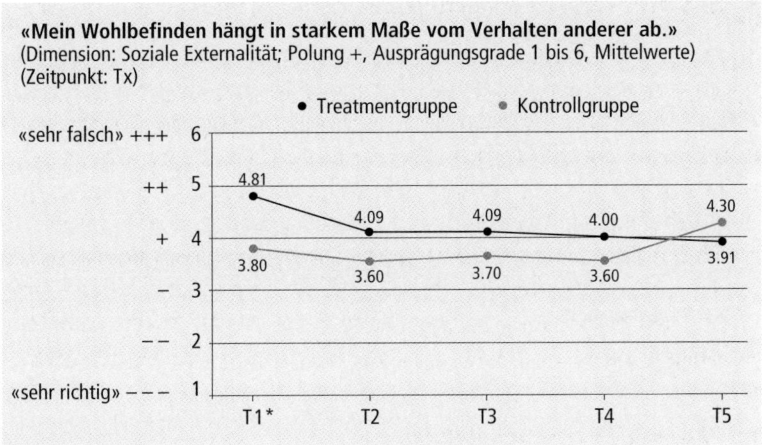

Abbildung 3: Item «Mein Wohlbefinden hängt in starkem Maße von anderen ab» (FKK, Varianzanalyse, Variable fk_22).

doch ab. Bei der Kontrollgruppe hingegen bleiben die Mittelwerte des Items «Mein Wohlbefinden hängt in starkem Masse vom Verhalten anderer ab» zu den ersten vier Erhebungszeitpunkten eher konstant. Hingegen zeigt diese Gruppe beim fünften Erhebungszeitpunkt plötzlich höhere Werte als die Treatmentgruppe.

Eine weitere Variablengruppe, bei der Signifikanzen nachzuweisen sind, stammt aus dem *Berner Fragebogen zum Wohlbefinden Jugendlicher (BFW/J).* Die Varianzanalyse ergab für sechs Variablen signifikante Ergebnisse. In vier Fällen handelt es sich um Summenscores, die zwei signifikanten Einzelitems wurden bereits im Stichprobenvergleich als signifikante Einzelitems beschrieben.

In diesem Forschungsteil werden exemplarisch zwei Beispiele aus dem Berner Fragebogen zum Wohlbefinden Jugendlicher (BFW/J) näher beschrieben, die in der Varianzanalyse im Zeitverlauf interessant wurden.

Die Dimension *Lebensfreude* weist in ihrem Zeitverlauf eine Signifikanz auf (Pillai_Spur .020 für Interaktion Gruppe*Zeitpunkt). **Abbildung 4** sowie den Angaben aus **Tabelle 4** ist zu entnehmen, dass die Treatmentgruppe nach dem Kurs eine deutlich positivere Wertschätzung gegenüber dem Leben aufweist als die Kontrollgruppe. Während die Mittelwerte der beiden Gruppen zu den Base Line-Befragungszeitpunkten noch eng beieinander lagen, sank die Lebens-

Tabelle 4: Mittelwerte signifikanter BFW/J-Summenscores und -items zu den fünf Erhebungszeitpunkten,

	T1	T2	T3	T4	T5
	Positive Lebenseinstellung (Variable bf_mpos)				
Treatmentgruppe	4.36	4.26	4.52	4.43	4.49
Kontrollgruppe	4.15	4.26	3.93	4.31	4.35
	Lebensfreude (Variable bf_mlfr)				
Treatmentgruppe	3.54	3.24	3.57	4.14	4.03
Kontrollgruppe	3.30	3.23	2.30	3.23	3.73
	Zufriedenheit (Variable bf_z)				
Treatmentgruppe	4.38	4.21	4.46	4.85	4.62
Kontrollgruppe	3.96	4.04	3.80	4.15	4.26
	Problembewusstsein (Variable bf_mpro)				
Treatmentgruppe	2.42	2.06	2.35	2.02	2.24
Kontrollgruppe	2.26	2.58	2.15	2.06	2.38
	«Hast du dir in den vergangenen Wochen Sorgen gemacht wegen der Schule der Lehre?» (Variable bf_12)				
Treatmentgruppe	2.81	2.09	2.81	2.27	2.73
Kontrollgruppe	3.60	4.00	2.80	2.40	3.30
	«Kam es in den letzten paar Wochen vor, dass du krank warst und nicht zur Schule oder Arbeit gehen konntest?» (Variable bf_19)				
Treatmentgruppe	1.15	1.90	2.21	1.15	1.45
Kontrollgruppe	1.00	1.00	1.17	1.50	1.33

freude der Kontrollgruppe beim dritten Befragungszeitpunkt, während jene der Treatmentgruppe sich erhöhte.

Einen speziellen Summenscore aus dem Berner Fragebogen zum Wohlbefinden Jugendlicher stellt die Skala zweiter Ordnung *Zufriedenheit* dar (Pillai_Spur .050, zu T2 und T4 Levenes Test <.05), welche signifikante Unterschiede zwischen den Erhebungszeitpunkten aufweist (siehe **Abb. 5**). In dieser Skala sind nämlich die Summenscores aus den Faktoren Positive Lebenseinstellung, Lebens-

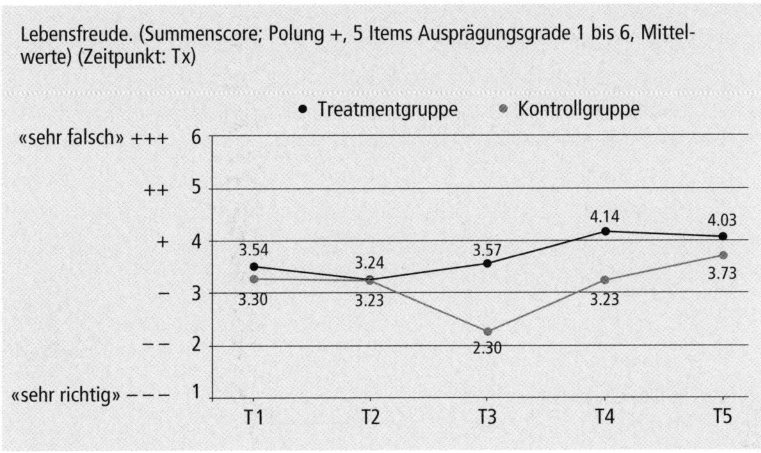

Abbildung 4: Mittlerer Summenscore der Dimension Lebensfreude (BFW/J, Varianzanalyse, Variable bf_mlfr).

freude, Selbstwert und Depressive Stimmung (hier umgepolt), also 23 Items zusammengefasst.

Abbildung 6 und Tabelle 4 bringen zum Ausdruck, dass sich der Mittelwert des Summenscores der Skala zweiter Ordnung *Zufriedenheit* bei der Treatmentgruppe über alle fünf Befragungszeitpunkte hinweg über dem der Kontrollgruppe bewegt. Der T-Test

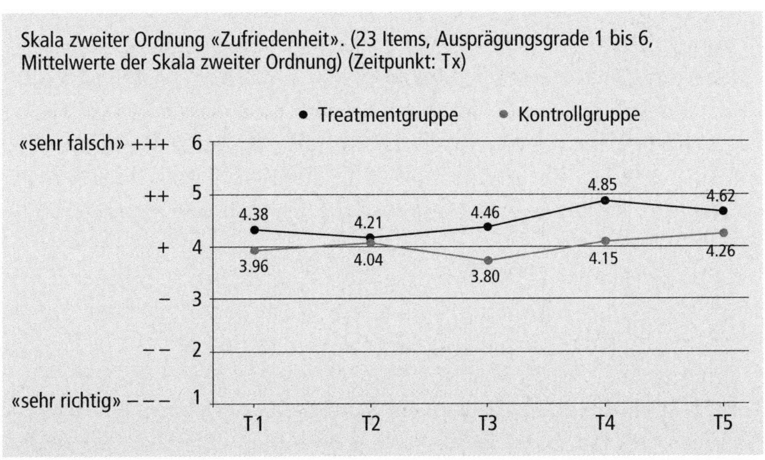

Abbildung 5: Skala zweiter Ordnung «Zufriedenheit» (BFW/J, Varianzanalyse, Variable bf_z).

zeigte, dass es sich beim vierten Erhebungszeitpunkt um einen signifikanten Mittelwertsunterschied handelt, wonach sich die Treatmentgruppe ein halbes Jahr nach dem Kurs insgesamt eher zufriedener zeigte als die Kontrollgruppe. Ferner zeigt die Grafik, dass die Zufriedenheit der Treatmentgruppe bereits während der Kurszeit zunahm, während sie bei der Kontrollgruppe sank. Der Verlauf über alle Befragungszeitpunkte hinweg zeigt, dass sich die Zufriedenheit der Treatmentgruppe von Kursbeginn bis ein halbes Jahr nach dem Kurs stetig erhöhte, dann wieder ein wenig sank.

4 Diskussion

4.1 Diskussion der Ergebnisse: Fragekomplex 1

Eine gewisse Wirksamkeit des ZRM auf Jugendliche kann aufgrund dieser Ergebnisse festgestellt werden. Konkrete *Veränderungen* im Alltag wurden vor allem unmittelbar nach dem Kurs wahrgenommen und berichtet. Einzig ein Teilnehmer nahm noch ein Jahr nach dem Kurs Veränderungen wahr, die er auf das ZRM zurückführt und die mit seinem Ziel im Zusammenhang stehen. Er berichtete, freundlicher geworden zu sein und dass diese positiven Veränderungen auch von seiner Umgebung wahrgenommen würden. Wichtige Veränderungen, die die Jugendlichen anhand von Beispielen illustrieren konnten, ergaben sich in folgenden Bereichen: «Kontakt und Kommunikation mit den Mitmenschen», «Schulbereich – Selbstvertrauen und Sicherheit», «Selbstkontrolle und Durchsetzungskraft» und dem «optimalen Verhältnis zwischen Freizeit und Arbeitszeit». Ein Schüler nahm bei der «Schulklasse» ein Veränderung wahr: Der Zusammenhalt, das gegenseitige Vertrauen und die Klassenatmosphäre im Allgemeinen schienen sich aufgrund des Kurses verbessert zu haben.

Der *Transfer* gelang bei zwei Jugendlichen über die gesamte Untersuchungsspanne hinweg. Bei weiteren zwei Kursteilnehmenden gelang er zumindest ein halbes Jahr lang. Bemerkenswert sind auch jene Jugendlichen, die erst ein halbes oder ein Jahr nach dem Kurs von einer gelungenen Umsetzung ihres Zieles berichten. Erstaunlich ist der Umsetzungserfolg dieser «Spätzünder» vor allem deshalb, weil im ZRM davon ausgegangen wird, dass ein baldiger Erfolg das Selbstwirksamkeitserleben und die Motivation zur Zielumsetzung steigert. Demnach muss ihr Weg schwieriger gewesen sein als der von den Jugendlichen, die einen schnellen Erfolg verzeichnen konnten. Nur zwei Jugendliche konnten ihre Ziel zu keinem Zeitpunkt in Handlung umsetzen. Dafür, dass einige Kursteilnehmende keine Veränderungen bei sich wahrnahmen, ihre Ziele nicht in Handlung umsetzen konnten und sie den Alltag nicht anders zu bewältigen schienen als vorher, gibt es Erklärungen. Einerseits ist es so – und das ist durchaus legitim – dass einige Personen mit dem ZRM schlicht nichts anfangen können. Dies schien bei ein paar Jugendlichen der Fall zu sein. Ferner könnten Mängel in der «präaktionalen Vorbereitung» (Storch & Krause, 2002, S. 67) bestanden haben. Neu entwickelte Intentionen wurden möglicherweise nicht in den impliziten Modus überführt. Denn implizites Wissen wird über zwei Wege gelernt. Der erste, die Bildung von Automatismen, erfolgt über häufige Wiederholung, Üben und Training. Hier haben einige der Jugendlichen mit Sicherheit zu wenig investiert. Der zweite Weg, um neu entwickelte Intentionen in den impliziten Modus zu überführen, sind so genannte Primingprozesse. So ist davon auszugehen, dass die meisten Kursteilnehmenden ihr Umfeld zu wenig systematisch mit Erinnerungshilfen ausgestattet haben.

Was den *Ressourceneinsatz* anbelangt, zeigt sich ein deutlicher Rückgang über die Zeit hinweg. Setzten unmittelbar nach dem Kurs noch elf Kursteilnehmende Ressourcen aus dem ZRM ein, so sind es ein halbes Jahr nach dem Kurs gleich viele, die keine mehr einsetzen oder keine mehr benötigen. Trotz zweier Folgekurse – in denen die Jugendlichen im Sinne der Transfersicherung sowohl persönlich gecoacht als auch Abmachungen in der Klasse getroffen wurden, sich gegenseitig an seine Ressourcen zu erinnern – wurde ein halbes Jahr nach dem Kurs nur noch in vier Fällen von Ressourcen berichtet. Dies könnte den längerfristigen Erfolg bei der Umsetzung des Zieles beeinträchtigt haben. Daher ist es schon erstaunlich, dass über alle Befragungszeitpunkte etwa gleich viele Jugendliche einen Umsetzungserfolg verzeichneten. Allerdings handelt es sich bei den Erfolgreichen ein halbes Jahr nach dem Kurs (mit einer Ausnahme) um dieselben Jugendlichen, die auch noch Ressourcen einsetzten. Ein Jahr nach dem Kurs werden zwar gar keine Ressourcen (zumindest nicht bewusst) mehr eingesetzt, doch gelingt der Transfer dennoch bei sechs Teilnehmenden. Dieser Zusammenhang legt die Hypothese nahe, dass der (bewusste) Ressourceneinsatz zwar eine notwenige aber keine hinreichende Erklärung für eine erfolgreiche Zielumsetzung darstellt. Dafür, dass keine Ressourcen mehr eingesetzt wurden, gibt es unterschiedliche Erklärungen: Die einen verzichteten anscheinend bewusst darauf, weil sie keinen Nutzen darin sahen, andere vergaßen sie. Teilweise wurden die Ressourcen nicht mehr benötigt und in ein paar Fällen kann davon ausgegangen werden, dass sich ihr Ressourceneinsatz automatisiert hat und daher unbewusst geschieht.

4.2 Diskussion der Ergebnisse: Fragekomplex 2

Unterstützt der ZRM-Kurs den Aufbau von Kontrollüberzeugungen?

Folgende Treatmenteffekte konnten mittels *Fragebogen zu Kompetenz- und Kontrollüberzeugungen* (FKK) bei der Treatmentgruppe bezüglich zweier Einzelitems nachgewiesen werden:

- ein Zuwachs von Handlungsalternativen und ein höheres Selbstvertrauen (Dimension Selbstkonzept eigener Fähigkeiten)
- eine Unterstützung darin, sich und das Leben als weniger abhängig von anderen Menschen beziehungsweise sich emotional wenig vom Verhalten anderer abhängig zu sehen (Dimension Soziale Externalität).

Gewisse Erfolge hinsichtlich internaler Kontrollüberzeugungen sind somit zu verzeichnen. Allein die Tatsache, dass das Selbstvertrauen sich vergrößerte, deutet auf eine positive Tendenz in der Entwicklung internaler Kontrollüberzeugungen hin: Denn zwischen größerem Selbstvertrauen und höheren internalen Kontrollüberzeugungen besteht ein direkter Zusammenhang. Auch der Hinweis, dass Jugendliche Ereignisse im Leben als weniger fremdverursacht sehen, ist erfreulich. Denn Jugendliche, die sich emotional wenig vom Verhalten abhängig und sich durch mächtige Andere nicht beeinträchtigt fühlen, sind auch Gruppendruck und anderen einengenden Einflüssen gegenüber resistenter.

Es fällt auf, dass weder bei den T-Tests noch im varianzanalytischen Vergleich der Daten der fünf Erhebungszeitpunkte Summenscores signifikant wurden. Ob nun ein ZRM-Kurs den Aufbau generalisierter internaler Kontrollüberzeugungen bei Jugendlichen tatsächlich nicht positiv beeinflusst, kann jedoch nicht abschließend beantwortet werden. Eventuell ließen sich hier aufgrund eines veränderten Untersuchungsdesigns oder eines modifizierten Kurshandbuches andere Ergebnisse ermitteln. Schließlich ist den qualitativen Analysen der schriftlichen Fragen sowie den Interviews zu entnehmen, dass die Jugendlichen ein halbes Jahr und ein Jahr nach dem Kurs immer weniger an die Kursinhalte dachten. Umso bemerkenswerter sind daher die beiden mittel- sowie langfristigen Erfolge bezüglich einzelner Komponenten des Kontrollerlebens.

Ist der ZRM-Kurs in der Lage, das subjektive Wohlbefinden positiv zu beeinflussen?

Folgende Treatmenteffekte konnten mittels *Berner Fragebogen zum Wohlbefinden Jugendlicher* (BFW/J) und der *Skala Zufriedenheit mit sich selbst* bei der Treatmentgruppe nachgewiesen werden:

- eine allgemein positivere Lebenseinstellung gegenüber Ereignissen und das Gefühl sowie die persönliche Überzeugung, ein sinnvolles Leben zu führen (Dimension Positive Lebenseinstellung, BFW/J)
- die Überzeugung, seine Zeit besser einzusetzen und eine gewisse Tendenz, über weniger depressive Stimmungen zu berichten (Dimension Depressive Stimmung, BFW/J)
- eine höhere allgemeine Zufriedenheit (BFW/J)
- eine größere Lebensfreude, eine bedeutend positivere Wertschätzung gegenüber dem Leben und ein stärkeres Gefühl, dass die Dinge nach ihren Wünschen laufen (Dimension Lebensfreude, BFW/J)
- Unterstützung des gesundheitlichen Wohlbefindens und zwar in dem Sinne, dass über weniger Absenzen berichtet wird (Dimension Körperliche Beschwerden, BFW/J)
- ein höherer Klassenzusammenhalt, ein größeres gegenseitiges Vertrauen und eine gute Atmosphäre in der Klasse sowie die Tendenz, sich in der Klasse beliebter und wohler zu fühlen (Skala Zufriedenheit mit sich selbst).

Die Frage, ob der ZRM-Kurs das subjektive Wohlbefinden positiv beeinflusst, kann somit bejaht werden. Hervorzuheben ist, dass sich – neben erfreulichen Ergebnissen bei den berichteten Einzelitems – auch die allgemeine Zufriedenheit sowohl über alle Dimensionen des BFW/J als auch im varianzanalytischen Vergleich der Daten der fünf Erhebungszeitpunkte signifikant zeigte.

Sind die durch den Kurs erreichten Effekte überdauernd?

Die vorliegende Untersuchung stellt eine Langzeitstudie dar, die es sich zum Ziel gesetzt hat, längerfristige Erfolge des ZRM-Kurses mit Jugendlichen zu untersuchen. Wie erwähnt, wurden im Verlauf der Zeit immer weniger Ressourcen aus dem ZRM eingesetzt. Bemerkenswert ist, dass der Transfer dennoch gelang und langfristig nicht nur den Jugendlichen, die ihr Ziel bereits unmittelbar nach dem Kurs in Taten umsetzen konnten. Jene Kursteilnehmenden, die ihr Ziel zu jenem Zeitpunkt «noch nicht» beziehungsweise «nicht groß» umgesetzt hatten oder versuchen wollten, in Zukunft öfters im Einklang mit ihrem Ziel zu handeln, haben dies in fünf Fällen ein halbes oder ein Jahr nach dem Kurs doch noch getan. Darum ist es unerlässlich, der *Transfersicherung* in der Arbeit mit Jugendlichen große Bedeutung beizumessen. Gewisse positive Effekte, die erreicht wurden, dauerten leider nicht über ein Jahr hinweg an. Insbesondere Jugendliche müssen weiterhin begleitet werden und über verschiedene personale wie soziale Strategien verfügen, ihr Ziel erfolgreich in Taten umzusetzen. Aus diesem Grund sind Follow-up-Kurse, in denen Erfahrungen ausgetauscht, die Ressourcen überprüft, Fragen geklärt und weitere Rollenspiele erprobt werden können, unerlässlich. Auch sollte die Lehrkraft so einbezogen werden, dass sie den Transfer des im Kurs Gelernten unterstützen kann.

In den Variablengruppen der Erhebungsinstrumente *Fragebogen zu Kompetenz- und Kontrollüberzeugungen* (FKK), *Berner Fragebogen zum Wohlbefinden Jugendlicher* (BFW/J) sowie in der Skala *Zufriedenheit mit sich selbst* ließen sich neben kurzfristigen Treatmenteffekten auch mittel- und langfristige positive Effekte finden. Dies ist auch so erwartet worden. Denn das ZRM arbeitet ja gerade damit, neuronale Netz anzulegen, die ausreichend genutzt werden müssen, um im Alltag handlungswirksam zu werden. Da es sich hierbei um einen langfristigen, sukzessiven Prozess handelt, in dem Veränderungen zudem von den eigenen und somit bekannten, wenig überraschenden Ressourcen ausgehen, sind während und beziehungsweise unmittelbar nach dem Kurs noch weniger deutliche Effekte zu erwarten. Umso erfreulicher sind die positiven Effekte, welche sich bereits zu diesem Zeitpunkt einstellten.

Die Tatsache, dass die Mehrzahl der zur Befragung eingesetzten Items keine signifikanten Daten lieferte, kann mit der kleinen Stichprobe begründet werden. Die Daten der vierzehn Jugendlichen der Treatmentgruppe liefern eine relativ schwache Basis für generalisierte Aussagen. Zuverlässige empirische Aussagen bezüglich Treatmenteffekten ließen sich auf der Grundlage einer wesentlich größeren Stichprobe treffen, die eine höhere Resistenz gegen verzerrende Faktoren aufweisen würde.

Werden alle an der Untersuchung beteiligten Jugendlichen betrachtet, so streuen die individuellen Skalenwerte. Vor allem die Differenzen dieser Werte zwischen den fünf Befragungszeitpunkten weisen eine beachtliche Streuung auf. Zum Teil waren die Werte beim dritten, vierten und fünften Messzeitpunkt höher, zum Teil ähnlich und bei einigen Personen auch tiefer als zum ersten und zweiten Zeitpunkt (Base Line). Diese Unterschiede verteilten sich jedoch mehr oder weniger auf die Treatmentgruppe und die Kontrollgruppe.

Anmerkungen

(1) So konnte beispielsweise Kobasa (1979; 1982; 1983; zitiert nach Flammer, 1990, S. 105ff.) in ihrem *Hardiness-Konzept* zeigen, dass Manager, die auch hohe Belastungen gesund überstehen, ihren Anforderungen gegenüber eine positive Einstellung haben. Sie finden in ihrer Arbeit einen persönlichen Sinn, haben klare Ziele, widmen sich ihrer Aufgabe entschlossen und sind überzeugt, sie zu meistern. Veränderungen und unerwartete Ereignisse sind für sie Herausforderungen und nicht Bedrohungen. Diese «harten» Persönlichkeitstypen besitzen im Gegensatz zum krankheitsanfälligen Typen eine höhere Selbstverpflichtung, mehr Selbstsicherheit und mehr Vertrauen in die eigenen Kompetenzen (Kobasa & Puccetti, 1983; zitiert nach Flammer, 1990).

(2) In der Schweiz werden SchülerInnen in verschiedenen Kantonen im Rahmen der Sekundarstufe I in einer integrierten Form in heterogenen, das heißt nicht nach Leistung getrennten Stammklassen unterrichtet. In den Fächern Deutsch, Französisch, Englisch und Mathematik findet ein Niveauunterricht mit einfachen (e) und hohen (h) Anforderungen statt, wobei ein Wechsel von einer Niveaugruppe in die andere während der gesamten Schulzeit möglich ist. Da bei der Klasseneinteilung auf eine möglichst heterogene Durchmischung unterschiedlicher Leistungsniveaus geachtet wird, kann davon ausgegangen werden, dass sich die Jugendlichen der Treatmentgruppe hinsichtlich ihres Leistungsniveaus nicht von den Jugendlichen der Kontrollgruppe unterscheiden. Allerdings musste bei den Kursvorbereitungen berücksichtigt werden, dass die individuellen kognitiven Voraussetzungen, welche die Kursteilnehmenden mitbringen würden, aufgrund der äusserst heterogenen Klassenzusammensetzung sehr unterschiedlich sein würden.

(3) Aufgrund seiner guten Eignung zur Erfassung stabiler Persönlichkeitsmerkmale wurde zur Beschreibung der vorliegenden Stichprobe das *Neo-Fünf-Faktoren Inventar* von Borkenau & Ostendorf (1993) verwendet. Es handelt sich um die deutsche Übersetzung des «Neo-Five-Factor Inventory» (NEO-FFI) von Costa & McCrae (1989, 1992), deren Einsatz aufgrund einer Studie von De Fruyt et al. (2000) auch bei 14-Jährigen möglich ist.

Literatur

Bandura, A. (1986). *Social foundations of thought and action.* Englewood Cliffs. Prentice Hall: NJ.

Becker, P. (1991).Theoretische Grundlagen. In Abele, A. & Becker, P. (Hrsg.): *Wohlbefinden. Theorie – Empirie – Diagnostik* (13–49). Juventa: Weinheim.

Bradburn, N.M. (1969): *The structure of psychological well-being.* Aldine: Chicago.

Borkenau, P. & Ostendorf, F. (1993). *NEO-Fünf-Faktoren Inventar (Neo-FFI) nach Costa und McCrae. Handanweisung.* Verlag für Psychologie: Göttingen.

Costa, P. T. & McCrae, R. R. (1989). *The NEO PI/FFI manual supplement.* Psychological Assessment Resources: Odessa, Florida.

Costa, P. T. & McCrae, R. R. (1992). *Revised NEO Personality Inventory (NEO PI-R) and NEO Five Factor Inventory. Professional Manual.* Psychological Assessment Resources: Odessa, Florida.

Damasio, A. (1994). *Descartes' Irrtum. Fühlen, Denken und das menschliche Gehirn.* List: München.

De Fruyt, F. Mervielde, I., Hoekstra, H. & Rolland, J.-P. (2000). Assessing Adolescents' Personality with the NEO PI-R. *Assessment*, 7, 329–345.

Flammer, A. (1990). *Erfahrung der eigenen Wirksamkeit. Eine Einführung in die Psychologie der Kontrollmeinung.* Huber: Bern.

Flammer, A. (1995). Developmental analysis of control beliefs. In A. Bandura (Ed.), *Self-efficacy in changing societies* (p. 69–113). University Press: Cambridge.

Flammer, A., Grob, A. & Lüthi, R. (1992). *Kontrollattributionen bei Jugendlichen.* Forschungsbericht aus dem psychologischen Institut der Universität Bern: Bern.

Grob, A. (1990). *Meinungen im Umweltbereich und umweltgerechtes Verhalten.* Unveröffentlichte Dissertation. Universität Bern: Bern.

Grob, A. (1995). *BFW/J: Berner Fragebogen zum Wohlbefinden (Jugendliche).* Universität Bern, Institut für Psychologie: Bern.

Grob, A. & Jaschinski, U. (2003). *Erwachsen werden. Entwicklungspsychologie des Jugendalters.* Beltz: Weinheim, Basel.

Grob, A., Lüthi, R. & Flammer, A. (1986). Neues Instrument zur Erfassung der Zufriedenheit bei Jugendlichen. Poster. In Amelang, M. (Hrsg.). *Be-*

richt über den 35. Kongress der DGfP in Heidelberg. Bd. 1. Hogrefe: Göttingen.

Grob, A., Lüthi, R., Kaiser, F. G., Flammer, A., Mackinnon, A., & Wearing, A.J. (1991). Berner Fragebogen zum Wohlbefinden Jugendlicher (BFW). *Diagnostica*, 37, 66–75.

Headey, B., Holmström, E., Wearing, A.J. (1984). Well-being and ill-being: Different dimensions? *Social Indicators Research*, 14, 115–139.

Kobasa, S.C. (1979). Stressful Live Events, Personality and Health: An Inquiry into Hardiness. *Journal of Personality and Social Psychology*, 37, 1–11.

Kobasa, S.C. (1982) Commitment and coping in stress-resistance among lawyers. *Journal of Personality and Social Psychology*, 42, 707–717.

Kobasa, S.C. (1983) The hardy personality: Toward a social psychology of stress and health. In Sanders, G.S., Suls, J., Eds., *Social psychology of health and illness*. Lawrence Erlbaum: Hillsdale, N.J.

Kobasa, S.C., Puccetti, M.C. (1983) Personality and social resources in stress resistance. *Journal of Personality and Social Psychology*, 45, 839–850.

Krampen, G. (1987). *Handlungstheoretische Persönlichkeitspsychologie*. Hogrefe: Göttingen.

Krampen, G. (1991). *Fragebogen zu Kompetenz- und Kontrollüberzeugungen (FKK)*. Handanweisung. Göttingen: Hogrefe.

Lüthi, R., Grob, A., Flammer, A. (1989) Differenzierte Erfassung bereichs*spezifischer Kontrollmeinungen bei Jugendlichen. In Krampen, G. (Hrsg.). Diagnostik von Attributionen und Kontrollüberzeugungen*, 134–145. Hogrefe: Göttingen.

Mayring, P. (1988). Kontrollüberzeugungen. In Brüderl, L. (Hrsg.). *Theorien und Methoden der Bewältigungsforschung*. (139–149). Juventa: Weinheim.

Nordlohne, E. & Kolip, P. (1994). Gesundheits- und Krankheitskonzepte 14- bis 17-jähriger Jugendlicher: Ergebnisse einer repräsentativen Jugendbefragung. In Kolip, P. (1994). *Lebenslust und Wohlbefinden. Beiträge zur geschlechtsspezifischen Jugendgesundheitsforschung*. Juventa: Weinheim.

O'Leary, A. (1985). Self-efficacy and health. *Behavioral Research Therapy*, 23, 437–451.

Perrig-Chiello, P. (1997). *Wohlbefinden im Alter. Körperliche, psychische und soziale Determinanten und Ressourcen*. Juventa: Weinheim.

Riedener, A. (2002). *Zürcher Ressourcen Modell mit Jugendlichen in der frühen Adoleszenz - Untersuchung der Veränderung von Kontrollüberzeugungen und des Wohlbefindens von 14-Jährigen aufgrund eines Persönlichkeitstrainings*. Unveröffentlichte Lizentiatsarbeit. Universität Zürich. Pädagogisches Institut: Zürich.

Röhrle, B. (2002). *Prävention und Gesundheitsförderung*. Dgvt-Verlag: Tübingen.

Rotter, J.B. (1954). *Social Learning and Clinical Psychology*. Englewood Cliffs. Prentice Hall: NJ.

Schumacher, J. (2003). *Diagnostische Verfahren zu Lebensqualität und Wohlbefinden*. Hogrefe: Göttingen.

Schwarzer, R. (1987). *Stress, Angst und Hilflosigkeit*. Kohlhammer: Stuttgart.

Schwarzer, R. (1996). *Psychologie des Gesundheitsverhaltens*. Hogrefe: Göttingen.

Siddique, C. M., & D'Arcy, C. (1984). Adolescence, stress, and psychological well-being. *Journal of Youth and Adolescence*. 13, 459–473.

Silbereisen, R. K. & Montada, L. (1983). *Entwicklungspsychologie. Ein Handbuch in Schlüsselbegriffen*. Urban & Schwarzenberg: München.

Soravia, L.M. (2002). *Emotionsregulation und Wohlbefinden. Der Einfluss von Emotionsregulationsstrategien auf das subjektive Wohlbefinden bei unauffälligen, klinisch-auffälligen sowie verhaltensauffälligen Kindern und Jugendlichen im Umgang mit negativen Gefühlen*. Unveröffentlichte Lizentiatsarbeit, Universität Bern: Bern.

Storch, M. & Krause, F. (2002). *Selbstmanagement – ressourcenorientiert. Grundlagen und Trainingsmanual für die Arbeit mit dem Zürcher Ressourcen Modell*. Huber: Bern.

Weinmann, M., Bader, J.-P., Endrass, J., Hell, D. (2001). Sind Kompetenz- und Kontrollüberzeugungen depressionsabhängig? Eine Verlaufsuntersuchung. *Zeitschrift für Klinische Psychologie und Psychotherapie*. Vol. 30 (3) 153–158.

Wortman, C. B., & Brehm, J. W. (1975). Response to uncontrollable outcomes. In Berkowitz, L. (ed.). *Advances in experimental social psychology*. Vol. 8. Academic: New York.

Anhang

Einladung zum Kopieren und Kooperieren

Auch wenn der Begriff Zürcher Ressourcen Modell ZRM® markenrechtlich geschützt ist, so ist das ZRM-Training selbst als «Open Source» konzipiert. Das heißt, wir stellen KollegInnen ein Verfahren zur Verfügung, das jede(r) NutzerIn übernehmen oder nach Bedarf modifizieren kann.

Wir laden daher ein, die folgenden Vorlagen zu kopieren und/oder sie gemäß Ihrem persönlichen Stil und Ihren Bedürfnissen abzuändern, zu ergänzen, usw.

Wir freuen uns,

wenn Sie auf das ZRM und seine Autoren als Quelle verweisen und wenn Sie uns Ihre Erfahrungen und Ideen zur Optimierung des Trainings mitteilen.

E-mail-Adresse: feedback@zrm.ch

Ja-Kopiervorlagen

Zürcher Ressourcen Modell

ZRM®

ZRM-Kurs

Dieses Kursheft gehört:

Meine Wahl

Diese Verhaltensweise möchte ich bearbeiten:

In folgender Situation tritt die unerwünschte Verhaltensweise auf:

Meine Tipps vom Unbewußten nutzen

Meine Lieblingsideen aus dem Ideenkorb:

Meine eigenen Ideen dazu:

Meine Entwicklung – Mein Entwurf

Dies sind meine Lieblingsideen:

Diese Verhaltensweise möchte ich bearbeiten:

So kann das gehen:
Meine Zusammenfassung, erster Entwurf

Leitfrage: wie möchte ich mich entwickeln?

Mein Ziel in Form bringen

Mein Entwicklungs-Entwurf:

Ergibt, umgeformt anhand der 3 Kernkriterien

- positiv bzw. als Annäherungsziel formuliert!
- 100 Prozent unter deiner eigenen Kontrolle!
- motivierend, inspirierend, positiver somatischer Marker!

Mein Ziel, Probefassung:

Mein Ziel in der (heute) endgültigen Fassung:

Ziele handlungswirksam formulieren

Erinnere dich nochmals an dein Bild und an dein Thema.

Für diese Phase gilt grundsätzlich, dass deiner Fantasie keine Grenzen gesetzt sind. Alles ist möglich, du hast sämtliche Möglichkeiten, dir deine Zukunft zu erschaffen. Du darfst wünschen, wie an Geburtstag und Weihnachten zusammen! Packe ruhig auch "scheinbare" Gegensätze in deine Zielformulierung, wenn es für dich stimmt. Ist dein Wunschzettel zu lang, dann suche Symbole!

Neben den **drei Kernkriterien**...

- positiv bzw. als Annäherungsziel formuliert!

- 100 Prozent unter deiner eigenen Kontrolle!

- motivierend, inspirierend, positiver somatischer Marker!

....gilt es, **auch folgende Punkte zu beachten:**

- Formuliere positiv ("Ich bin mutig" statt "Ich bin nicht mehr ängstlich").
- Formuliere "Ist-Zustände" ("Ich bin mutig..." statt "Ich will mutiger werden").
- Falls sie spontan auftauchen, können auch Symbole oder Metaphern verwendet werden ("Ich bin mutig wie ein Wolf").
- Formuliere dein Ziel in deiner Muttersprache!

Ziel mit Hilfe der Gefühle und des somatischen Markers überprüfen

- Wenn ich mir vorstelle, ich hätte mein Ziel erreicht, gefalle ich mir dann?
- Fühle ich mich gut mit meiner Zielformulierung?
- Ist meine Zielformulierung für mich motivierend? Macht sie mir Spass?
- Ist meine Zielformulierung für mich inspirierend, bereichert sie mein Leben?
- Freue ich mich drauf, mein Ziel in Handlung umzusetzen?

Mein persönlicher Ressourcenpool

Mein Ziel:

Mein Bild:

Meine Erinnerungshilfen:

Meine körperlichen Ressourcen:

Menschen, die mich unterstützen:

Meine Ressourcen-Tankstelle:

Meine Warnsignale und Stopp-Befehle:

Mein selbstbestimmtes Gehirn

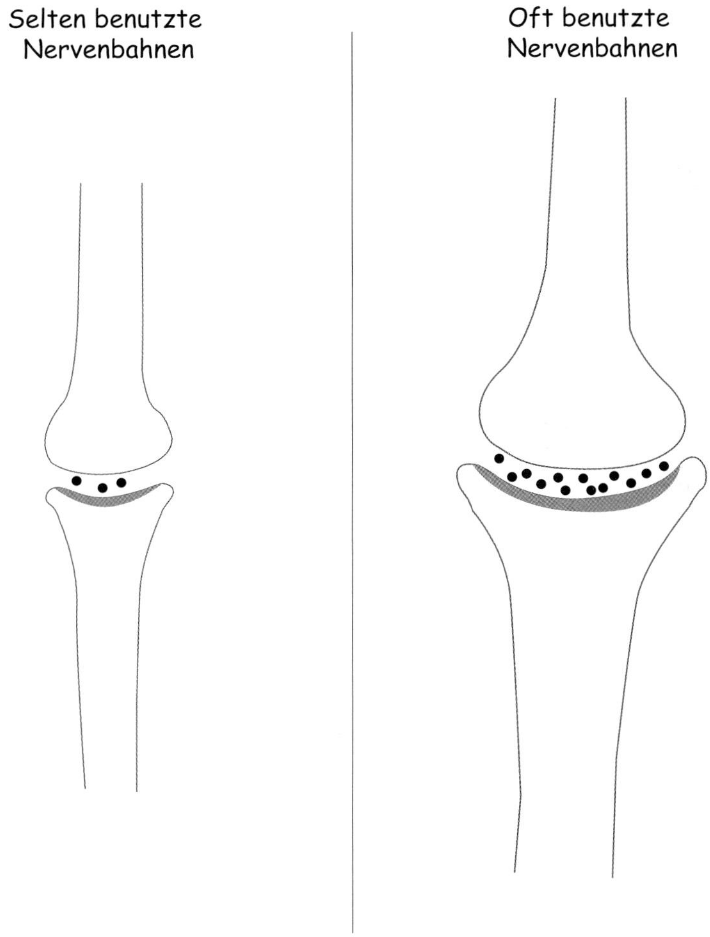

Mein Ziel lebendig verkörpern

Wie verändert sich dein Körper, wenn dein Ziel in dir lebendig wird?

Nimm alles zur Hilfe, was an Erinnerungshilfen nützlich ist
(dein Bild, deinen Zielsatz, dein Thema, Landschaft, Tier, Farbe, Duft, etc.).

Checke durch (erst im Stehen, dann, falls erforderlich, im Sitzen):

äussere Merkmale:

- Stand, Stellung der Füsse
- Waden, Knie, Oberschenkel
- Becken, Bauch, Brustraum
- Rücken, Schultern, Hände
- Kopfhaltung, Blick

innere Merkmale:

- Atmung
- Spannungszustand der Muskeln
- Temperaturwahrnehmungen
- „zugehörige" Farben, Geräusche, Gerüche, Bilder
- alles, was spontan auftaucht

Meine körperlichen Ressourcen

äussere Merkmale	innere Merkmale

Meine körperlichen Ressourcen

Zeichne in die Figur deine Körperressourcen ein!

Achte dabei auf äussere Merkmale und auf deine inneren Vorgänge (Haltung, Atmung, Farben, Gefühle, Energien, zugehörige Symbole, hinzugedachte Umgebungsmerkmale, etc.)

Meine körperlichen Ressourcen

Zeichne in die Figur deine Körperressourcen ein!

Achte dabei auf äussere Merkmale und auf deine inneren Vorgänge (Haltung, Atmung, Farben, Gefühle, Energien, zugehörige Symbole, hinzugedachte Umgebungsmerkmale, etc.)

Meine Mini-Bewegung

Die Situation, in der ich meine Körper-Ressourcen verwenden will:

Meine Mini-Bewegung

Meine Mini-Bewegung

Die Situation, in der ich meine Körper-Ressourcen verwenden will:

Meine Mini-Bewegung

Eine Situation, in der ich neu handeln möchte

Situation:
(schwieriges Gespräch mit Freund/in, Eltern, Vortrag in Schule etc.)

Beteiligte Personen:
(Zahl, Beziehung zu mir etc.)

Ort & wichtige Rahmenbedingungen:
(Zeitdruck, Anwesenheit anderer etc.)

So habe ich mich bisher in dieser Situation gefühlt:

So will ich mich neu fühlen und verhalten:

Diese Elemente meines Ressourcenpools setze ich ein

Ressourcentankstelle:

Wo?

Wann tanke ich?

Erinnerungshilfen:

Mobile:

Stationäre:

Körper-Ressource:

Mini-Bewegung:

Hilfreiche Menschen:

Mein Weg im Kurs

Mein Start

Mein Bild aus der Bildkartei:

Mein Weg

Meine Zielformulierung:

Meine wichtigsten Ressourcen:

Da stehe ich jetzt

Mein selbstgemaltes Ressourcenbild:

Mein Sicherungssystem – Mein Buddy

So sichere ich selbst die Umsetzung meiner Ziele:

Vereinbarung
So unterstützt mich mein Buddy dabei:

Gesprächsleitfaden für die Buddy-Arbeit

Vereinbarung:

Wie lautete die Vereinbarung, die ich mit meinem Buddy in der letzten ZRM-Trainingsphase getroffen habe?

Ziel:

Stimmt mein Ziel noch? Oder muss ich es eventuell anpassen? Wie müsste es neu lauten?

Ressourcen:

Welche Ressourcen setze ich noch ein? Hat sich etwas verändert, möchte ich darum andere, neue Ressourcen einsetzen? Wie genau und wann möchte ich diese einsetzen?

Taten:

Handle ich so, wie ich es mir im Kurs vorgenommen habe? Kann ich mein Ziel in Taten umsetzen?

Elchtest

Mein Haupthindernis:

Meine Gegenmaßnahmen:

Mein Ideenkorb

Zürcher Ressourcen Modell ZRM®

Zertifikat

hat das **Zürcher-Ressourcen-Modell**-Training absolviert und beherrscht alle Regeln und Kniffe für ein lustvolles Selbstmanagement.
Sie/er kann selbst motivierende und unter eigener Kontrolle liegende Ziele entwickeln und diese mit eigenen Kräften in Taten umsetzen.

Ort, Datum:

die ZRM-Kursleitung:

Jj-Kopiervorlagen

Zürcher Ressourcen Modell

ZRM®

ZRM-Kurs

Dieses Kursheft gehört:

Dieses Thema will ich bearbeiten:

Wie will ich gerne sein?

Wunsch-element	Meine Lieblingsideen: eigene	Meine Lieblingsideen: aus dem Ideenkorb

So will ich sein!

Ich will sein, wie ein/eine

Mein Motto

Meine Lieblingsideen:

Mein Motto, 1. Fassung:

Mein Motto, 2. Fassung:

Mein Motto, (für heute)
endgültige Fassung

Mein Passwort

Meine Lieblingsideen:

Mein Passwort, 1. Fassung:

Mein Passwort, 2. Fassung:

Mein Passwort, (für heute) endgültige Fassung

Mein Logo

Meine Lieblingsideen:

Mein Logo – Platz für Entwürfe

Mein Logo

Mein Wunsch wird Wirklichkeit

Mein selbstbestimmtes Gehirn

Selten benutzte Nervenbahnen

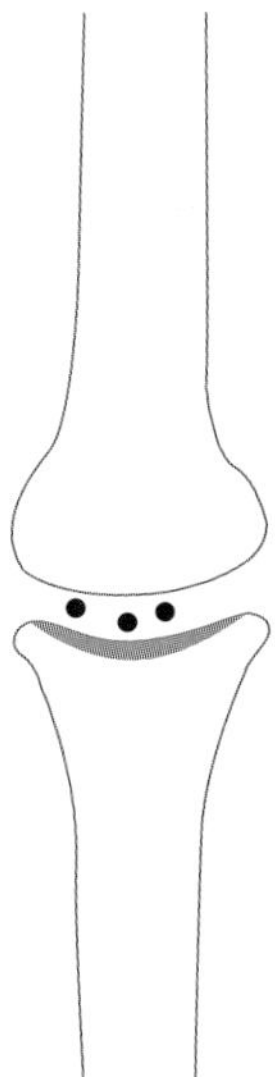

Oft benutzte Nervenbahnen

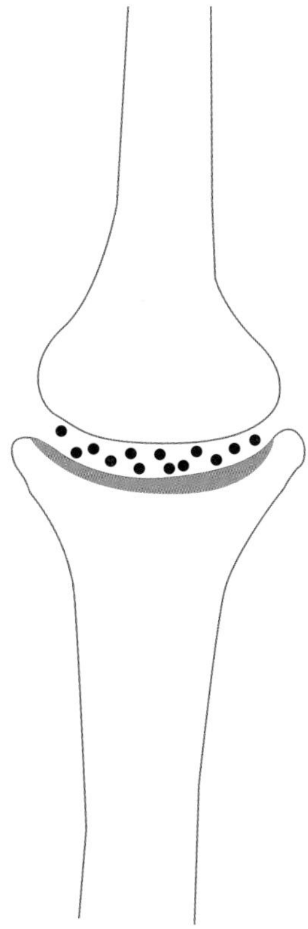

Krafttraining für mein Gehirn

Musik:

Kleidung:

Geruch:

Gegenstand:

Pflanze:

Tier:

anderes:

Mein Wunschkörper

Mein Wunschkörper

Meine Mini-Bewegung

Meine Mini-Bewegung

So bringe ich mich neu ins Spiel!

Drehbuch von ______________________________ für's Rollenspiel

Ort:

Zeit:

Beteiligte Personen:

Situation:

Einsatz von

- Motto/Logo/Passwort:
- Krafttrainings-Elemente:
- Wunschkörper/Minibewegung:

Ablauf:

Elchtest

Mein Haupthindernis:

Meine Gegenmaßnahmen:

Mein Ideenkorb

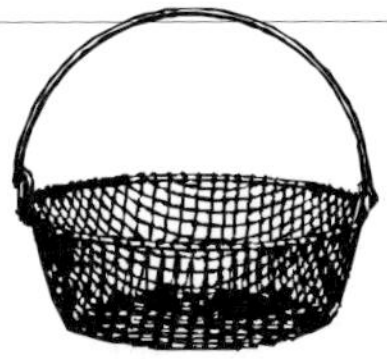

Zertifikat

hat das **Zürcher-Ressourcen-Modell**-Training absolviert und beherrscht alle Regeln und Kniffe für ein lustvolles Selbstmanagement.
Sie/er kann selbst motivierende und unter eigener Kontrolle liegende Ziele entwickeln und diese mit eigenen Kräften in Taten umsetzen.

Ort, Datum:

die ZRM-Kursleitung:

Ich packs! – Selbstmanagement für Jugendliche mit dem Zürcher Ressourcen Modell ZRM®

Liebe Eltern,

möglicherweise sind Ihnen bei Ihrer Tochter/Ihrem Sohn in letzter Zeit einige Veränderungen in ihrer/seiner Verhaltensweise aufgefallen:

- Regeln und Abmachungen, die früher selbstverständlich waren, werden seit Neuestem in Frage gestellt oder gleich ganz ignoriert.
- Die Kommunikationsbereitschaft Ihres Kindes tendiert Richtung Null.
- Blitzschnelle, unerklärliche Stimmungsumschwünge sind Alltag.

Seien Sie beruhigt, aus wissenschaftlicher Sicht ist das alles völlig in Ordnung. Ihr Kind entwickelt sich vermutlich normal, denn das Gehirn und die Psyche Ihres Zöglings befinden sich derzeit in einer Umbauphase. Altes und Bewährtes wird in Frage gestellt und Neues, sei es in den Augen von Erwachsenen auch noch so unsinnig und nutzlos, muss ausprobiert werden.

Da aber diese Umbauphase nicht nur Sie, sondern auch Ihr heranwachsendes Kind verunsichern kann, ist es hilfreich für Ihr Kind herauszufinden, wo seine Stärken liegen, welche Standpunkte ihm wichtig sind und wie und auf welche Art & Weise es sich zu seiner Umgebung, seinen Freunden, seiner Familie, den Lehrern, in Beziehung setzen kann.

Mit dem ZRM für Jugendliche wurde für die Universität Zürich ein Selbstmanagement-Training entwickelt, mit dem Jugendlichen eine Möglichkeit an die Hand gegeben wird, auf spielerische und motivierende Art ihre individuelle Persönlichkeit mit all ihren Bedürfnissen und Fähigkeiten zu erforschen, sich klare Ziele zu formulieren und im Alltag realistisch umzusetzen.

Dabei unterstützen sich die Klassenkameraden gegenseitig, so lernt Ihr Kind Hilfe zu geben und Hilfe anzunehmen. Die Jugendlichen werden zu Selbst-expertInnen, die später auch als Erwachsene in der Lage sind, Veränderungen in ihrem Leben mit ihren persönlichen Werten abzugleichen, zu modifizieren und konstruktiv in ihre Persönlichkeit zu integrieren

Die Kursdaten:

_ _

Follow-up-Kurs: _

Herr/Frau _ wird den Kurs begleiten und bei Gruppenarbeiten assistieren.

weitere Informationen über ZRM unter www.ZRM.ch

Liebe Teilnehmer/innen des ZRM Trainings,

ihr werdet in den nächsten Tagen eine Methode erlernen, wie ihr eure Handlungen zielgerichtet steuern können. Automatisches Reagieren wird durch gewünschtes Handeln ersetzt.

Wir können die gemeinsame Zeit optimal nutzen, wenn ihr schon vor dem Training damit beginnt, eine Art Logbuch zu führen. Eure Aufzeichnungen müssen nicht ausführlich sein, ein paar Notizen genügen. Wichtig ist nur, dass euch eure Notizen im Training dann als Erinnerungshilfen dienen können.

Die Notizen sollten enthalten:

1. Situationen, in denen ihr euch auf eine Art und Weise verhalten habt, die euch selbst missfallen hat.
2. Die Gefühlslage, die durch diese Situation in euch ausgelöst wurde.
3. Eine Einschätzung der Stärke dieses Gefühls auf einer Skala von 0% - 100%
4. Eure Handlungswünsche, die ihr für euer Selbstmanagement gerne erarbeiten würdet.

Beispiel:

01.03.04/ 10 Uhr: Mein Schwarm hat mich angesprochen und ich habe nur gestottert und bin rot geworden.
Gefühl: Schüchternheit
Stärke: 95%
Handlungsalternative: Ruhig und gelassen plaudern können

02.03.04/ 13 Uhr: Auf dem Heimweg von 3 älteren Schülern geärgert worden.
Gefühl: Wut
Stärke: 80%
Handlungsalternative: Cool bleiben

Am meisten nützt dieses Logbuch, wenn ihr euch eure Notizen täglich macht. Im Training habt ihr dann eine Vielzahl von Situationen zur Verfügung, die aus euerm Alltag stammen - schulisch wie privat. Am Beispiel von einer Situation, die ihr im Training individuell auswählen könnt, erlernt ihr dann die Selbstmanagementmethode nach dem Zürcher Ressourcen Modell. Die verbleibenden Situationen könnt ihr später für euch alleine oder zu zweit mit einer Freundin / einem Freund bearbeiten.

Anbei eine Kopiervorlage eines möglichen Logbuches, wobei eurer Phantasie bei Ausgestaltung eures persönlichen Logbuches keine Grenzen gesetzt sind.

Wir freuen uns auf die gemeinsamen Tage !

Logbuch von ....

Situation ____________________

Gefühl ____________________

Stärke 0% ____________________ 100%

Handlungswunsch ____________________

Situation ____________________

Gefühl ____________________

Stärke 0% ____________________ 100%

Handlungswunsch ____________________

Situation ____________________

Gefühl ____________________

Stärke 0% ____________________ 100%

Handlungswunsch ____________________

Situation ____________________

Gefühl ____________________

Stärke 0% ____________________ 100%

Handlungswunsch ____________________

Logbuch von ....

Situationstyp **A** **B** **C**

Kurzbeschreibung
der Situation: -

Schwierigkeitsgrad 0% |———————— 50% ————————| 100%

Meine Reaktion war
von mir kontrollierbar:

überhaupt nicht ———————————————————— voll & ganz

Zufriedenheit
mit dem
Ergebnis

Situationstyp **A** **B** **C**

Kurzbeschreibung
der Situation: -

Schwierigkeitsgrad 0% |———————— 50% ————————| 100%

Meine Reaktion war
von mir kontrollierbar:

überhaupt nicht ———————————————————— voll & ganz

Zufriedenheit
mit dem
Ergebnis

Situationstyp **A** **B** **C**

Kurzbeschreibung
der Situation: -

Schwierigkeitsgrad 0% |———————— 50% ————————| 100%

Meine Reaktion war
von mir kontrollierbar:

überhaupt nicht ———————————————————— voll & ganz

Zufriedenheit
mit dem
Ergebnis

Chill-out & cool-down-Survialtipps (erste Hilfe bei Wutausbrüchen)

Wenn dein Blut in Wallung gerät, dann tu das Folgende:

1. Versuche, dir bewusst zu werden, wie du dich fühlst, und kurz innezuhalten. Es hilft, wenn du über dich selbst in der dritten Person nachdenkst. Also nicht. **Ich** bin ängstlich oder sauer, sondern **Rosa** fühlt sich ...
   Das klingt verrückt, aber es hilft, um Distanz zu gewinnen. Probier also, aus dir herauszutreten und dich selbst von aussen zu betrachten.

Und/Oder:

2. Halt den Mund und zähle langsam bis zehn.

Und/Oder:

3. Atme fünfmal tief durch die Nase, halte zwei Sekunden die Luft an und atme dann langsam aus.

Und/Oder:

4. Sag zu dir selbst: Ruhig bleiben, ruhig bleiben... Es geht vorbei, in ein paar Minuten fühle ich mich schon wieder ruhiger.

Und/Oder:

5. Versuche, langsam und flach in den Bauch zu atmen. Wenn du schnell und hoch in deiner Brust atmest, wirst du immer hektischer.

Und/Oder:

6. Geh kurz weg, um dich zu beruhigen. Sag zu den anderen, warum du verschwindest und dass du wieder zurückkommst.

Aus: Oomen, F. (2004). Wie überlebe ich mich selbst? (S. 119). Klopp Verlag: Hamburg.

Beispiele für unerwünschte Verhaltensweisen

A wie:
abweisend sein
ärgern
alleine gelassen fühlen
andere ausschliessen
anderen misstrauen
angeben
Angst haben vor
anstacheln
anpassen
auflehnen
Aufmerksamkeit erzwingen
auslachen
ausnützen
AussenseiterIn sein

B wie:
beschönigen
BesserwisserIn
bissig sein
Blackout

C wie:
Computer- und Fernsehsucht

D wie:
davonlaufen
dumm stellen
durchdrehen

E wie:
Eifersucht
Einsamkeit
enttäuscht sein
erfolglos sein
erpressen
Esssucht

F wie:
falsche Erwartungen
Faulheit
Feinde machen
Fingernägel beissen
Flucht vor...

G wie:
geizig sein
Geld verschwenden
Gewalt
gierig sein
Gleichgültigkeit
gutgläubig sein

H wie:
Hass
hilflos sein
hinausschieben (Hausübungn etc.)

I & J wie:
Illusion (falsche Vorstellung)
im Stress sein
immer nachgeben
ins Fettnäpfchen treten
jammern

K wie:
kraftlos sein

L wie:
lästig sein
Langeweile
Liebe erkaufen
lügen

M wie:
minderwertig fühlen
mutlos sein
mangelndes Vertrauen in sich selbst

N wie:
nichts verändern
neidisch sein
nervös sein
nicht für sich selbst sorgen
nicht genug bekommen

P wie:
Peinlichkeiten
plagen

S wie.
Scham
schimpfen
Sehnsucht
Selbstmitleid
Selbstzweifel
sich abhängig machen
sich ausgeschlossen fühlen
sich Feinde machen
sich nicht verstanden fühlen
sich nichts zutrauen
sich verletzen
sprachlos sein
stehlen
streiten
Süchte (Rauchen, Drogen, Alkohol, PC-Spielsucht...)

T wie:
Träumerei (im Unterricht)

U wie:
Unachtsamkeit
Unangenehmes aufschieben
undankbar sein
Unlust

unterdrücken
unverstanden fühlen

V wie:
Verantwortung abgeben
Vorurteile haben
vergessen
verzweifelt sein

W wie:
widersprechen
Widerstand gegen...
wütend sein...

Z wie:
zerstören
zornig sein
zurückweisen
zurückziehen
zu spät kommen

Nach: Demont, M. (1998). Schluss mit der Prüfungsangst! Verlag der Zürcher Kantonalen Mittelstufenkonferenz: Elgg. (Abdruck mit freundlicher Genehmigung des Verlags)

ZRM®

Aus- und Weiterbildung

Wir bieten ZRM-Trainings als offene und als Inhouse-Seminare an. Diese werden entweder von uns persönlich durchgeführt oder von ZRM-TrainerInnen, die wir selbst ausgebildet und qualifiziert haben. Ausserdem besteht die Möglichkeit der Ausbildung zur/zum ZRM-TrainerIn.

Weitere Informationen finden Sie auf unserer Homepage unter

www.zrm.ch

Literatur

Andersen, S.M. & Berk, M.S. (1998). Transference in everyday experience: Implications of experimental research for relevant clinical phenomena. Review of General Psychology, 2, 81–120.

Andreasen, N. (2002). Brave new brain. Geist, Gehirn, Genom. Springer: Heidelberg.

Antonovsky, A. (1990). Personality and health: Testing the sense of coherence model. In H.S. Friedman (Ed.), Personality and desease (155–177). Wiley: NewYork.

Bachmann, N. (1998). Die Entstehung von sozialen Ressourcen abhängig von Individuum und Kontext. Ergebnisse einer Multilevel-Analyse. Waxmann: Münster.

Bamberg, S. (2002). Helfen Implementionsintentionen, die Lücke zwischen Absicht und Verhalten zu überwinden? Zeitschrift für Sozialpsychologie, 33 (3), 143–155.

Bandura, A. (1977). Social learning theory. Englewood Cliffs, N. J.: Prentice Hall. (Deutsch: Sozialkognitive Lerntheorie. Klett–Cotta, 1979: Stuttgart.)

Bargh, J.A. (2002). Losing consciousness: Automatic influences on consumer judgment, behavior, and motivation. Journal of Consumer Research, 29, 280–285.

Bargh, J. & Chartrand, T. (2000). Studying the mind in the middle: A practical guide to priming and automaticity research. In H. Reis & C. Judd (Eds.). Handbook of research methods in social psychology (253–285). Cambridge University Press: New York.

Bargh, J.A., Gollwitzer, P.M., Lee-Chai, A., Brandollar, K. & Trötschel, R. (2001). The Automated Will: Nonconscious Activation and Pursuit of Behavioral Goals. Journal of Personality and Social Psychology, 81, 1014–1027.

Barkhaus, A. (1999). Theorie der Identität: Begriff und klassische theoretische Ansätze. In H. Dohrenbusch & J. Blickenstorfer (Hrsg.), Allgemeine Heilpädagogik – eine interdisziplinäre Einführung, 55–69. Edition SZH: Luzern.

Barkhaus, A., Mayer, M., Roughley, N. & Thürnau, D. (Hrsg.). (1999). Identität, Leiblichkeit, Normativität. Neue Horizonte anthropologischen Denkens. Suhrkamp: Frankfurt am Main.

Barkhaus, A. & Fleig, A. (Hrsg.). (2002). Grenzverläufe. Der Körper als Schnittstelle. Fink: München.

Bayer, U. & Gollwitzer, P. (2000). Selbst und Zielstreben. In W. Greve (Hrsg.). Psychologie des Selbst, 208–225. Beltz: Weinheim.

Bayer, U., Ferguson, M. & Gollwitzer, P. (2003). Voluntary action from the perspective of social-personality psychology. In S. Maasen, W. Prinz & G. Roth (Eds.). Voluntary action. Brains, minds, and sociality (86–113). Oxford University Press: New York.

Beck, U. (1994). Jenseits von Stand und Klasse? In U.Beck und E. Beck-Gernsheim (Hg.), Riskante Freiheiten (43–60). Franfurt: Suhrkamp.

Benz, S. (2003). Ein Vergleich zwischen Zielen nach Steve de Shazer und ZRM-Zielen. Unveröff. Seminararbeit, Pädagogisches Institut, Universität Zürich. (Diese Arbeit ist auf www.zrm.ch als pdf Datei verfügbar.)

Blasi, A. (1988). Identity and the development of the self. In D. Lapsley & F. Power (Eds.), Self, ego and identity: Integrative approaches (226–243). Springer: New York.

Blasi, A. (1991). The self as subject in the study of personality. In D. Ozer, J. Healy, A. Stewart & R. Hogan (Eds.). Perspectives in personality: Self and emotion (19–37). Kingsley: London.

Blasi, A. (1993). Die Entwicklung der Identität und ihre Folgen für moralisches Handeln. In W. Edelstein, G. Nunner-Winkler & G. Noam (Hrsg.). Moral und Person (119–147). Suhrkamp: Frankfurt.

Bohleber, W. (1997). Zur Bedeutung der neueren Säuglingsforschung für die psychoanalytische Theorie der Identität. In H. Keupp und R. Höfer (Hrsg.), Identitätsarbeit heute. Klassische und aktuelle Perspektiven der Identitätsforschung (93–119). Suhrkamp: Frankfurt am Main.

Brewer, M.B. (1991). The social self: On being the same and different at the same time. Personality and Social Psychology Bulletin, 17, 475–482.

Bruner, J. (1997). Sinn, Kultur und Ich-Identität. Auer: Heidelberg.

Brunstein, J. & Maier, G. (1996). Persönliche Ziele: Ein Überblick zum Stand der Forschung. Psychologische Rundschau, 47, 146–160.

Brunstein, J.C., Schultheiss, O.C. & Grässmann, R. (1998). Personal goals and emotional well-being: The moderating role of motive dispositions. Jounal of Personality and Social Psychology, 75, 494–508.

Burke, P.J. & Stets, J.E. (1999). Trust and commitment trough self-verification. Social Psychology Quarterly, 62, 347–366.

Butterworth, G. (1992). Origins of self-perception in infancy. Psychological Inquiry, 3, 103–111.

Cacioppo, J.T., Priester, J.R. & Berntson, G.G. (1993). Rudimentary determinants of attitudes II: Arm flexion and extension have differential effects on attitudes. Journal of Personality and Social Psychology, 65, 5–17.

Caldwell, R.S. (1976). Primal identity. International Review of Psycho-Analysis, 3, 417–434.

Carver, C.S. (2004). Self-regulation of action and affect. In M. Leary & J.P. Tangney (Eds.), Handbook of self and identity (13–39). Guilford Press: New York.

Carver, C.S. & Scheier, M.F. (2002). Control processes and self-organization as complementary principles underlying human behaviour. Personality and Social Psychology Review, 6, 304–315.

Chartrand, T. & Bargh, J. (2002). Nonconscious motivations: Their activation, operation, and consequences. In A.Tesser, D.A. Stapel & J.V. Wood (Eds.). Self and motivation: Emerging psychological perspectives (13–41). APA: Washington, DC.

Ciompi, L. (1982). Affektlogik. Über die Psyche und ihre Entwicklung. Klett-Cotta: Stuttgart.

Conel, S.L. (1939, 1947, 1959). Postnatal development of the human cerebral cortex. Vol. I, Vol. III, Vol. VI. Harvard University Press: Cambridge.

Dalgleish, T. (2004). The emotional brain. Nature, 5, 582–589.

Damasio, A. (1994). Descartes' Irrtum. Fühlen, Denken und das menschliche Gehirn. List: München.

Damasio, A. (2001). Ich fühle, also bin ich. Die Entschlüsselung des Bewusstseins. List: München.

Damasio, A. (2002). Wie das Gehirn Geist erzeugt. Spektrum der Wissenschaft, Dossier: Grenzen des Wissens, 2, 36–41.

Damon, W. (1995). Greater expectations: Overcoming the the culture of indulgence in America's schools and homes. Free Press: New York.

Damon, W. & Hart, D. (1988). Self-understanding in childhood and adolescence. Cambridge University Press: New York.

Demont, M. (1998). Schluss mit Prüfungsangst! Verlag der Zürcher Kantonalen Mittelstufenkonferenz: Elgg.

Devos, Th. & Banaji, M.R. (2003). Implicit self and identity. In M.R. Leary & J.P. Tangney (Eds.). Handbook of self and identity (153–175). Guilford Press: New York.

Dijksterhuis, A.; Aarts, H., & Smith, P.K. (2004). The Power of the subliminal: On subliminal persuasion and other potential applications. In R. Hassin, J. Uleman & J. Bargh (Eds.). (2004). The new unconscious (pp 77–106). Oxford University Press: New York.

Döring, N., (2003). Sozialpsychologie des Internet. Die Bedeutung des Internet für Kommunikationspsozesse, Identitäten, soziale Beziehungen und Gruppen. Hogrefe: Göttingen.

Dohrenbusch, H. & Blickenstorfer, J. (1999). Allgemeine Heilpädagogik. Eine interdisziplinäre Einführung. Edition SZH: Luzern.

Dornes, M. (1993). Der kompetente Säugling. Die präverbale Entwicklung des Menschen. Fischer: Frankfurt am Main.

Downing, G. (1996). Körper und Wort in der Psychotherapie. Leitlinien für die Praxis. Kösel: München.

Duckworth, K.L., Bargh, J., Garcia, M. & Chaiken, Sh. (2002). The automatic evaluation of novel stimuli. Psychological Science, 13 (6), 513–519.

Dweck, C.S. (2000). Self-Theories. Their role in motivation, personality, and development. Psychology Press: Philadelphia.

Edelman, G.M. (1987). Neutral Darwinism. The Theory of Neutral Group Selection. Basic Books: New York.

Ekman, P. (2003). Emotions revealed. Understanding faces and feelings. Weidenfeld & Nicolson: London.

Ekman, P. (2004). Gefühle lesen. Spektrum Akademischer Verlag: Heidelberg.

Emmons, R. (1996a). Abstract versus Concrete Goals: Personal Striving Level, Physical Illness, and psychological Well-Being. Journal of Personality and Social Psychology, 62, 292–300.

Emmons, R. (1996b). Striving and feeling: Personal goals and subjective well-being. In P. Gollwitzer & J. Bargh (Eds.), The psychology of action: Linking cognition and motivation to behaviour (313–337). Guilford Press: New York.

Engelkamp, J. (1997). Das Erinnern eigener Handlungen. Hogrefe: Göttingen.

Engelkamp, J. (1998). Memory for actions. Psychology Press: Hove.

Epstein, H.T. (2001). An outline of the role of brain in human cognitive devekopment. Brain and Cognition, 45, 44–51.

Erikson, E.H. (1968). Identity. Youth and Crisis. Norton: New York.

Fairbairn, W.R.D. (1952). Psychoanalytic studies of personality. Tavistock: London.

Fend, H. (1990). Vom Kind zum Jugendlichen: Der Übergang und seine Risiken. Entwicklungspsychologie der Adoleszenz in der Moderne, Band 1. Huber: Bern.

Fend, H. (1991). Identitätsentwicklung in der Adoleszenz. Lebensentwürfe, Selbstfindung und Weltaneignung in beruflichen, familiären und politisch-weltanschaulichen Bereichen. Entwicklungspsychologie der Adoleszenz in der Moderne, Band 2. Huber: Bern.

Fend, H. (1994). Die Entdeckung des Selbst und die Verarbeitung der Pubertät. Entwicklungspsychologie der Adoleszenz in der Moderne, Band 3. Huber: Bern.

Fend, H.(1997). Der Umgang mit Schule in der Adoleszenz. Aufbau und Verlust von Motivation und Selbstachtung. Entwicklungspsychologie der Adoleszenz in der Moderne, Band 4. Huber: Bern.

Fend, H. (1998). Eltern und Freunde. Soziale Entwicklung im Jugendalter. Entwicklungspsychologie der Adoleszenz in der Moderne, Band 5. Huber: Bern.

Fend, H. (2000). Entwicklungspsychologie des Jugendalters. Leske und Budrich: Opladen.

Festinger, L. (1957). A theory of cognitive dissonance. Stanford University Press: Stanford, Calif.

Fitzsimons, G.M. & Bargh, J.A. (2003). Thinking of you: nonconscious pursuit of interpersonal goals associated with relationship partners. Journal of Personality and Social Psychology, 84 (1), 148–163.

Fitzsimons, G.M. & Bargh, J.A. (2004). Automatic self-regulation. In R.F. Baumeister & K.D. Vohs (Eds.). Handbook of self-regulation. Research, theory, and applications (151–170). Guilford Press: New York.

Flammer, A. & Alsaker, F. (2002). Entwicklungspsychologie der Adoleszenz. Huber: Bern.

Foerster, J. (2003). The influence of approach and avoidance motor actions on food intake. European Journal of Social Psychology, 33 (3), 339–350.

Friedmann, R.S. & Förster, J. (2000). The effects of approach and avoidance motor actions on the elements of creative insight. Journal of Personality and Social Psychology, 79, 477–492.

Freud, A. (1973, 8. Aufl.). Das Ich und die Abwehrmechanismen. Kindler: München.

Fuhrer, U., Marx, A., Holländer, A. & Möbes, J. (2000). Selbstentwicklung in Kindheit und Jugend. In W. Greve (Hrsg.). Psychologie des Selbst (39–57).

Garcia, M.T. & Bargh, J.A. (2003). Automatic evaluation of novel words. The role of superficial phonetics. Journal of Language and Social Psychology, 22 (4), 414–433.

Gendlin, E. (1981). Focusing. Techniken der Selbsthilfe bei der Lösung persönlicher Probleme. Otto Müller: Salzburg.

Gergen, K. (1996). Das übersättigte Selbst. Identitätsprobleme im heutigen Leben. Auer: Heidelberg.

Giedd, J.N., Blumenthal, J., Jeffries, N.O., Castellanos, F.X., Liu, H., Zijdenbos, A., Paus, T., Evans, A.C. & Rapaport, J.L. (1999). Brain development during childhood and adolescence: A longitudinal MRI study. Nature Neuroscience: 2 (10), 861–863.

Gilligan, C. (1984). Die andere Stimme. Lebenskonflikte und Moral der Frau. Piper: München.

Glassman, N.S. & Andersen, S.M. (1999). Activating transference without consciousness: using significant-other representations to go beyond what is subliminally given. Journal of Personality and Social psychology, 77, 1146–1162.

Goffman, E. (1959). The presentation of self in everyday life. Doubleday: Garden City, NY.

Goffman, E. (1967). Interaction ritual. Aldine Press: Chicago.

Gohm, C.L. & Clore, G.L. (2002). Affect as information: An individual-differences approach. In L.Feldman-Barrett & P. Salovey (Eds.). The wisdom in feeling. Psychological processes in emotional intelligence (89–113). Guilford Press: New York.

Gollwitzer, P. (1987). Suchen, Finden und Festigen der eigenen Identität: Unstillbare Zielintentionen. In H. Heckhausen, P. Gollwitzer & F. Weinert (Eds.). Jenseits des Rubikon: Der Wille in den Humanwissenschaften (176–189). Springer: Heidelberg.

Gollwitzer, P. (1991). Abwägen und Planen. Hogrefe: Göttingen.

Gollwitzer, P.M. (1993). Goal Achievement: The Role of Intentions. In W. Stroebe & M. Hewstone (Eds.), European Review of Social Psychology (Vol.4, 141–185). Wiley: Chichester.

Gollwitzer, P. (1999). Implementation intentions. Strong effects of simple plans. American Psychologist, 54, 493–503.

Gollwitzer, P. & Moskowitz, G. (1996). Goal Effects on Action and Cognition. In E. Higgins und A. Kruglanski (Eds.), Social Psychology. Handbook of Basic Principles (361–399). Guilford Press: New York.

Gollwitzer, P., Fujita, K., & Oettingen, G. (2004). Planning and implementation of goals. In R.F. Baumeister & K.D. Vohs (Eds.). Handbook of self-regulation. Research, theory, and applications (211–228). Guilford Press: New York.

Goschke, T. (1996). Lernen und Gedächtnis: Mentale Prozesse und Gehirnstrukturen. In G. Roth und W. Prinz (Eds.). Kopf-Arbeit. Spektrum Akademischer Verlag: Heidelberg.

Grawe, K. (1998). Psychologische Psychotherapie. Hogrefe: Göttingen.

Grawe, K. (2004). Neuropsychotherapie. Hogrefe: Göttingen.

Greenier, K. G., Kernis, M. H., Whisenhunt, C. R., Waschull, S. B., Berry A. J., Herlocker, C. E. & Abend, T. (1999). Individual differences in reactivity to daily events: Examining the roles of stability and level of selfesteem. Journal of Personality, 67, 185–208.

Gubelmann, H. (1998). Geistiges Probehandeln und motorische Fertigkeiten. Eine quasiexperimentelle Felduntersuchung zum Mentalen Training mit Jugendlichen im Schulturnen. GFS-Schriftenreihe Sportwissenschaften, Band 18, ETH Zürich: Zürich.

Gugutzer, R. (2002). Leib, Körper und Identität. Eine phänomenologisch-soziologische Untersuchung zur personalen Identität. Westdeutscher Verlag: Wiesbaden.

Haley, J. (1993). Jay Haley on Milton H. Erickson. Brunner-Routledge: London.

Hannover, B. (1997). Das dynamische Selbst. Huber: Bern.

Harter, S. (1999). The construction of the self. A developmental perspective. Guilford Press: Nwe York.

Harter, S. (2002). Authenticity. In C.R. Snyder & S.J. Lopez (Eds.). Handbook of positive psychology (382–394). Oxford University Press: New York.

Harter, S. (2003). The development of self-representations during childhood and adolescence. In M.R. Leary & J.P. Tangney (Eds.). Handbook of self and identity (610–642). Guilford Press: New York.

Harter, S., Stocker, C. & Robinson, N.S. (1996). The percieved directionality of the link between approval and self-worth: The liabilities of a looking glass orientation among young adolescents. Journal of Research in Adolescene, 6, 285–308.

Hassin, R., Uleman, J. & Bargh, J. (Eds.). (2004). The new unconscious. Oxford University Press: New York.

Havighurst, R.J. (1948). Developmental tasks and education. Chicago University Press: Chicago

Hebb, D. (1949). The Organisation of Behavior. Wiley: New York.

Heckhausen, H. (1989). Motivation und Handeln. Springer: Berlin.

Higgins, E.T (1987). Self-discrepancy: A theory relating self to affect. Psychological Review, 94, 319–340.

Higgins, E.T. (1996a). Ideals, oughts, and regulatory focus: Affect and motivation from distinct pains and pleasures. In P.M. Gollwitzer & J.A. Bargh (Eds.). The psychology of action: Linking cognition and motivation to behaviour (91–114). Guilford Press: New York.

Higgins, E. T. (1996b). Knowledge Activation: Accessibility; Applicability, and Salience. In E.T. Higgins & A.W. Kruglanski (Eds.). Social Psychology. Handbook of Principles (133–168). Guilford: New York.

Höfer, R. (2000). Jugend, Gesundheit und Identität. Studien zum Kohärenzgefühl. Leske und Budrich: Opladen.

Howard, G. (1991). Culture tales: A narrative approach to thinking, cross-cultural psychology, and psychotherapy. American Psychologist, 46, 187–197.

Hoyle, R.; Kernis, M., Leary, M., Baldwin, M. (1999). Selfhood. Identity, esteem regulation. Westview: Oxford.

Hüther, G. (2001). Bedienungsanleitung für ein menschliches Gehirn. Vandenhoeck & Ruprecht: Göttingen.

Jacobi, J. (1992). Die Psychologie von C.G. Jung. Eine Einführung in das Gesamtwerk. Fischer: Frankfurt am Main.

James, W. (1890). Principles of psychology. Holt: New York.

James, W. (1892). Psychology: The briefer course. Holt: New York.

Josselson, R. (1987). Finding herself. Pathways to identity development in women. Jossey-Bass: San Francisco.

Josselson, R. (1988). The embedded self: I and thou revisited. In D.K. Lapsley & F.C. Power (Eds.). Self, ego, identity. Integrative approaches (91–106). Springer: New York.

Jung, C.G. (1916/1959). Die transzendente Funktion. Gesammelte Werke von C.G. Jung, Band 8 (§131 ff). Walter: Düsseldorf.

Jung, C.G. (1921/1950). Psychologische Typen. Gesammelte Werke von C.G. Jung, Band 6. Walter: Düsseldorf.

Kanfer, F.H., Reinecker, H. & Schmelzer, D. (1990). Selbstmanagement-Therapie. Springer: Berlin.

Kegan, R. (1986). Die Entwicklungsstufen des Selbst. Fortschritte und Krisen im menschlichen Leben. Kindt: München.

Kehr, H. (2001). Volition und Motivation: Zwischen impliziten Motiven und expliziten Zielen. Personalführung, 4, 20–28.

Kernis, M.H. (2003). Toward a conceptualization of optimal self-esteem. Psychological Inquiry, 14 (1), 1–26.

Kernis, M.H. & Goldman, B.M. (2003). Stability and variability in self-concept and self-esteem. In M.R. Leary & J.P. Tangney (Eds.). Handbook of self and identity (106–127). Guilford Press: New York.

Kernis, M.H., Paradise, A.W., Whitaker, D. Wheatman, S. & Goldman, B. (2000). Master of one's psychological domain? Not likely if one's self-esteem is unstable. Personality and Social Psychology Bulletin, 26, 1297–1305.

Keupp, H. (2003). Ressourcen als gesellschaftlich ungleich verteiltes Handlungspotential. In H. Schemmel & J. Schaller (Hrsg.). Ressourcen. Ein Hand- und Lesebuch zur therapeutischen Arbeit (555–593). dgvt-Verlag: Tübingen.

Keupp, H. (1997). Diskursarena Identität: Lernprozesse in der Identitätsforschung. In H. Keupp & R. Höfer (Hrsg.). Identitätsarbeit heute. Klassische und aktuelle Perspektiven der Identitätsforschung (11–39). Suhrkamp: Frankfurt am Main.

Körner, Ch. (1992). Der Selbstbegriff in Psychologie und Psychotherapie. Deutscher Universitäts Verlag: Wiesbaden.

Kohut, H. (1977). Die Heilung des Selbst. Suhrkamp: Frankfurt am Main.

Kolb, D.A. (1987). Experiental Learning. Experience and the source of learning and development. Prentice Hall: New Jersey.

Koole, S.L. & Kuhl, J. (2003). In search of the real self: A functional perspective on optimal self-esteem and authenticity. Psychological Inquiry, 14, 43–48.

Koukkou, M. & Lehmann, D. (1998a). Ein systemtheoretisch orientiertes Modell der Funktionen des menschlichen Gehirns und die Ontogenese des Verhaltens. In M. Leuzinger-Bohleber, W. Mertens und M. Koukkou (Hrsg.), Erinnerungen von Wirklichkeiten. Psychoanalyse und Neurowissenschaften im Dialog, (Band 1, 287–415), Verlag Internationale Psychoanalyse: Stuttgart.

Koukkou, M. & Lehmann, D. (1998b). Die Pathogenese der Neurose und der Wirkungsweg der psychoanalytischen Behandlung aus der Sicht des «Zustandswechsel-Modells» der Hirnfunktionen. In M. Leuzinger-Bohleber, W. Mertens und M. Koukkou (Hrsg.), Erinnerungen von Wirklichkeiten. Psychoanalyse und Neurowissenschaften im Dialog, (Band 2, 162–195), Verlag Internationale Psychoanalyse: Stuttgart.

Krappmann, L. (1997). Die Identitätsproblematik nach Erikson aus einer interaktionistischen Sicht. In H. Keupp & R. Höfer (Hrsg.). Identitätsarbeit heute. Klassische und aktuelle Perspektiven der Identitätsforschung (66–92). Suhrkamp: Frankfurt am Main.

Kraus, W. & Mitzscherlich, B. (1997). Abschied vom Grossprojekt. Normative Grundlagen der empirischen Identitätsforschung in der Tradition von James E. Marcia und die Notwendigkeit der Reformulierung. In H. Keupp & R. Höfer (Hrsg.). Identitätsarbeit heute. Klassische und aktuelle Perspektiven der Identitätsforschung (149–173). Suhrkamp: Frankfurt am Main.

Kuhl, J. (2001). Motivation und Persönlichkeit. Interaktionen psychischer Systeme. Hogrefe: Göttingen.

Kuhl, J. & Beckmann, J. (1994). Volition and personality. Hogrefe: Göttingen.

Laireiter, A. (1993). (Hrsg.). Soziales Netzwerk und soziale Unterstützung. Huber: Bern.

Lazarus, R. S. (1981). Stress und Stressbewältigung. Ein Paradigma. In S. H. Filipp (Hrsg.). Kritische Lebensereignisse (198–232). Urban & Schwarzenberg: München.

Leary, M. (2004). Editorial: What is the self? A plea for clarity. Self and Identity, 3 (1), 1–3.

LeDoux, J. (2003). Das Netz der Persönlichkeit. Wie unser Selbst entsteht. Walter: Düsseldorf.

Leuzinger-Bohleber, M. (2001). «... und dann – mit einem Male – war die Erinnerung da...» (Proust). Aus dem interdisziplinären Dialog zwischen Psychoanalyse und Cognitive Science zum Gedächtnis. Psychotherapie Forum, 9, 71–85.

Marcia, J.E. (1966). Development and validation of ego identity status. Journal of Personality and Social Psychology, 3, 551–558.

Markus, H.R. & Nurius, P. (1986). Possible selves. American Psychologist, 41, 954–969.

Martens, J.U. & Kuhl, J. (2004). Die Kunst der Selbstmotivierung. Kohlhammer: Stuttgart.

Maturana, H. & Varela, F. (1984). Der Baum der Erkenntnis. Scherz: München.

Mc Adams, D.P. (1997). The case for unity in the (post)modern self: a modest proposal. In R.D. Ashmore & L. Jussim (Eds.). Self and identity. Fundamental issues (46–80). Oxford University Press: Oxford.

McClelland, D.C., Koestner, R. & Weinberger, J. (1989). How Do Self-Attributed and Implicit Motives Differ? Psychological Review, 96, 690–702.

Mead, G.H. (1934). Geist, Identität und Gesellschaft aus der Sicht des Sozialbehaviorismus. Suhrkamp: Frankfurt a.M.

Meier, H. & Ploog, D. (Hrsg.). (1997). Der Mensch und sein Gehirn. Die Folgen der Evolution. Piper: München.

Metzinger, Th. (1999). Subjekt und Selbstmodell. Mentis: Paderborn.

Mischel, W. & Morf, C.C. (2003). The self as a psycho-social dynamic processing system: a meta perspective on a century of the self in psychology. In M. Leary & J.P. Tangney (Eds.), Handbook of self and identity (15–43).

Mischel, W. & Ayduk, O. (2004). Willpower in a cognitive-affectice processing system: the dynamics of delay of gratification. In R.F. Baumeister & K.D. Vohs (Eds.). Handbook of self-regulation. Research, theory, and applications (99–129). Guilford Press: New York.

Moeller, M.L. (2001). Selbsthilfegruppen. In V. Tschuschke (Hrsg.). Praxis der Gruppenpsychotherapie (257–262). Thieme: Stuttgart.

Moreno, J. L. (1989). Psychodrama und Soziometrie. Edition Humanistische Psychologie.

Musch, J. & Klauer, Ch. (2003). The Psychology of Evaluation. Affective Process in Cognition and Emotion. Erlbaum: London.

Neumann, R. & Strack, F. (2000). Approach and avoidance: The influence of proprioceptive and exteroceptive cues on encoding of affective information. Journal of Personality and Social Psychology, 79 (1), 39–48.

Neumann, R., Förster, J. & Strack, F. (2003). Motor Compatibility: The Bidirectional Link Between Behaviour and Evaluation. In: Musch, J. & Klauer, Ch. (2003). The Psychology of Evaluation. Affective Process in Cognition an Emotion. Erlbaum: London.

Oerter, R. & Montada, L. (1987). Entwicklungspsychologie. Psychologie Verlags Union: München.

Oettingen, G. (1996). Positive fantasy and motivation. In P. Gollwitzer & J. Bargh (Eds.). The psychology of action: Linking cognition and motivation to behaviour (235–259). Guilford Press: New York.

Oettingen, G. (1997). Psychologie des Zukunftsdenkens. Hogrefe: Göttingen.

Oettingen, G., Pak, H. & Schnetter, K. (2001). Self-Regulation of Goal-Setting: Turning Free Fantasies About the Future Into Binding Goals. Journal of Personality and Social Psychology, 80, 736–753.

Oettingen, G. & Gollwitzer, P. (2002). Turning hope thoughts into goal-directed behaviou. Psychological inquiry, 13 (4), 304–307.

Oomen, F. (2004). Wie überlebe ich mich selbst? Klopp: Hamburg.

Petillon, H. (1980). Soziale Beziehungen in Schulklassen. Beltz: Weinheim.

Petzold, H. & Mathias, U. (1982). Rollenentwicklung und Identität. Von den Anfängen der Rollentheorie zum sozialpsychiatrischen Rollenkonzept Morenos. Junfermann: Paderborn.

Piaget, J. (1973). Einführung in die genetische Erkenntnistheorie. Suhrkamp: Frankfurt a.M.

Pfeifer, R. (1995). Cognition – Perspectives from Autonomous Agents. Robotics and Autonomous Systems, 15, 47–70.

Pfeifer, R. & Scheier, Ch. (1999). Understanding intelligence. Bradford Books: London.

Priester, J.R., Cacioppo, J. & Petty, R.E. (1996). The influence of motor processes on attitudes toward novel versus familiar semantic stimuli. Personality and Social Psychology Bulletin, 22 (5), 442–447.

Prinz, W. (2003). How do we know about our actions? In S. Maasen, W. Prinz & G. Roth (Eds.). Voluntary action. Brains, minds, and sociality (pp 21–33). Oxford University Press: New York.

Renner, B. & Schwarzer, R. (2000). Gesundheit: Selbstschädigendes Handeln trotz Wissen. In H. Mandl & J. Gerstenmaier (Hrsg.). Die Kluft zwischen Wissen und Handeln (26–51). Hogrefe: Göttingen.

Riemann, F. (1979). Grundformen der Angst. Eine tiefenpsychologische Studie. Reinhardt: Basel.

Röhricht, F. (2000). Körperorientierte Psychotherapie psychischer Störungen. Hogrefe: Göttingen.

Röhrle, B. (1994). Soziale Netzwerke und soziale Unterstützung. Beltz: Weinheim.

Röhrle, B. (2003). Arbeit mit Ressourcen auf der sozialen Ebene. In H. Schemmel & J. Schaller (Hrsg.). Ressourcen. Ein Hand- und Lesebuch zur therapeutischen Arbeit (259–280). dgvt-Verlag: Tübingen.

Roesler, M. (1991). Das kulturelle Atom – Ein psychodramatisches Instrument zur Erfassung der Persönlichkeit. Psychodrama, 4, 187–202.

Roth, G. (1996). Das Gehirn und seine Wirklichkeit. Kognitive Neurobiologie und ihre philosophischen Konsequenzen. Suhrkamp: Frankfurt a.M.

Roth, G. (2001). Fühlen, Denken, Handeln. Wie das Gehirn unser Verhalten steuert. Suhrkamp: Frankfurt am Main.

Roth, G. (2003). Aus Sicht des Gehirns. Suhrkamp: Frankfurt am Main.

Roth, W. (2003). Einführung in die Psychologie C.G. Jungs. Walter: Düsseldorf.

Rüegg, J.C. (2003). Psychosomatik, Psychotherapie und Gehirn. Neuronale Plastizität als Grundlage einer biopsychosozialen Medizin. Schattauer: Stuttgart.

Ryan, R.M. & Deci, E.L. (2001). On happiness and human potentials: A review of research on hedonic and eudaimonic well-being. Annual Review of Psychology, 52, 141–166.

Salzmann, D. & Wehrli, R. (1999). Das Psychodrama im Zürcher Ressourcen Modell. Unveröff. Seminararbeit, Universität Zürich. Diese Arbeit kann bezogen werden bei dsalzmann@datacomm oder r.wehrli@tiscalinet.ch

Satir, V. (1997). Meine vielen Gesichter. Wer bin ich wirklich? Kösel: München.

Schacter, D. L. (1987). Critical Review: Implicit Memory, History and current Status. Journal of Experimental Psychology: Learning, Memory and Cognition, 13, 501–518.

Schemmel, H. (2003). Ressourcen – zum Potential einer ziel- und ressourcenfokussierten Gruppentherapie. In H. Schemmel & J. Schaller (Hrsg.). Ressourcen. Ein Hand- und Lesebuch zur therapeutischen Arbeit (281–310). dgvt-Verlag: Tübingen.

Schiepek, G. (2003). Neurobiologie der Psychotherapie. Schattauer: Stuttgart.

Schiepek, G. & Cremers, S. (2003). Ressourcenorientierung und Ressourcendiagnostik in der Psychotherapie. In H. Schemmel & I. Schaller (Hrsg.). Ressourcen. Ein Hand- und Lesebuch zur therapeutischen Arbeit (147–194). dgvt-Verlag: Tübingen.

Schlenker, B. R. (2003). Self-Presentation. In: Leary, M. R. & Tangney, J. P. (Eds.). Handbook of Self and Identity (492–518). Guilford: New York.

Schlottke, P.F. & Wahl, D. (1983). Stress und Entspannung im Unterricht. Max Hueber: München.

Schnabel, U. & Sentker, A. (1998). Wie kommt die Welt in den Kopf? Reise durch die Werkstätten der Bewußtseinsforscher. rororo: Reinbek bei Hamburg.

Schulz von Thun, F. (1998). Miteinander reden, Band 3. Das «innere Team» und situationsgerechte Kommunikation. Rowohlt: Reinbek bei Hamburg.

Schwarz, N. (2003). Mood as information: 20 years later. Psychological Inquiry, 14 (3–4), 296–303.

Schwarz, N. (2002). Situated cognition and the wisdom of feelings. Cognitive tuning. In L.Feldman-Barrett & P. Salovey (Eds.). The wisdom in feeling. Psychological processes in emotional intelligence (144–166). Guilford Press: New York.

Seeger, C.A. (1994). Implicit learning. Psychological Bulletin, 115, 163–196.

Seligman, M.E.P. (1993). What you can change and what you can't. Fawcett Columbine: New York.

Sennett, R. (1998). Der flexible Mensch. Die Kultur des neuen Kapitalismus. Berlin Verlag: Berlin.

Shah, J. (2003). Automatic for the people: How representations of significant others implicitly affect goal pursuit. Journal of Personality and Social psychology, 84 (4), 661–681.

Shah, J., Friedman, R. & Kruglanski, A.W. (2002). Forgetting all else: On the antecedents and consequences of goal-shielding. Journal of Personality and Social Psychology, 83 (6), 1261–1280.

Sheeran, P. & Orbell, S. (1998). Do intentions predict condom use? British Journal of Social psychology, 37, 231–250.

Sheeran, P. & Orbell, S. (2000). Using implementation intentions to increase attendance for cervical cancer screening. Health Psychology, 19, 283–289.

Stein, M. (2000). C. G. Jungs Landkarte der Seele. Walter: Düsseldorf.

Stepper, S. (1992). Der Einfluss der Körperhaltung auf die Emotion «Stolz». Experimentelle Untersuchungen zur Körper-Feedback-Hypothese. Unveröffentlichte Dissertation, Universität Mannheim.

Stern, D. (1985). The interpersonal world of the infant. A view from psychoanalysis and developmental psychology. Basic Books: New York.

Stern, D. (1992). Die Lebenserfahrung des Säuglings. Klett-Cotta: Stuttgart.

Stöckli, G. (1997). Eltern, Kinder und das andere Geschlecht. Selbstwerdung in sozialen Beziehungen. Juventa: Weinheim.

Storch, M. (2004a). Implications of neuroscientific research for psychotherapy. European Psychotherapy, 5 (1), 1–24.

Storch, M. (2004b). Gute Entscheidungen treffen. In: Gehirn und Geist. Das Magazin für Psychologie und Hirnforschung. Heft 1, 86–88. Spektrum Akademischer Verlag: Heidelberg.

Storch, M. (2004c). Selbststeuerung. In: Gehirn und Geist. Das Magazin für Psychologie und Hirnforschung. Heft 2, 86–88. Spektrum Akademischer Verlag: Heidelberg.

Storch, M. (2004d). Motivation. In: Gehirn und Geist. Das Magazin für Psychologie und Hirnforschung. Heft 3, 86–88. Spektrum Akademischer Verlag: Heidelberg.

Storch, M. (2004e). Lebenszufriedenheit. In: Gehirn und Geist. Das Magazin für Psychologie und Hirnforschung. Heft 4, 86–88. Spektrum Akademischer Verlag: Heidelberg.

Storch, M. (2003a). Das Geheimnis kluger Entscheidungen. Von somatischen Markern, Bauchgefühl und Überzeugungskraft. Pendo: Zürich.

Storch, M. (2003b). Die Bedeutung neurowissenschaftlicher Forschung für die psychotherapeutische Praxis, Teil II: Praxis – das Zürcher Ressourcen Modell ZRM. Psychotherapie, 8 (1), 15–33.

Storch, M. (2003c). Ressourcenaktivierung und das menschliche Gehirn. In K. Aregger & U. Lattmann (Hrsg). Gesundheitsfördernde Schule – eine Utopie? Konzepte, Praxisbeispiele, Perspektiven (139–158). Sauerländer: Aarau.

Storch, M. (2002). Die Bedeutung neurowissenschaftlicher Forschung für die psychotherapeutische Praxis, Teil I: Theorie. Psychotherapie, 7 (2), 281–294.

Storch, M. (2000). Das Zürcher Ressourcen Modell ZRM. Beiträge zur Lehrerbildung, 18, 307–323.

Storch, M. (1999). Identität in der Postmoderne – mögliche Fragen und mögliche Antworten. In H. Dohrenbusch & J. Blickenstorfer (Hrsg.). Allgemeine Heilpädagogik – eine interdisziplinäre Einführung, 70–84. Edition SZH: Luzern.

Storch, M. (1997). Kreativität und Psychodrama. In H. Schneider (Hrsg.). Mitte der Kindheit. Heidelberg: Mattes. (Dieser Artikel kann als pdf-datei von der Internetseite www.majastorch.de heruntergeladen werden.)

Storch, M. (1994). Das Eltern-Kind-Verhältnis im Jugendalter. Juventa: Weinheim.

Storch, M. & Krause, F. (2002). Selbstmanagement – ressourcenorientiert. Grundlagen und Trainingsmanual für die Arbeit mit dem Zürcher Ressourcen Modell ZRM. Huber: Bern.

Strauch, B. (2003). Warum sie so seltsam sind. Gehirnentwicklung bei Teenagern. Berlin Verlag: Berlin.

Straus, F. & Höfer, R. (1997). Entwicklungslinien alltäglicher Identitätsarbeit. In H. Keupp und R. Höfer (Hrsg.). Identitätsarbeit heute. Klassische und aktuelle Perspektiven der Identitätsforschung (270–307). Suhrkamp: Frankfurt am Main.

Sullivan, H.S. (1953). The interpersonal theory of psychiatry. Norton: New York.

Thoits, P. (1994). Stressors and problem solving: The individual as psychological activist. Journal of Health and Social Behaviour, 35, 143–159.

Thomann, C. & Schulz v. Thun, F. (1995). Klärungshilfe. Ein Handbuch für Therapeuten, Gesprächshelfer und Moderatoren in schwierigen Gesprächen. Rororo: Reinbek bei Hamburg.

Tschacher, W. (1997). Prozessgestalten. Die Anwendung der Selbstorganisationstheorie und der Theorie dynamischer Systeme auf Probleme der Psychologie. Hogrefe: Göttingen.

Tschacher, W. & Scheier, Ch. (2001). Embodied Cognitive Science: Concepts, Methods and Implications for Psychology. In M. Matthies, M. Malchow und J. Kriz (Eds.). Integrative Systems Approaches to Natural and Social Dynamics (551–567). Springer: Berlin.

Turkle, S. (1998). Leben im Netz. Identität in Zeiten des Internet. Rowohlt: Reinbek.

Varela, F. (1988). Kognitionswissenschaft – Kognitionstechnik. Eine Skizze aktueller Perspektiven. Suhrkamp: Frankfurt a.M.

Vopel, K. (2003). Im Wunderland der Phantasie. Iskopress.

Wahl, D. (2001). Nachhaltige Wege vom Wissen zum Handeln. Beiträge zur Lehrerbildung, 19, 157–174.

Walter, H. (2001). Neurophilosophie der Willensfreiheit. Mentis: Paderborn.

Walter, J.L. & Peller, J.E. (1994). Lösungs-orientierte Kurztherapie. Ein Lehr- und Lernbuch. Verlag Modernes Lernen: Dortmund.

Wegner, D. (2002). The illusion of conscious will. Bradford Books: Cambridge, Mass.

Weiner, B. (1976). Theorien der Motivation. Klett: Stuttgart.

Wilson, T.D. (2002). Strangers to ourselves. Discovering the adaptive unconscious. Harvard University Press: Cambridge, Mass.

Zajonc, R.B. (1980). Feeling and thinking: Preferences need no inferences. American Psychologist, 35, 151–175.

Verzeichnisse

Verzeichnis der Comics

1

2

3

4

5

6

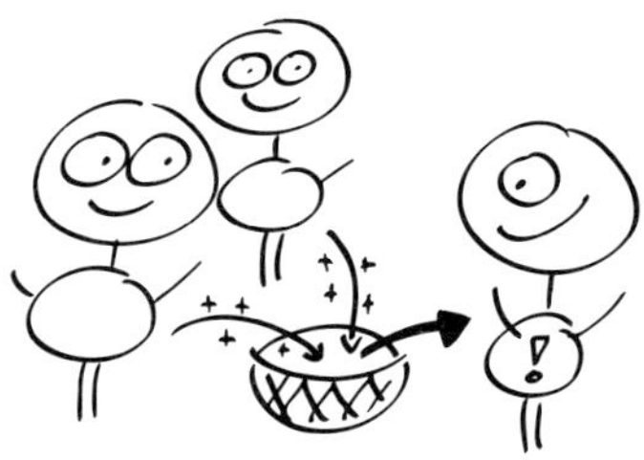

7

8

9

10

11

12

13

14

15

16

17

18

19

20

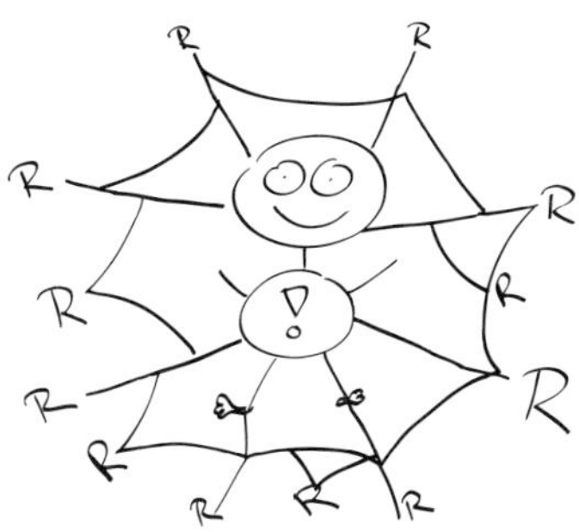

21

22

Verzeichnis der Abbildungen

Verzeichnis der Tabellen

Verzeichnis der Flipchartblätter

Index

L

S

Autorenverzeichnis

W

Z